Fundamente der Mathematik

Niedersachsen
Gymnasium G9 Einführungsphase

Lösungen

Cornelsen

Unter redaktioneller Mitarbeit von: Duc Viet Hoang, Christoph Look, Laura Mähler, Annemarie Tippel

Redaktion: Ulrike Klein

Grafik: Christian Böhning

Umschlaggestaltung: hawemannundmosch GbR

Unter der folgenden Adresse befinden sich umfassende Informationen zum Unterrichtswerk Fundamente der Mathematik.

www.fundamente.de

Weitere Materialien zu Fundamente der Mathematik:

– Schülerbuch	ISBN 978-3-06-040181-9
– E-Book Schülerbuch	ISBN 978-3-06-040182-6
– Arbeitsheft mit Lösungen	ISBN 978-3-06-040475-9
– Begleitmaterial auf USB-Stick	ISBN 978-3-06-040277-9

www.cornelsen.de

1. Auflage, 1. Druck 2017

Druck: H. Heenemann, Berlin

ISBN 978-3-06-040167-3

PEFC
PEFC/04-31-1156

PEFC zertifiziert
Dieses Produkt stammt aus nachhaltig bewirtschafteten Wäldern und kontrollierten Quellen.

www.pefc.de

Inhaltsverzeichnis

1. Potenzfunktionen

1.1 Grundlagen zu Funktionen

Seite 8 | Einstieg

Ein Maß für die Größe der Pizza ist der Flächeninhalt $A = \pi \cdot r^2$. Er hängt quadratisch vom Pizzaradius r ab. Das bedeutet, wenn sich der Radius verdoppelt, dann vervierfacht sich der Flächeninhalt.
Die Pizza mit 10 cm Radius ist ca. 314 cm^2 groß. Eine doppelt so große Pizza muss einen Radius von $\sqrt{2} \cdot 10$ cm $\approx 14{,}14$ cm haben.

Seite 9| Aufgabe 1

a) nein b) nein c) ja d) ja e) nein f) nein

Seite 9 | Aufgabe 2

a) $f(2) = -9$; $f(-5) = 47$; $f(\frac{1}{4}) = 5$

b) $g(-1) = 27$; $g(4) = 2$; $g(0) = 18$

c)

x	−5	−3	−1	0	1	3	5
f(x)	47	31	15	7	−1	−17	−33

x	−5	−3	−1	0	1	3	5	7	9
g(x)	83	51	27	18	11	3	3	11	27

Seite 9 | Aufgabe 3

a)
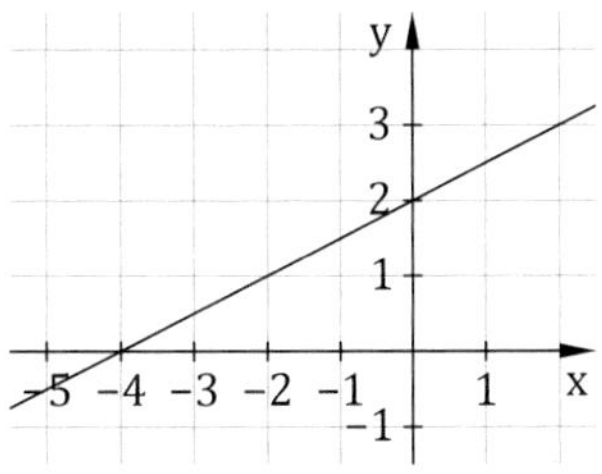

b)
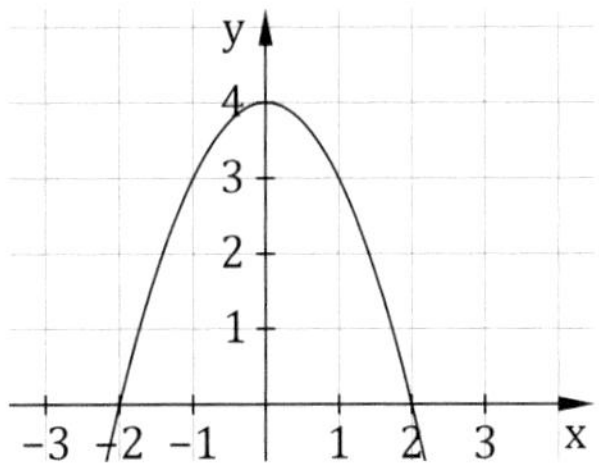

c)
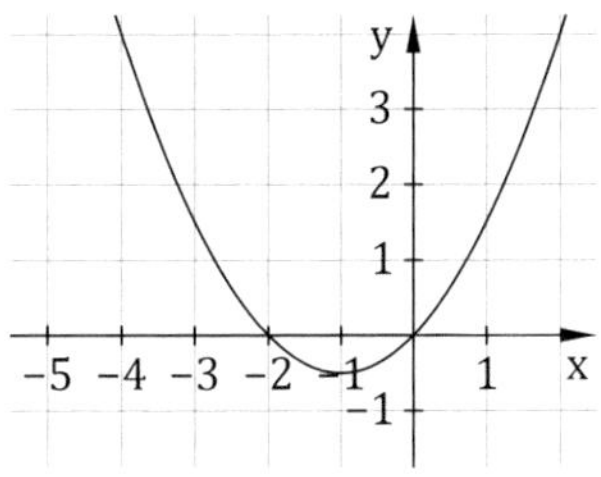

d)
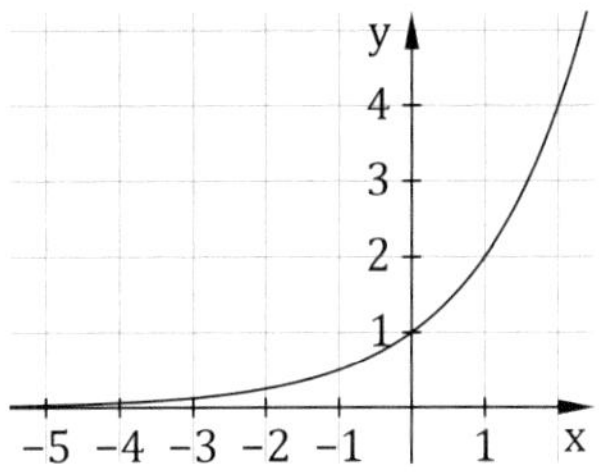

Seite 9 | Aufgabe 4

a) $f(1) = -1$; nein b) $f(-2) = 38$; nein c) $f(-3) = \frac{1}{27}$; ja d) $f\left(\frac{\pi}{2}\right) = 1$; ja

Seite 9 | Aufgabe 5

a) $x = -2{,}5$ b) $x_1 = 3$; $x_2 = -3$ c) $x = 3$ d) keine Nullstelle

Seite 9 | Aufgabe 6

a) $S_x(2|0)$; $S_y(0|-2)$

b) ① $S_x(-2|0)$; $S_y(0|4)$ ② $S_{x1}(\sqrt{5}|0)$; $S_{x2}(-\sqrt{5}|0)$; $S_y(0|-5)$

③ $S_x\left(\frac{3\pi}{2}\middle|0\right)$; $S_y(0|1)$ ④ kein Schnittpunkt mit der x-Achse; $S_y(0|1)$

Seite 9 | Aufgabe 7

a) $5x + 2 = -3$
$x = -1$

b) $-2x^2 = -50$
$x_1 = 5$; $x_2 = -5$

c) $3^x = -9$
keine Lösung

Seite 10 | Aufgabe 8

Definitionsbereich $D = [0; 6]$; Wertebereich $W = [60; 150]$

Seite 10 | Aufgabe 9

a) Wasserhöhe in mm: $h(t) = 140 - 1{,}4t$
b) Definitionsbereich $D = [0; 100]$; Wertebereich $W = [0; 140]$

Seite 10 | Aufgabe 10

Wertebereich W = [22 Millionen; 71 Millionen]

Seite 10 | Aufgabe 11

③ und ⑤; ⑥ und ④; ② und ⑧; ① und ⑦

Seite 11 | Aufgabe 12

a)

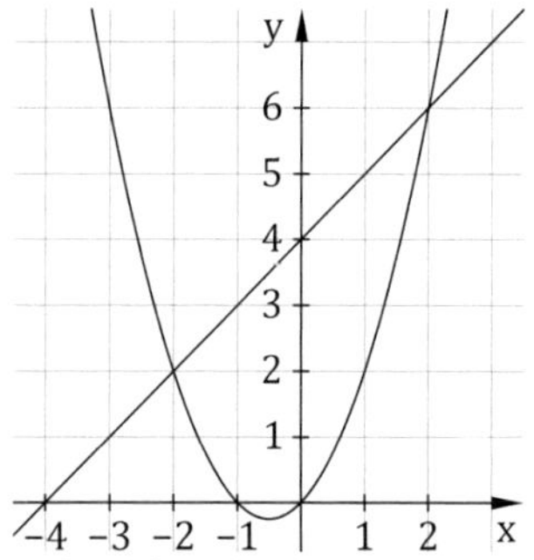

b) $S_1(-2|2)$; $S_2(2|6)$

Seite 11 | Aufgabe 13

a) Falsch, weil dennoch jedem x-Wert genau ein y-Wert zugeordnet werden kann. Gegenbeispiel $f(x) = |x|$
b) Falsch, weil der Graph die x-Achse nicht schneiden muss. Gegenbeispiel $f(x) = 2$
c) Wahr, weil der Graph jeder konstanten Funktion parallel zur y-Achse ist (z.B. $f(x) = 2$).
d) Falsch, weil jedem x-Wert mehrere y-Werte zugeordnet werden (z.B. bei der Geraden, die durch $x = 2$ gegeben ist).
e) Wahr, weil z.B. die Funktion f mit $f(x) = 0$ unendlich viele Nullstellen hat.

Seite 11 | Aufgabe 14

Lara hat den Schnittpunkt mit der y-Achse ermittelt. Die Nullstelle von f liegt bei $N(\frac{2}{3}|0)$.

Seite 11 | Aufgabe 15

a) Wertebereich: [0; 4,8]
b)

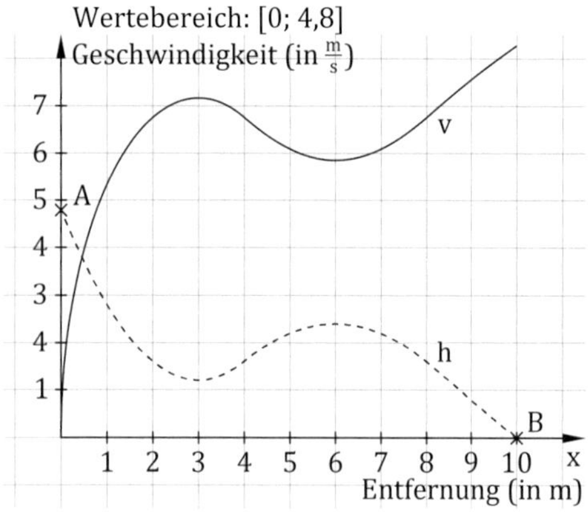

Seite 11 | Aufgabe 16

a)

x	−2	−1	−0,5	0	0,5	1	2
f(x)	0,25	1	4	nicht definiert	4	1	0,25

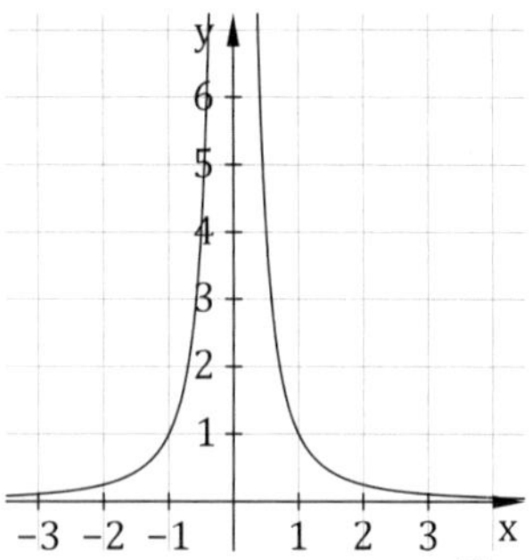

b) Definitionsbereich $D = \mathbb{R}^{\neq 0}$; Wertebereich $W = \mathbb{R}^{>0}$

Seite 11 | Aufgabe 17

a) $h(40) = 40$; Nach 40 m ist der Ball 40 m hoch. Definitionsbereich $D = [0; 140]$

b)

x	0	10	20	30	40	50	60	70	80	90	100	110	120	130	140
f(x)	0	13	24	33	40	45	48	49	48	45	40	33	24	13	0

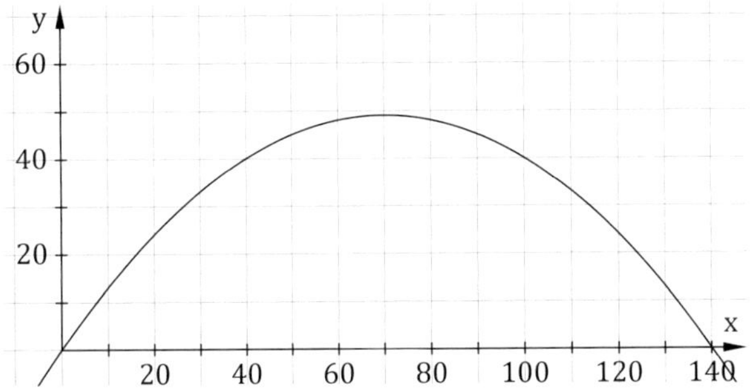

c) Wertebereich $W = [0; 49]$

d) $h(30) = h(110) = 33$; Nach 30 und nach 110 m ist der Ball 33 m hoch.

e) Die Zuordnung ist nicht eindeutig. Es gibt z.B. zwei Stellen, an denen die Höhe von 33 m erreicht wird.

Seite 11 | Aufgabe 18

a) Jeder negative x-Wert wird bei der Betragsfunktion in einen positiven umgewandelt.

b)

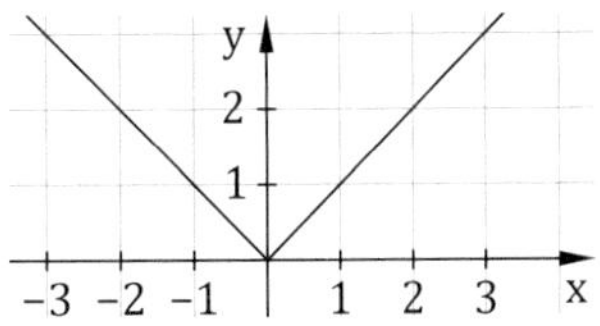

Seite 11 | Aufgabe 19

a)

x	−3	−2	−1	0	1	2	3	4	5
f(x)	−9	0	3	0	−3	0	9	24	45

b)

x	−3	−2	−1	0	1	2	3	4	5
g(x)	−15	0	3	0	−3	0	15	48	105

Zeichnung zu a) und b)

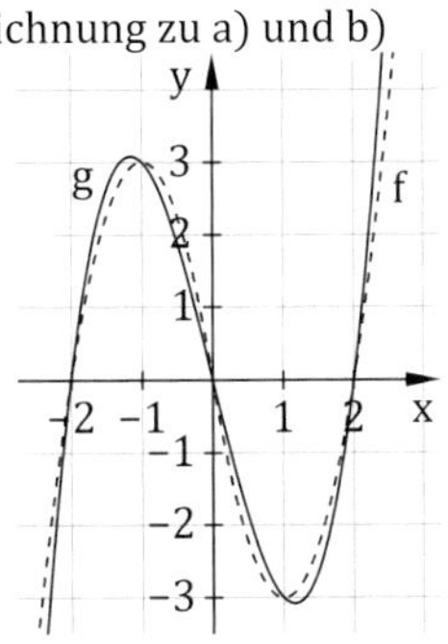

c) Für ganzzahlige x-Werte sind die Funktionswerte von f und g im Intervall $[-2; 2]$ gleich groß, für andere x-Werte allerdings nicht. Die Graphen sind also nicht gleich (siehe Zeichnung).

1.2 Wiederholung: Lineare und quadratische Funktionen

Seite 12 | Einstieg

Die Gleichung $x^2 = x$ hat genau 2 Lösungen ($x_1 = 0$; $x_2 = 1$).
Wenn man die Graphen von f und g in ein Koordinatensystem zeichnet, erkennt man, dass es die beiden Schnittpunkte $S_1(0|0)$ und $S_2(1|1)$ gibt.

Seite 12 | Aufgabe 1

a) $m_f = 1{,}5$; $f(x) = 1{,}5x + 0{,}5$ $m_g = -0{,}5$; $g(x) = -0{,}5x + 0{,}5$ $m_h = -0{,}5$; $h(x) = -0{,}5x - 2$ $m_i = 1$; $i(x) = x - 2$

b) $m_f = -0{,}5$; $f(x) = -0{,}5x + 1{,}5$ $m_g = -1$; $g(x) = -x - 1$ $m_h = 1{,}5$; $h(x) = 1{,}5x + 2{,}5$ $m_i = \frac{2}{3}$; $i(x) = \frac{2}{3}x - 1{,}5$

Seite 13 | Aufgabe 2

$f(x) = x + 1$; $g(x) = 1{,}5x$; $h(x) = -2{,}5x - 2$; $j(x) = -2$; $k(x) = -\frac{1}{3}x + 2$

Seite 13 | Aufgabe 3

a) bis f)

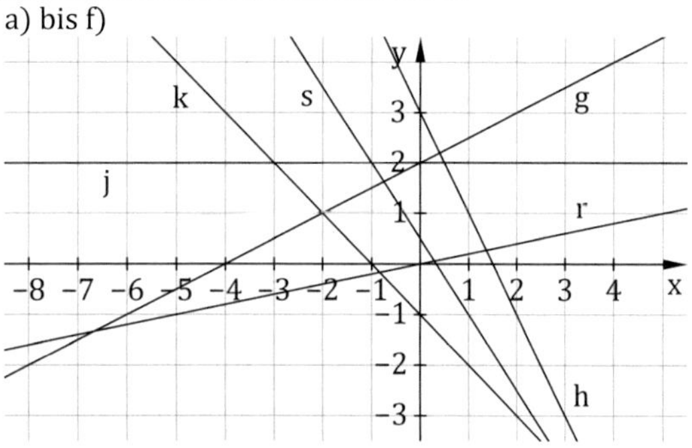

Seite 13 | Aufgabe 4

a) Beispiele: $f(x) = x$; $g(x) = 2x$
b) Beispiele: $f(x) = 2$; $g(x) = 4$
c) Beispiel: $f(x) = 2x + 2$; $g(x) = x + 2$
d) Beispiel: $f(x) = 2x + 2$; $g(x) = 2x + 4$

Seite 13 | Aufgabe 5

a) Alle Geraden sind parallel zueinander. Die Steigung m ist jeweils 1, der y-Achsenabschnitt b ist unterschiedlich.
$f_1(x) = x - 3$; $f_2(x) = x - 1$; $f_3(x) = x + 1$; $f_4(x) = x + 2$
b) Alle Geraden schneiden die y-Achse im selben Punkt (0|2). Der y-Achsenabschnitt b ist jeweils 2, die Steigung m ist unterschiedlich.
$f_1(x) = 0{,}5x + 2$; $f_2(x) = x + 2$; $f_3(x) = 2x + 2$; $f_4(x) = -0{,}5x + 2$; $f_5(x) = -x + 2$; $f_6(x) = -2x + 2$

Seite 13 | Aufgabe 6

a)

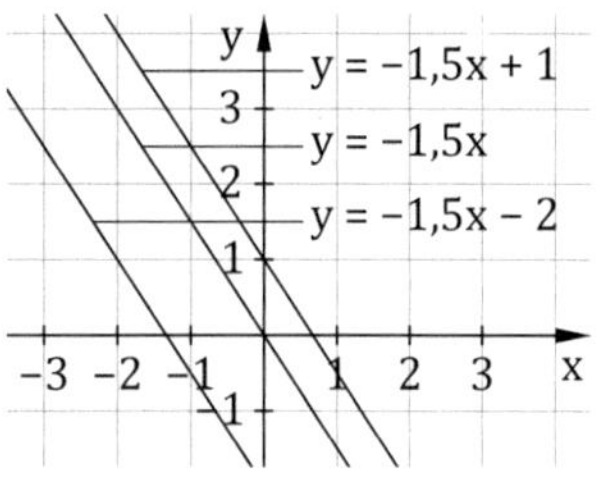

b gibt den y-Achsenabschnitt an. Die Geraden schneiden die y-Achse im Punkt (0|b).

b)

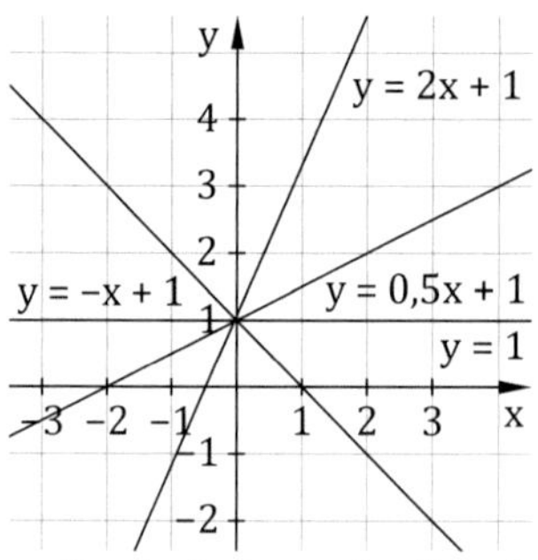

m gibt die Steigung der Geraden an.

Seite 13 | Aufgabe 7

a) $m = 1$
b) $m = -2$
c) $m = -1$

Seite 13 | Aufgabe 8

a) $f(x) = 2x + 5$
b) $f(x) = -3x + 9$
c) $f(x) = 0{,}5x + 3$

Seite 13 | Aufgabe 9

a) $f(x) = 2x + 3$
b) $f(x) = -\frac{4}{3}x - \frac{5}{3}$
c) $f(x) = 2$

Seite 13 | Aufgabe 10

a) $S_y(0|3)$; $S_x(3|0)$
b) $S_y(0|6)$; $S_x(-1{,}5|0)$
c) $S_y(0|-5)$; kein Schnittpunkt mit x-Achse

Seite 13 | Aufgabe 11

a) 275,78 €
b) $f(x) = 1{,}34x + 200{,}74$
c) 63 m³

Seite 15 | Aufgabe 12

a) $f(x) = x^2$: ② $g(x) = \frac{1}{4}x^2$: ③ $h(x) = -3x^2$: ④
b) ①: $i(x) = 2x^2$ ⑤: $j(x) = -0{,}5x^2$

Seite 15 | Aufgabe 13

a) $f(x) = (x - 3)^2$: ③ $g(x) = -(x + 3)^2$: ④ $h(x) = (x + 2)^2 + 1$: ①
b) ②: $i(x) = (x - 1)^2 - 2$ ⑤: $j(x) = -x^2 + 4$

Seite 15 | Aufgabe 14

a) $S(3|-1)$; $f(x) = (x - 3)^2 - 1$
b) $S(-0{,}5|1{,}5)$; $f(x) = (x + 0{,}5)^2 + 1{,}5$
c) $S(-2|0)$; $f(x) = \frac{1}{2}(x + 2)^2$
d) $S(0|5)$; $f(x) = -4x^2 + 5$

Seite 15 | Aufgabe 15

a) S(3|2) b) S(−3|1) c) S(0|3) d) S(−1|−2) e) S(1|2) f) S(0|4)

Zeichnung:

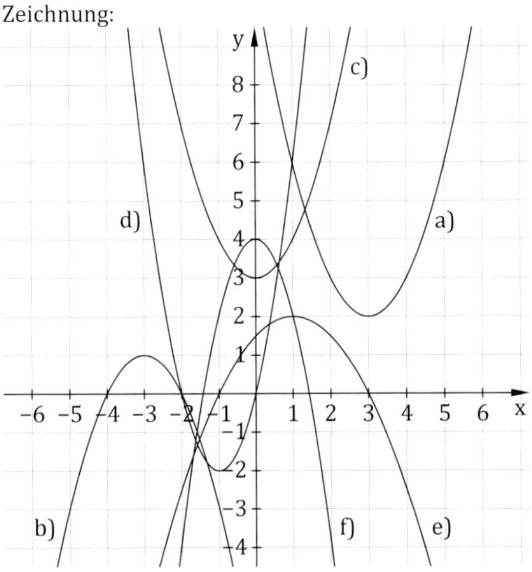

Seite 15 | Aufgabe 16

① S(−2|−1); a = 0,5; $f(x) = 0{,}5(x+2)^2 - 1$

② S(0|1); a = 2; $f(x) = 2x^2 + 1$

③ S(2|0); a = 1; $f(x) = (x-2)^2$

④ S(−1|1); a = −3; $f(x) = -3(x+1)^2 + 1$

⑤ S(2|2); a = −2; $f(x) = -2(x-2)^2+2$

Seite 15 | Aufgabe 17

a) $f(x) = (x-6)^2 + 2$ b) $f(x) = (x+3)^2 + 1$ c) $f(x) = 3(x+2)^2 + 3$

d) $f(x) = -2(x-2)^2 + 2$ e) $f(x) = 3(x+2)^2$ f) $f(x) = x^2 - 9$

Seite 16 | Aufgabe 18

a) $x_1 = 4; x_2 = -4$ b) keine Nullstellen c) $x_1 = 0; x_2 = -2$

d) $x_1 = 0; x_2 = -2$ e) $t_1 = 0; t_2 = \frac{8}{7}$ f) $x = 4$

Seite 16 | Aufgabe 19

a) $x_1 = 3; x_2 = 2$ b) $x_1 \approx 0{,}58; x_2 \approx -8{,}58$ c) $x = 3$

d) $x_1 = 4; x_2 = 2$ e) keine Nullstellen f) $x_1 \approx 14{,}14; x_2 \approx -0{,}14$

Seite 16 | Aufgabe 20

a) ① $x_1 = 5; x_2 = -3$ ② $x_1 = 4; x_2 = 2{,}5$ ③ $x_1 = 0; x_2 = -7$

b) ① $f(x) = (x-3)(x-4)$ ② $f(x) = 3(x+2)(x-5)$ ③ $f(x) = -2x(x-3)$

c) ① $f(x) = 6x(x - \frac{5}{6})$ ② $f(x) = (x-5)^2$ ③ $f(x) = -3(x+2)(x-2)$

Seite 16 | Aufgabe 21

a) $f(x) = -(x-3)^2 + 7$

b) $f(3) = 7; f(2) = f(4) = 6$ Der Ball fliegt über das Haus.

c) $f(6) = -2$ Der Ball trifft nicht Punkt B(6|1).

Seite 16 | Aufgabe 22

a) Geraden nicht parallel, y-Achsenabschnitt jeweils 5; S(0|5)

b) Geraden parallel, nicht identisch; kein Schnittpunkt

c) Geraden nicht parallel; S(1|5)

d) Geraden parallel, nicht identisch; kein Schnittpunkt

Seite 16 | Aufgabe 23

a) Möglich sind kein, ein und zwei Schnittpunkte.
Beispiele: kein Schnittpunkt: $f(x) = x; g(x) = x^2 + 10$ ein Schnittpunkt: $f(x) = 0; g(x) = x^2$
zwei Schnittpunkte: $f(x) = x; g(x) = x^2$

b) Möglich sind kein, ein und zwei Schnittpunkte, sowie unendlich viele, wenn f und g identisch sind.
Beispiele: kein Schnittpunkt: $f(x) = x^2; g(x) = -x^2 - 1$ ein Schnittpunkt: $f(x) = x^2; g(x) = -x^2$
zwei Schnittpunkte: $f(x) = x^2; g(x) = -x^2 + 1$

Seite 16 | Aufgabe 24

Im ersten Schritt wird nur die rechte, aber nicht die linke Seite der Gleichung durch 2 dividiert. Günstiger ist es, den Faktor 2 im Funktionsterm auszuklammern: $f(x) = 2(x^2 - 4x + 3) = 2((x-2)^2 - 1) = 2(x-2)^2 - 2$

Seite 16 | Aufgabe 25

1. Fall $a > 0$: keine Nullstelle für $y_s > 0$; genau eine Nullstelle für $y_s = 0$; zwei Nullstellen für $y_s < 0$
2. Fall $a < 0$: keine Nullstelle für $y_s < 0$; genau eine Nullstelle für $y_s = 0$; zwei Nullstellen für $y_s > 0$

Seite 17 | Aufgabe 26

Eine Änderung von c bewirkt eine Verschiebung der Parabel in y-Richtung.
Eine Änderung von b bewirkt eine Verschiebung der Parabel in x- und in y-Richtung.
Eine Änderung von a bewirkt eine Streckung/Stauchung der Parabel und zugleich eine Verschiebung in x- und y-Richtung.
Anmerkung: $ax^2 + bx + c = a(x + \frac{b}{2a})^2 - \frac{b^2}{4a} + c$

Seite 17 | Aufgabe 27

a) Falsch; Eine Funktionsgleichung in faktorisierter Form gibt es nur, wenn die Funktion Nullstellen hat. Die Funktion f mit $f(x) = x^2 + 1$ hat z.B. keine Nullstellen und lässt sich nicht in faktorisierter Form schreiben.
b) Richtig, weil jede Parabel achsensymmetrisch ist zur Parallelen zur y-Achse, die durch den Scheitelpunkt verläuft. Stellen mit gleichen Funktionswerten liegen symmetrisch zu dieser Achse, also auch die Nullstellen.

Seite 17 | Aufgabe 28

a) linear; Steigung 2

x	−4	−2	−1	0	3
f(x)	0	4	6	8	14

b) quadratisch; Scheitelpunkt S(−1|−3); Streckfaktor 1

x	−4	−2	−1	0	3
f(x)	6	−2	−3	−2	13

a) linear; Steigung −6

x	−5	−2	0	2	5
f(x)	10	−8	−20	−32	−50

b) quadratisch; Scheitelpunkt S(0|0); Streckfaktor −2

x	−5	−2	0	2	5
f(x)	−50	−8	0	−8	−50

Seite 17 | Aufgabe 29

$\tan\alpha = 3$; $\alpha \approx 71{,}6°$ Die Gerade schneidet die x-Achse im Winkel von 71,6°.

Seite 17 | Aufgabe 30

$m_h = -\frac{3}{2}$; $m_g = \frac{2}{3}$; $m_h = -\frac{1}{m_g}$ Die Steigung einer Senkrechten ist stets der negative Kehrwert der Steigung einer Geraden.

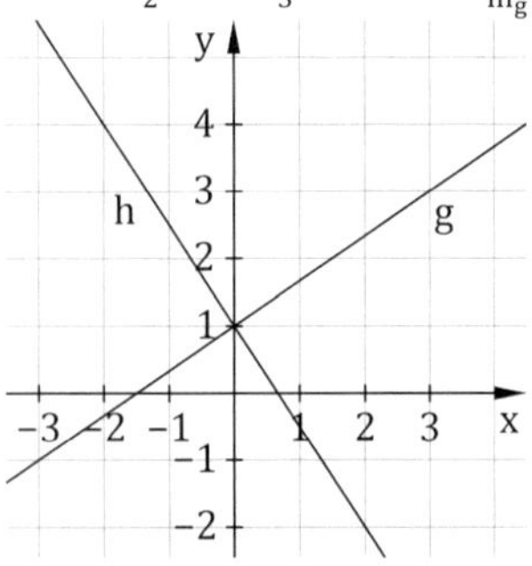

Seite 17 | Aufgabe 31

a) $x = 2$: $A = 369\ m^2$ $x = 6$: $A = 481\ m^2$
b) $f(x) = (43 - x)(x + 7) = -x^2 + 36x + 301$
c) $D = [0; 43]$
d) $f(x) = -(x - 18)^2 + 625$ Für $x = 18$ wird der Flächeninhalt maximal (Quadrat mit 25 m Seitenlänge; $A = 625\ m^2$).

Seite 17 | Aufgabe 32

a) $1 = -16 + 4b + c$
$4 = -49 + 7b + c$
Das Additionsverfahren liefert als Lösung: $b = 12$; $c = -31$ $f(x) = -x^2 + 12x - 31$
b) $f(x) = -(x - 6)^2 + 5$
Der Scheitelpunkt S(6|5) liegt an der Spitze des Parabelbogens in Höhe der Brücke, die Höhe passt also.

1.3 Symmetrie von Funktionsgraphen

Seite 18 | Einstieg

Die Funktionswerte f(x) zu x und −x sind jeweils gleich. Die Punkte liegen achsensymmetrisch zur y-Achse.
Die Funktionswerte g(x) zu x und −x unterscheiden sich jeweils nur im Vorzeichen. Die Punkte liegen punktsymmetrisch zum Koordinatenursprung.
Zeichenübung

Seite 19 | Aufgabe 1

a) $f(-x) = x^2 + 2x$ — weder achsensymmetrisch zur y-Achse noch punktsymmetrisch zum Ursprung
b) $g(-x) = 3x^2 - 4 = g(x)$ — achsensymmetrisch zur y-Achse
c) $h(-v) = -6v = -h(v)$ — punktsymmetrisch zum Ursprung
d) $f(-x) = 2x + 3$ — weder achsensymmetrisch zur y-Achse noch punktsymmetrisch zum Ursprung
e) $f(-x) = -\sin(x) = -f(x)$ — punktsymmetrisch zum Ursprung
f) $f(-x) = 3^x$ — weder achsensymmetrisch zur y-Achse noch punktsymmetrisch zum Ursprung
g) $f(-x) = 0 = f(x) = -f(x)$ — achsensymmetrisch zur y-Achse und punktsymmetrisch zum Ursprung
h) $f(-x) = \cos(x) + 2 = f(x)$ — achsensymmetrisch zur y-Achse

Seite 19 | Aufgabe 2

a)

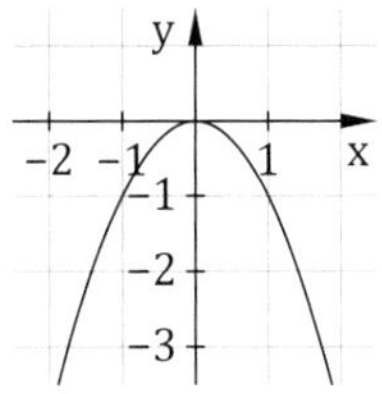

b)

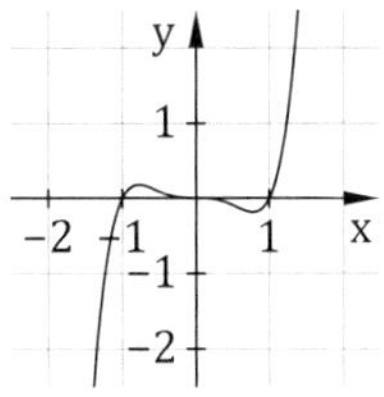

c)

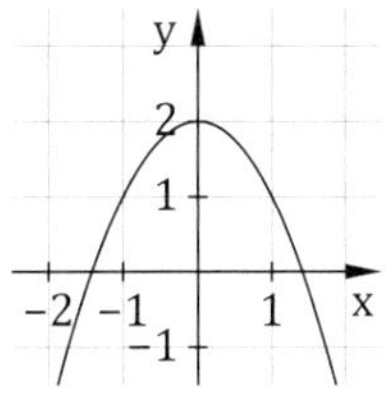

d)

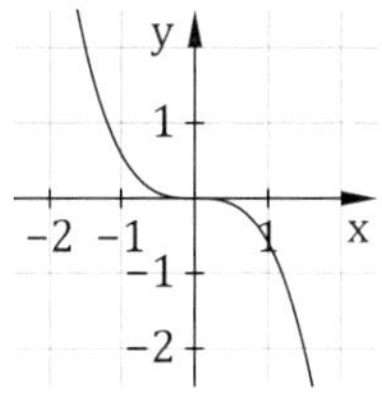

Seite 19 | Aufgabe 3

a)

x	−3	−2	−1	0	1	2	3
f(x)	5	1	−4	*	−4	1	5

* Jede reelle Zahl ist möglich.

b)

x	−3	−2	−1	0	1	2	3
f(x)	−5	1	4	0	−4	−1	5

Seite 19 | Aufgabe 4

a) bei allen konstanten Funktion; $f(x) = b$ mit $b \in \mathbb{R}$

b) bei allen Ursprungsgeraden; $f(x) = mx$ mit $m \in \mathbb{R}$

Seite 19 | Aufgabe 5

a) bei allen Parabeln mit dem Scheitelpunkt auf der y-Achse; $f(x) = ax^2 + c$ mit $a, c \in \mathbb{R}, a \neq 0$

b) Der Graph ist nie punktsymmetrisch zum Ursprung.

Seite 19 | Aufgabe 6

a) Anja hat bei Einsetzen von $-x$ in die Funktionsgleichung $(-x^2)$ statt $(-x)^2$ geschrieben. Richtig: $f(-x) = (-x)^2 + 5 = x^2 + 5$

b) $-a^2$ und $-(a^2)$

Seite 19 | Aufgabe 7

a) Falsch, weil 0 eine Nullstelle sein kann. Beispiel: f mit $f(x) = x^2$ hat genau eine Nullstelle.

b) Richtig; Der Graph der konstanten Funktion f mit $f(x) = 2$ ist z.B. achsensymmetrisch zur y-Achse. Wäre der Graph punktsymmetrisch zum Ursprung, müsste er auch den am Ursprung gespiegelten Punkt $(0|2)$ enthalten und könnte nicht Graph einer Funktion sein.

c) Richtig; Wenn $f(0) = a$ mit $a \neq 0$ wäre, dann müsste der Graph den Punkt $(0|a)$ und den am Ursprung gespiegelten Punkt $(0|-a)$ enthalten und f könnte keine Funktion sein.

d) Falsch, das einzige Gegenbeispiel ist die Nullfunktion f mit $f(x) = 0$.

e) Richtig; Der Punkt Q entsteht durch Spiegelung des Punktes P am Ursprung. Aufgrund der Punktsymmetrie enthält jeder der Graphen den Punkt Q, also ist Q ein Schnittpunkt.

Seite 19 | Aufgabe 8

a) Der Graph von f ist achsensymmetrisch zu jeder Senkrechten (z.B. $s(x) = -0{,}5x + 3$) und zu sich selbst sowie punktsymmetrisch zu jedem Punkt des Graphen von f.

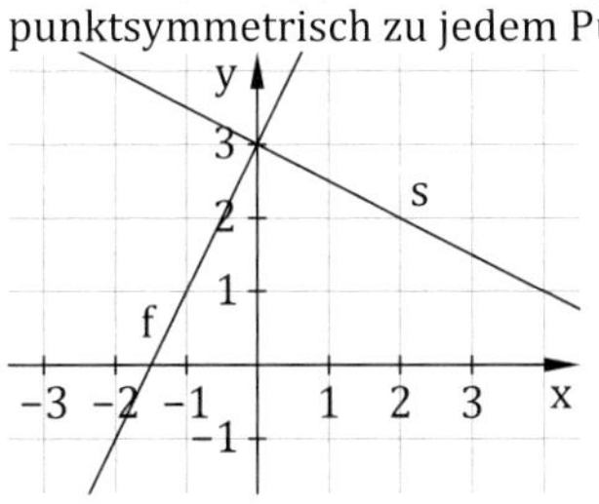

b) Der Graph ist achsensymmetrisch zur Geraden $x = 3$.

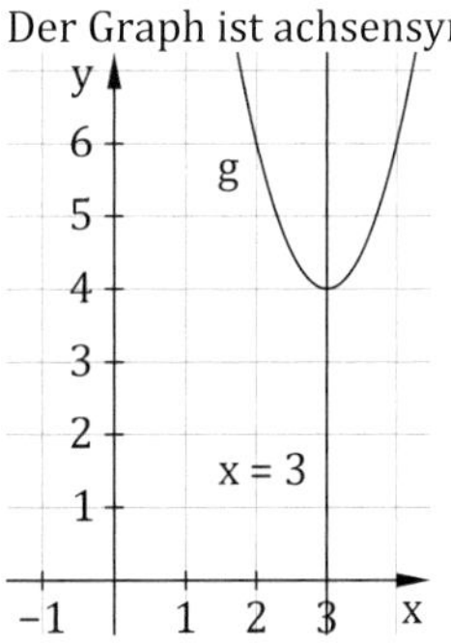

1.4 Potenzfunktionen mit natürlichen Exponenten

Seite 20 | Einstieg

Zum Beispiel ist für gerades $n > 0$ der Graph immer achsensymmetrisch zur y-Achse, enthält die Punkte $(-1|1)$, $(0|0)$ und $(1|1)$ und $W = \mathbb{R}^{\geq 0}$. Für ungerades n ist der Graph immer punktsymmetrisch zum Ursprung, enthält die Punkte $(-1|-1)$, $(0|0)$ und $(1|1)$ und $W = \mathbb{R}$.

Seite 21 | Aufgabe 1

x	−2	−1	$-\frac{1}{2}$	0	$\frac{1}{2}$	1	2
$f(x) = x^2$	4	1	$\frac{1}{4}$	0	$\frac{1}{4}$	1	4
$g(x) = x^3$	−8	−1	$-\frac{1}{8}$	0	$\frac{1}{8}$	1	8
$h(x) = x^4$	16	1	$\frac{1}{16}$	0	$\frac{1}{16}$	1	16
$i(x) = x^5$	−32	−1	$-\frac{1}{32}$	0	$\frac{1}{32}$	1	32

Seite 21 | Aufgabe 2

② $g(x) = x^3$ ③ $h(x) = x^4$ ④ $f(x) = x^8$ ⑤ $i(x) = x^7$ ① $y = x^2$

Seite 21 | Aufgabe 3

a) Der Graph verläuft im 1. und 2. Quadranten und ist achsensymmetrisch zur y-Achse. Er fällt für alle $x < 0$ und steigt für alle $x > 0$. Es gibt eine Nullstelle bei $x = 0$.

b) Der Graph verläuft im 1. und 2. Quadranten und ist punktsymmetrisch zum Ursprung. Er steigt für alle $x \in \mathbb{R}$. Es gibt eine Nullstelle bei $x = 0$.

Seite 21 | Aufgabe 4

P und Q: $1 = 1^n$ und $1 = (-1)^n$ für alle geraden n.; P und R: $1 = 1^n$ und $-1 = (-1)^n$ für alle ungeraden n.

Seite 22 | Aufgabe 5

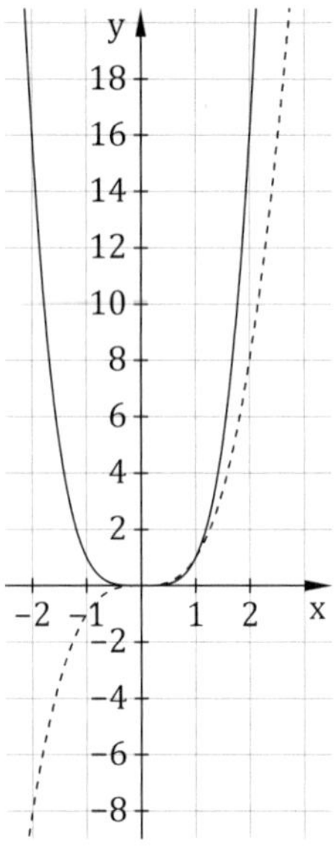

Seite 22 | Aufgabe 6

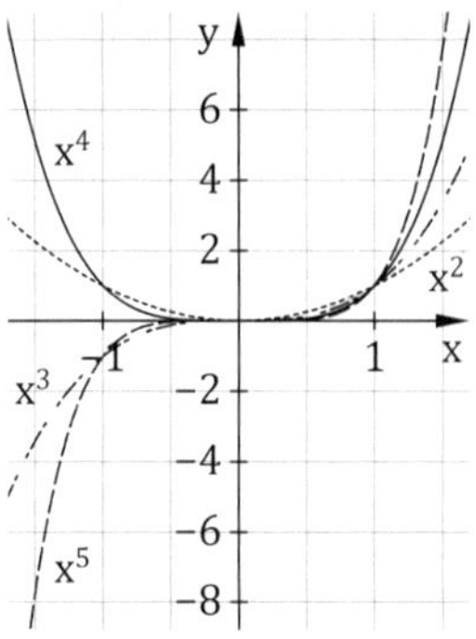

Seite 22 | Aufgabe 7

a) $f(-x) = (-x)^2 = x^2 = f(x)$ achsensymmetrisch zur y-Achse
b) $f(-x) = (-x)^3 = -x^3 = -f(x)$ punktsymmetrisch zum Ursprung
c) $f(-x) = (-x)^4 = x^4 = f(x)$ achsensymmetrisch zur y-Achse
d) $f(-x) = (-x)^5 = -x^5 = -f(x)$ punktsymmetrisch zum Ursprung

Seite 22 | Aufgabe 8

a) Richtig. Die Potenz jeder positiven Zahl ist positiv. Bei geradem Exponenten ist auch die Potenz einer negativen Zahl positiv. Und die Potenz von 0 ist wieder 0.

b) Richtig, weil jede Parallele zur x-Achse den Graphen an genau einer Stelle schneidet. Die Funktionswerte sind für positive x positiv und für negative x negativ.

c) Falsch, das gilt nur für $y > 0$. Zu $y = 0$ gehört z.B. nur der x-Wert 0.

d) Richtig, für $x \to \infty$ gilt $x^n \to \infty$ und $f(-x) = f(x)$.

e) Falsch. Für positives x ist der Funktionswert stets positiv. Für $x \to \infty$ gilt $f(x) \to \infty$.

Seite 22 | Aufgabe 9

a) Sei $f(x) = x^n$ mit n gerade. n kann man also schreiben als $n = 2m$ mit $m \in \mathbb{N}$.
Dann gilt: $f(-x) = (-x)^n = (-x)^{2m} = ((-x)^2)^m = (x^2)^m = x^{2m} = x^n = f(x)$

b) Sei $f(x) = x^n$ mit n ungerade. n kann man also schreiben als $n = 2m + 1$ mit $m \in \mathbb{N}$.
Dann gilt: $f(-x) = (-x)^n = (-x)^{2m+1} = ((-x)^2)^m \cdot (-x) = (x^2)^m \cdot (-x) = -x^{2m+1} = -x^n = -f(x)$

Seite 22 | Aufgabe 10

a) $V(a) = a^3$

b) Definitionsbereich: $a > 0$; Wertebereich: $V > 0$

c) Bei Verdopplung (Verdreifachung) steigt das Volumen auf das 8-fache (27-fache).
Bei Halbierung (Drittelung) sinkt das Volumen den 8. Teil (27. Teil).

Seite 22 | Aufgabe 11

Verdopplung:

a) Der Funktionswert wird verdoppelt.

b) Der Funktionswert wird vervierfacht.

c) Der Funktionswert wird verachtfacht.

d) Der Funktionswert wird versechzehnfacht.

Multiplikation mit -1:

a) Der Funktionswert ändert das Vorzeichen.

b) Der Funktionswert bleibt gleich.

c) Der Funktionswert ändert das Vorzeichen.

d) Der Funktionswert bleibt gleich.

Seite 22 | Aufgabe 12

a) Adrians Behauptung ist falsch, sie stimmt nicht für $0 < x < 1$.

b) Es ist sofort klar, dass die Behauptung für negative x falsch ist, da dort die Funktionswerte bei geradem Exponenten (wie bei h) positiv und bei ungeradem Exponenten (wie bei g) negativ sind.

c) Helenas Aussage stimmt.

Seite 23 | Aufgabe 13

$S_1(1|1)$; $S_2(-1|1)$

Die Gerade zu g(x) verläuft oberhalb des tiefsten Punktes des Graphen von f parallel zur x-Achse, sodass sie den Graphen von f zweimal schneidet. Die x-Koordinaten der Schnittpunkte sind die Lösungen der Gleichung $x^4 = 1$.

Seite 23 | Aufgabe 14

a) ① Es gibt zwei Schnittpunkte des Graphen zu $f(x) = x^n$ mit der Geraden $y = a$ und daher zwei Lösungen, eine positive und eine negative.
② Es gibt nur den Schnittpunkt im Ursprung und daher genau eine Lösung $x = 0$.
③ Es gibt keinen Schnittpunkt und daher keine Lösung.

b) $\left(\sqrt[n]{a}\right)^n = a$ und $\left(-\sqrt[n]{a}\right)^n = a$

c) ① $L = \{3; -3\}$ ② $L = \{\}$ ③ $L = \{0\}$ ④ $L = \{\sqrt{2}; -\sqrt{2}\}$

Seite 23 | Aufgabe 15

a) Es gibt stets genau einen Schnittpunkt des Graphen zu $f(x) = x^n$ mit der Geraden $y = a$ und daher genau eine Lösung.
① positive Lösung ② Lösung $x = 0$ ③ negative Lösung

b) $\left(\sqrt[n]{a}\right)^n = a$

c) Die Gleichung $x^3 = -8$ hat wegen $(-2)^3 = -8$ die Lösung $-2 = -\sqrt[3]{8} = -\sqrt[3]{-(-8)}$.

d) ① $L = \{5\}$ ② $L = \{-3\}$ ③ $L = \{0\}$ ④ $L = \{\sqrt[5]{4}\}$

Seite 23 | Aufgabe 16

a)	$A(4\|64)$	$B(2\|8)$	$C\left(\frac{1}{3}\middle\|\frac{1}{27}\right)$	$D(-10\|-1000)$
b)	$A\left(\frac{1}{2}\middle\|\frac{1}{16}\right)$	$B_{1/2}(\pm 10\|10000)$	C nicht möglich	$D_{1/2}\left(\pm\frac{1}{4}\middle\|\frac{1}{256}\right)$
c)	$A(-10\|-100\,000)$	$B(-1\|-1)$	$C\left(\frac{1}{2}\middle\|\frac{1}{32}\right)$	$D(-2\|-32)$
d)	$A(-2\|64)$	$B_{1/2}(\pm 1\|1)$	$C(0\|0)$	D nicht möglich

Seite 23 | Aufgabe 17

① a) $x > 100$	b) $x > 10$ oder $x < -10$	c) $x > 4{,}64$	d) $x > 3{,}16$ oder $x < -3{,}16$
② a) $x < -100$	b) keine	c) $x < -4{,}64$	d) keine
③ a) $-0{,}01 < x < 0{,}01$	b) $-0{,}1 < x < 0{,}1$	c) $-0{,}22 < x < 0{,}22$	d) $-0{,}32 < x < 0{,}32$

(Zahlen bei c) und d) gerundet)

Seite 23 | Aufgabe 18

a) Es sei $f(x) = x^n$ und n wegen der Achsensymmetrie gerade. Dann hat die Funktion g mit $g(x) = x^n \cdot x = x^{n+1}$ einen ungeraden Exponenten und ist somit punktsymmetrisch zum Ursprung.

b) Sei f achsensymmetrisch zur y-Achse und $g(x) = f(x) \cdot x$, dann gilt: $g(-x) = f(-x) \cdot (-x) = f(x) \cdot (-x) = -f(x) \cdot x = -g(x)$

c) Die Umkehrung gilt auch:
Sei f punktsymmetrisch zum Ursprung und $g(x) = f(x) \cdot x$, dann gilt: $g(-x) = f(-x) \cdot (-x) = -f(x) \cdot (-x) = f(x) \cdot x = g(x)$

Seite 23 | Aufgabe 19

$f(x) = 4x^3$ Bei $x = 1{,}6$ gibt es eine Abweichung: $f(1{,}6) \approx 16{,}4$.

1.5 Potenzfunktionen mit negativen Exponenten

Seite 24 | Einstieg

a)

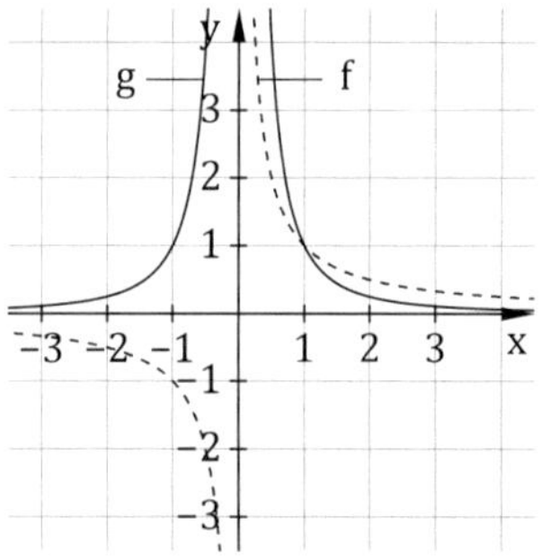

b)

x	$-\frac{1}{2}$	$-\frac{1}{10}$	$\frac{1}{10}$	$\frac{1}{2}$
f(x)	−2	−10	10	2
g(x)	4	100	100	4

Der Graph von f ist punktsymmetrisch zum Koordinatenursprung, der Graph von g ist achsensymmetrisch zur y-Achse. Beide Funktionen besitzen keine Nullstellen. Der Definitionsbereich von beiden Funktionen umfasst alle reellen Zahlen bis auf 0. Der Wertebereich von f umfasst alle reellen Zahlen bis auf 0, der Wertebereich von g alle reellen Zahlen größer als 0.

c) Der Graph von h verläuft ähnlich wie der Graph von f, der Graph von i verläuft ähnlich wie der Graph von g.

Seite 25 | Aufgabe 1

x	−2	−1	$-\frac{1}{2}$	$-\frac{1}{4}$	$\frac{1}{4}$	$\frac{1}{4}$	1	2
$f(x)=\frac{1}{x}$	$-\frac{1}{2}$	−1	−2	−4	4	2	1	$\frac{1}{2}$
$g(x)=\frac{1}{x^2}$	$\frac{1}{4}$	1	4	16	16	4	1	$\frac{1}{4}$
$h(x)=\frac{1}{x^3}$	$-\frac{1}{8}$	−1	−8	−64	64	8	1	$\frac{1}{8}$
$i(x)=\frac{1}{x^4}$	$\frac{1}{16}$	1	16	256	256	16	1	$\frac{1}{16}$

Seite 25 | Aufgabe 2

① $i(x)=\frac{1}{x^2}$ ② $h(x)=x^{-3}$ ③ $f(x)=\frac{1}{x^5}$ ④ $g(x)=x^{-8}$

Seite 25 | Aufgabe 3

a) Der Graph verläuft im 1. und 2. Quadranten und ist achsensymmetrisch zur y-Achse. Er steigt für alle $x<0$ und fällt für alle $x>0$. Er nähert sich asymptotisch der x-Achse und der y-Achse an. Nullstellen gibt es nicht.

b) Der Graph verläuft im 1. und 3. Quadranten und ist punktsymmetrisch zum Ursprung. Er fällt für alle $x<0$ und für alle $x>0$. Er nähert sich asymptotisch der x-Achse und der y-Achse an. Nullstellen gibt es nicht.

Seite 26 | Aufgabe 4

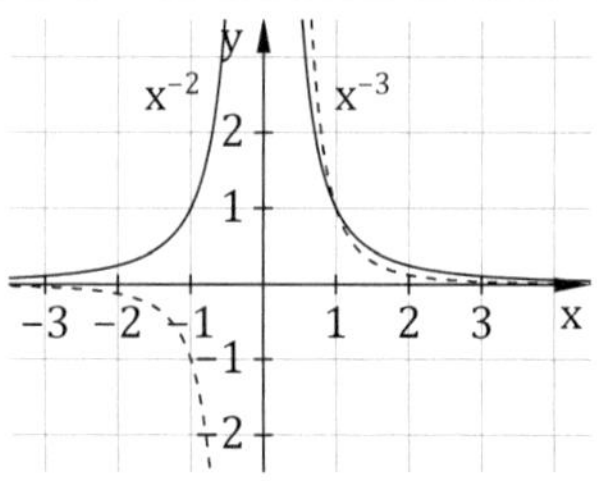

Seite 26 | Aufgabe 5

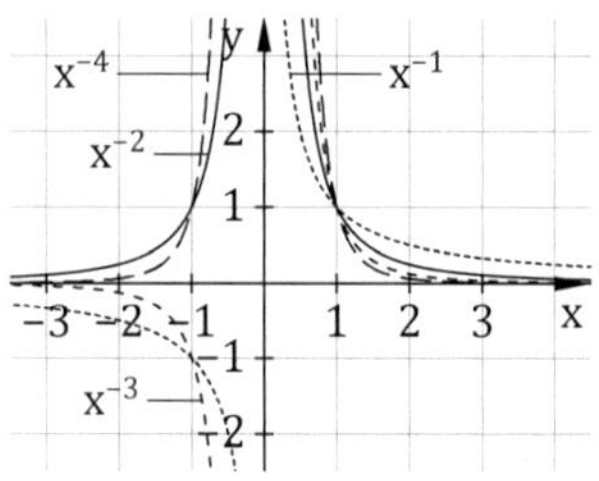

Seite 26 | Aufgabe 6

a) A: Graph von h
b) B: Graph von i
c) C: kein Graph
d) D: kein Graph
e) E: Graph von g
f) F: Graph von f, g, h und i
g) G: kein Graph
h) H: Graph von f

Seite 26 | Aufgabe 7

a) $f(-x)=\frac{1}{-x}=-\frac{1}{x}=-f(x)$ punktsymmetrisch zum Ursprung

b) $f(-x)=\frac{1}{(-x)^2}=\frac{1}{x^2}=f(x)$ achsensymmetrisch zur y-Achse

c) $f(-x)=(-x)^{-3}=-x^{-3}=-f(x)$ punktsymmetrisch zum Ursprung

d) $f(-x)=(-x)^{-6}=x^{-6}=f(x)$ achsensymmetrisch zur y-Achse

Seite 26 | Aufgabe 8

x	$-10\,000$	-1000	-100	$-\frac{1}{100}$	$-\frac{1}{1000}$	$-\frac{1}{10\,000}$
f(x)	$-\frac{1}{1\,000\,000\,000\,000}$	$-\frac{1}{1\,000\,000\,000}$	$-\frac{1}{1\,000\,000}$	$-1\,000\,000$	$-1\,000\,000\,000$	$-1\,000\,000\,000\,000$
x	$\frac{1}{10\,000}$	$\frac{1}{1000}$	$\frac{1}{100}$	100	1000	10 000
f(x)	1 000 000 000 000	1 000 000 000	1 000 000	$\frac{1}{1\,000\,000}$	$\frac{1}{1\,000\,000\,000}$	$\frac{1}{1\,000\,000\,000\,000}$

Seite 26 | Aufgabe 9

Die Punkte $(0{,}5|2)$ und $(-0{,}5|-2)$ dürfen nicht verbunden werden. Die Funktion f ist für $x = 0$ nicht definiert, Nähert sich x der Zahl 0 von rechts, werden die Funktionswerte immer größer, nähert sich x der Zahl 0 von links, werden die Funktionswerte immer kleiner. Ungewohnt ist, dass der Graph aus zwei Teilen besteht, die nicht miteinander verbunden sind.

Seite 26 | Aufgabe 10

Verdopplung:

a) Der Funktionswert wird halbiert.
b) Der Funktionswert wird geviertelt.
c) Der Funktionswert wird geachtelt.
d) Der Funktionswert sinkt auf den 16. Teil.

Multiplikation mit -1:

a) Der Funktionswert ändert das Vorzeichen.
b) Der Funktionswert bleibt gleich.
c) Der Funktionswert ändert das Vorzeichen.
d) Der Funktionswert bleibt gleich.

Seite 26 | Aufgabe 11

a) $x = \frac{1}{5}$ b) $x = -4$ c) $x_1 = 6$; $x_2 = -6$ d) $x = \frac{1}{2}$ e) $x_1 = 3$; $x_2 = -3$

Seite 26 | Aufgabe 12

a) $A(-0{,}2|-5)$ $B\left(3\middle|\frac{1}{3}\right)$ $C(-\frac{1}{25}|-25)$ $D\left(\frac{9}{8}\middle|\frac{8}{9}\right)$

b) $A(-2|\frac{1}{4})$ $B_{1/2}\left(\pm 7\middle|\frac{1}{49}\right)$ C nicht möglich $D_{1/2}\left(\pm\frac{1}{6}\middle|36\right)$

c) $A\left(2\middle|\frac{1}{8}\right)$ $B\left(3\middle|\frac{1}{27}\right)$ $C(\frac{1}{10}|1000)$ $D(-\frac{1}{10}|-1000)$

d) $A\left(4\middle|\frac{1}{256}\right)$ B nicht möglich $C_{1/2}\left(\pm\frac{2}{5}\middle|\frac{625}{16}\right)$ $D_{1/2}\left(\pm 4\middle|\frac{1}{256}\right)$

Seite 27 | Aufgabe 13

a) f: $S_1(0{,}84|2)$; $S_2(-0{,}84|2)$; g: $S(0{,}87|2)$
b) f: kein Schnittpunkt; g: $S(-0{,}40|-100)$
c) f: $S(-0{,}75|3{,}24)$; g: kein Schnittpunkt
d) f: $S(7{,}5|0{,}0003)$; g: $S_1(-0{,}79|-3{,}3)$; $S_2(7{,}5|0{,}00004)$

(Dezimalzahlen gerundet)

Seite 27 | Aufgabe 14

Fehler im 1. Druck des Schülerbuchs, korrekt ist: c) $f(x) < h(x)$

a) $-1 < x < 0$ und $0 < x < 1$ b) $x < -1$ und $0 < x < 1$ c) $0 < x < 1$ d) $x < 0$ und $0 < x < 1$

Seite 27 | Aufgabe 15

① a) $0 < x < 0{,}01$ b) $0 < x < 0{,}1$ oder $-0{,}1 < x < 0$ c) $0 < x < 0{,}22$ d) $0 < x < 0{,}32$ oder $-0{,}32 < x < 0$

② a) $-0{,}01 < x < 0$ b) keine c) $-0{,}22 < x < 0$ d) keine

③ a) $x > 100$ oder $x < -100$ b) $x > 10$ oder $x < -10$ c) $x > 4{,}64$ oder $x < -4{,}64$ d) $x > 3{,}16$ oder $x < -3{,}16$

Seite 27 | Aufgabe 16

Wertetabelle:

a	2 m	1 m	0,5 m	0,25 m	0,125 m	4 m	8 m
b	0,5 m	1 m	2 m	4 m	8 m	0,25 m	0,125 m

Funktionsgleichung: $b(a) = \frac{1}{a}$

Graph: Zeichenübung

Seite 27 | Aufgabe 17

a) Für $r = 1$ gilt $E(r) = \frac{1}{r^2}$. Graph: Zeichenübung. Der Graph verläuft im 1. Quadranten durch den Punkt $(1|1)$, er fällt für alle $r > 0$ und nähert sich asymptotisch der x-Achse und der y-Achse an. Nullstellen gibt es nicht.

b) Damit die Intensität auf ein Hundertstel (1 %) abnimmt, muss man den Abstand verzehnfachen.

Seite 27 | Aufgabe 18

a) Die Punkte A bis F liegen auf einer dem Graphen einer Potenzfunktion mit ganzzahligem Exponenten.
A: $f(x) = x^2$ B: $f(x) = x^3$ C: $f(x) = x^{-1}$ D: z.B. $f(x) = x^3$ E: $f(x) = x^{-4}$ F: $f(x) = x^{-5}$
Für G gilt das nicht, da $2^{-4} = \frac{1}{16} > \frac{1}{21}$ und $2^{-5} = \frac{1}{32} < \frac{1}{21}$.

b) F: $n = \log_2(\frac{1}{32}) = -5$ G: $n = \log_2(\frac{1}{21}) \approx -4{,}39$ (nicht ganzzahlig)

c) Für positives x und negatives y liegt kein Punkt $P(x|y)$ auf dem Graphen einer Potenzfunktion f mit $f(x) = x^n$, da $x^n > 0$ für alle $x > 0$.

Seite 27 | Aufgabe 19

a) $V = 1 = \pi r^2 h$, also $h(r) = \frac{1}{\pi r^2}$

b) Zeichenübung. Der Definitionsbereich im Sachzusammenhang ist $r > 0$, da eine Dose einen positiven Radius haben muss.

c) $O(r) = 2\pi r^2 + 2\pi r h = 2\pi r^2 + \frac{2}{r}$

Der minimale Oberflächeninhalt ($5{,}54\ dm^2$) wird für $r_{min} = 0{,}542$ dm erreicht.

(Für die Höhe gilt dann $h_{min} = 2r_{min} \approx 1{,}084$ dm).

1.6 Verschieben und Strecken von Funktionsgraphen

Seite 28 | Einstieg

Der Graph von g_3 fällt, alle anderen Graphen steigen. Die Nullstelle liegt bei f, g_3 und g_4 bei $x = 0$. Die Form des Graphen ist bei f, g_1 und g_2 gleich.

g_1: Verschiebung um 1 Einheit nach oben

g_2: Verschiebung um 3 Einheiten nach links

g_3: Streckung mit dem Faktor 2 in y-Richtung und Spiegelung an der x-Achse

g_4: Streckung mit dem Faktor 2 in x-Richtung

Seite 29 | Aufgabe 1

x	−3	−2	−1	0	1	2	3
f(x)	−27	−8	−1	0	1	8	27
g(x)	−125	−64	−27	−8	−1	0	1

Den Funktionswert, den f an der Stelle x hat, hat g an der Stelle x + 2.

Seite 29 | Aufgabe 2

a) $f(x) = x^5 - 3$ b) $f(x) = \frac{1}{(x+2)^2}$ c) $f(x) = x^{-1} + 1{,}5$ d) $f(x) = (x+6)^4 + 1$ e) $f(x) = \frac{1}{(x-5)^3} - 2{,}5$

Seite 29 | Aufgabe 3

① $g(x) = (x-2)^4 - 1$ ② $f(x) = (x+2)^4 - 1$ ③ $h(x) = (x-1)^4 + 2$ ④ $i(x) = (x-1)^4 - 2$

Man kann die Position des tiefsten Punkts der Graphen betrachten. Ein Minuszeichen in der Klammer führt zu einer Verschiebung des Graphen nach rechts, ein Pluszeichen zu einer Verschiebung nach links.

Seite 29 | Aufgabe 4

a)
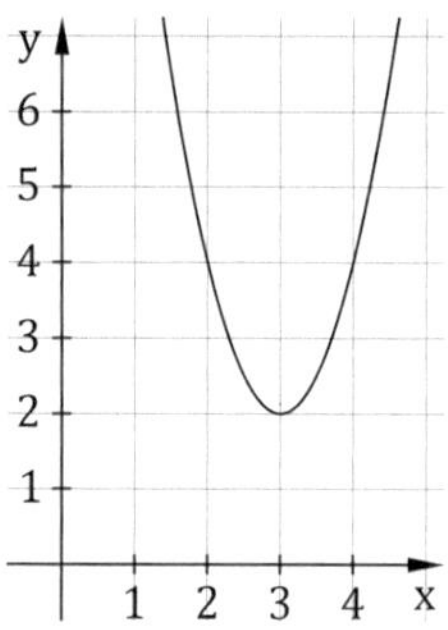

b)
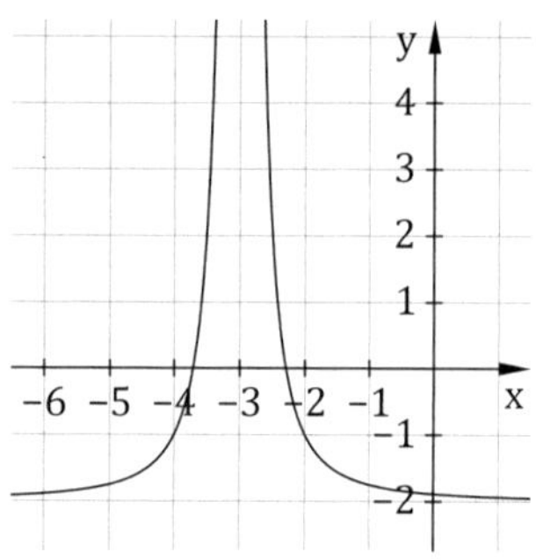

c)
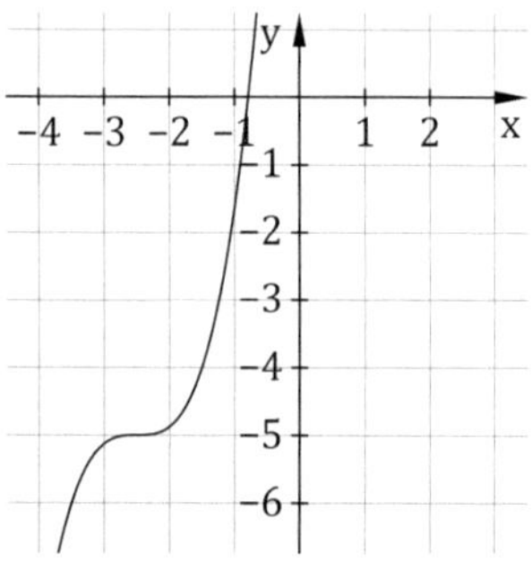

d)
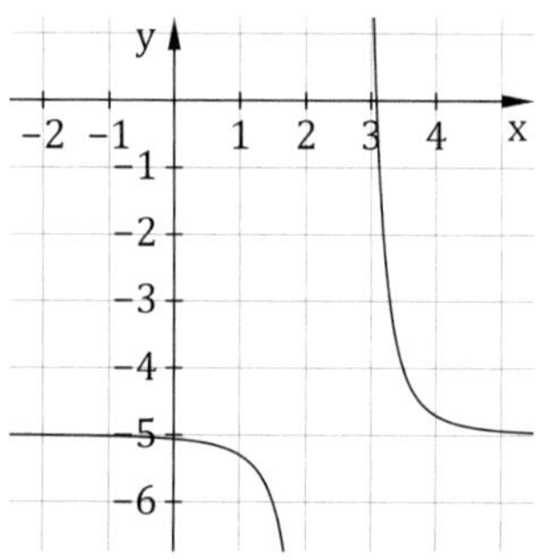

Seite 30 | Aufgabe 5

a) $g(x) = x^2 - 3$ Der Graph von g ist um 3 Einheiten nach unten verschoben.

b) $g(x) = (x+2)^5$ Der Graph von g ist um 2 Einheiten nach links verschoben.

c) $g(x) = (x+2)^{-1} + 3$ Der Graph von g ist um 2 Einheiten nach links und 3 Einheiten nach oben verschoben.

d) $g(x) = \frac{1}{(x-1)^2} - 2$ Der Graph von g ist um 1 Einheit nach rechts und 2 Einheiten nach unten verschoben.

Seite 30 | Aufgabe 6

a) um 5 Einheiten nach unten und 3 Einheiten nach links

b) um 5 Einheiten nach rechts

c) um 1 Einheit nach links und 3 Einheiten nach unten

d) um 7 Einheiten nach links und 2 Einheiten nach unten

Seite 31 | Aufgabe 7

a) $g(x) = 2x^4$ b) $g(x) = \frac{1}{3}x^4$ c) $g(x) = -\frac{1}{4}x^4$ d) $g(x) = -4x^4$

Seite 31 | Aufgabe 8

a)

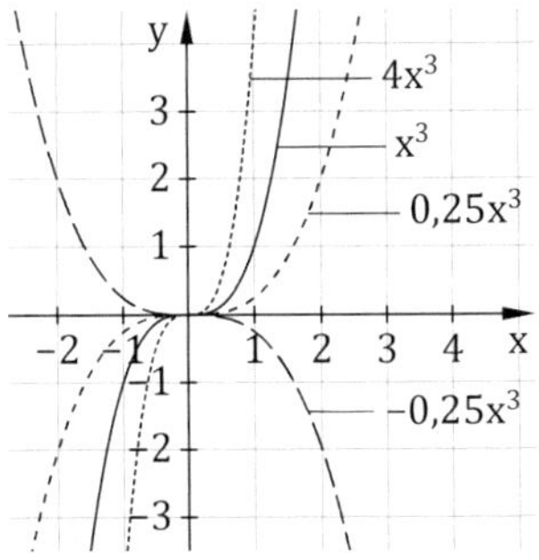

b)

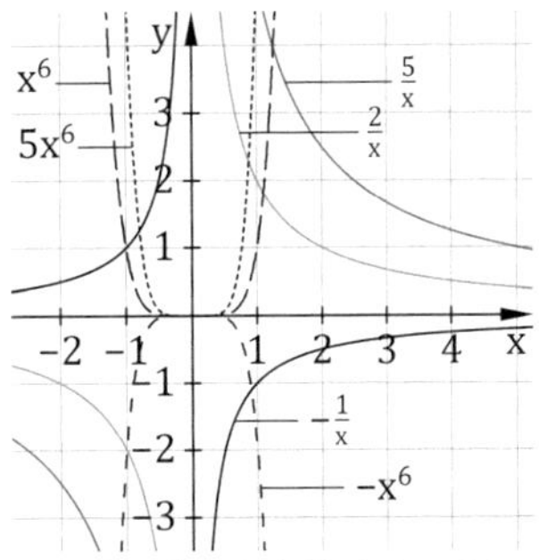

Der Graph wird für $|a| > 1$ in y-Richtung gestreckt und für $0 < |a| < 1$ gestaucht. Für $a < 0$ wird er zusätzlich an der x-Achse gespiegelt.

Seite 31 | Aufgabe 9

a) f: ① g: ③ h: ② $i(x) = -\frac{1}{3}x^4$: ④

b) f: ① g: ③ h: ④ $i(x) = \frac{1}{2}x^{-2}$: ②

Seite 31 | Aufgabe 10

a) $5 = a \cdot 1^3$, also $a = 5$; $h(x) = 5x^3$

b) $-2 = a \cdot 2^3$, also $a = -0{,}25$; $h(x) = -0{,}25x^3$

c) $\frac{1}{4} = a \cdot \left(\frac{1}{2}\right)^3$, also $a = 2$; $h(x) = 2x^3$

d) $-6 = a \cdot (-3)^3$, also $a = \frac{2}{9}$; $h(x) = \frac{2}{9}x^3$

Seite 31 | Aufgabe 11

	$x \to \infty$	$x \to -\infty$
$a > 0$; n gerade	$f(x) \to \infty$	$f(x) \to \infty$
$a > 0$; n ungerade	$f(x) \to \infty$	$f(x) \to -\infty$
$a < 0$; n gerade	$f(x) \to -\infty$	$f(x) \to -\infty$
$a < 0$; n ungerade	$f(x) \to -\infty$	$f(x) \to \infty$

Für $a > 0$ entspricht das Verhalten von f(x) für $x \to \infty$ und $x \to -\infty$ dem Verhalten der Potenzfunktion mit $y = x^n$, für $a < 0$ kehrt sich das Vorzeichen um ($-\infty$ statt ∞ und umgekehrt).

Seite 31 | Aufgabe 12

a) $g(x) = -3x^2$ b) $g(x) = x^{-4}$ c) $g(x) = -\frac{1}{x} - 2$ d) $g(x) = 0{,}5(x-2)^3 + 1$

Seite 33 | Aufgabe 13

a) $g(x) = \frac{1}{32}x^5$ b) $g(x) = 243x^5$ c) $g(x) = -32x^5$ d) $g(x) = -\frac{1}{1024}x^5$

Seite 33 | Aufgabe 14

f: ④ g: ② h: ③ i: ① $j(x) = \left(-\frac{1}{2}x\right)^{-3}$: ⑤

Seite 33 | Aufgabe 15

a) $8 = (b \cdot (-2))^3$, also $b = -1$; $h(x) = -x^3$

b) $\frac{1}{64} = \left(b \cdot \frac{1}{2}\right)^3$, also $b = \frac{1}{2}$; $h(x) = \frac{1}{8}x^3$

c) $8 = \left(b \cdot \frac{1}{3}\right)^3$, also $b = 6$; $h(x) = 216x^3$

d) $\frac{1}{64} = \left(b \cdot \left(-\frac{1}{2}\right)\right)^3$, also $b = -\frac{1}{2}$; $h(x) = -\frac{1}{8}x^3$

Seite 33 | Aufgabe 16

a) $g(x) = -2x^3$ b) $g(x) = -x^{-2}$ c) $g(x) = 0{,}1x^5 + 3$ d) $g(x) = 0{,}2(x+1)^2 - 4$

Seite 33 | Aufgabe 17

a) f_1, f_3, f_7 b) f_2, f_5 c) f_1, f_3, f_4 d) f_5, f_6, f_7 e) f_1, f_3

Seite 33 | Aufgabe 18

Beispiele: $f(x) = -4x$; $f(x) = -36x^{-1}$; $f(x) = \frac{4}{3}x^2$

Seite 34 | Aufgabe 19

a) ② für gerades n, ③, ⑤ für ungerades n

b) ③, ④ für gerades n, ⑤ für ungerades n

c) Keine dieser Eigenschaften ändert sich.

d) ② für gerades n, ⑥, ⑦

Seite 34 | Aufgabe 20

a) ②, ③, ⑤ für ungerades n, ⑥, ⑦, Asymptoten

b) ①, ④ für gerades n, ⑤ für ungerades n, Verhalten für $x \to 0$

c) Keine dieser Eigenschaften ändert sich.

d) ② für gerades n, Verhalten für $x \to 0$ Bei ⑥ und ⑦ ändert sich Richtung, von der die Funktionswerte gegen 0 streben.

Seite 34 | Aufgabe 21

a) Schritt 1:
$f(x) = (\frac{1}{2}x)^4 = \frac{1}{16}x^4$

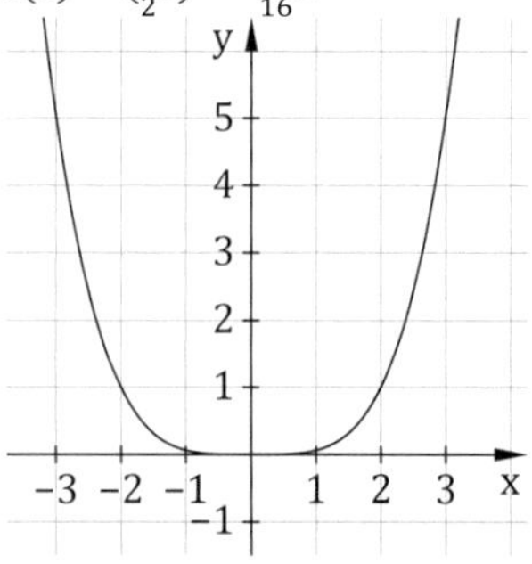

b) Schritt 2:
$f(x) = 4 \cdot \frac{1}{16}x^4 = \frac{1}{4}x^4$

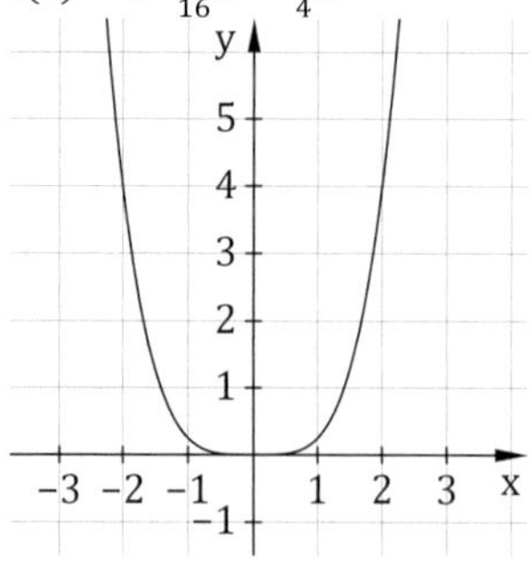

c) Schritt 3:
$f(x) = \frac{1}{4}(x-3)^4$

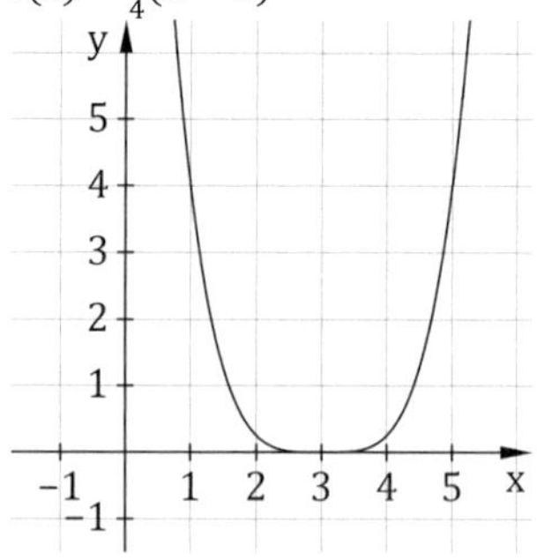

d) Schritt 4:
$f(x) = \frac{1}{4}(x-3)^4 - 1$

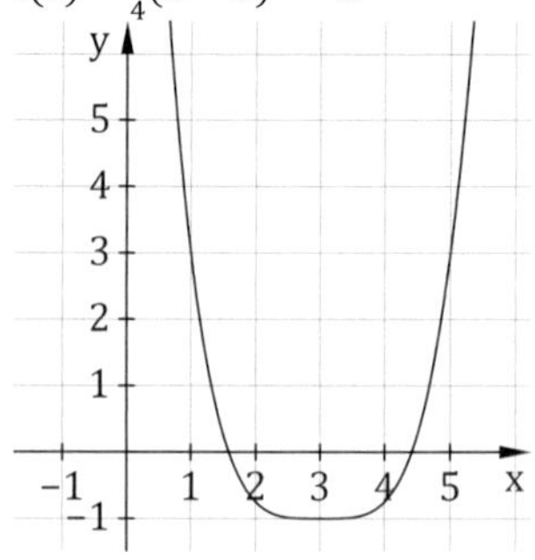

Seite 34 | Aufgabe 22

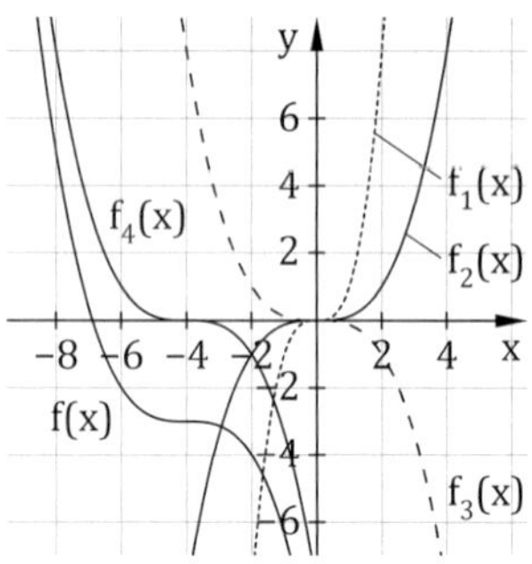

Seite 34 | Aufgabe 23

a) Stauchung mit Faktor 0,5 in x Richtung, Stauchung mit Faktor 0,5 in y-Richtung, Verschiebung um 6 Einheiten nach links, Verschiebung um 7 Einheiten nach unten.

b) Streckung mit Faktor $\frac{1}{b}$ in x-Richtung, Streckung mit Faktor a in y-Richtung, Verschiebung um c in x-Richtung, Verschiebung um d in y-Richtung

c) $g(x) = a(b(x-c))^n + d$

d) $g(x) = -2(x+3)^2 + 5$
Setzt man in der Gleichung für die allgemeine Potenzfunktion $b = 1$, so erhält man eine Form, welche für $n = 2$ mit der Scheitelpunktform der Parabel identisch ist. Diese Form ist ausreichend zur Beschreibung aller gestreckten und verschobenen Potenzfunktionen (siehe Aufgabe 28).

Seite 34 | Aufgabe 24

a) $p(x) = x^2$; Streckung mit Faktor 3 in y-Richtung, Verschiebung um 5 Einheiten nach rechts

b) $p(x) = x^3$; Stauchung mit Faktor 0,5 in y-Richtung und Spiegelung an der x-Achse, Verschiebung um 1 Einheit nach oben

c) $p(x) = x^5$; Spiegelung an der x-Achse, Verschiebung um 1 Einheit nach links

d) $p(x) = x^4$; Streckung mit Faktor 2 in y-Richtung, Verschiebung um 4 Einheiten nach links und 1,5 Einheiten nach unten

e) $p(x) = x^2$; Stauchung mit Faktor $\frac{1}{2}$ in x-Richtung, Streckung mit Faktor 4 in y-Richtung, Verschiebung um 3 Einheiten nach rechts und 5 Einheiten nach oben

f) $p(x) = x^4$; Streckung mit Faktor 2 in x-Richtung und mit Faktor -5 in y-Richtung, Verschiebung um 3 Einheiten nach rechts und 5 Einheiten nach oben

g) $p(x) = \frac{1}{x}$; Streckung mit Faktor 2 in y-Richtung und Spiegelung an der x-Achse, Verschiebung um 1 Einheit nach links und 3 Einheiten nach unten

h) $p(x) = \frac{1}{x^2}$; Streckung mit Faktor 2 in y-Richtung und Spiegelung an der x-Achse, Verschiebung um 3 Einheiten nach links und 4 Einheiten nach oben

i) $p(x) = \frac{1}{x}$; Streckung mit Faktor 3 in y-Richtung und Spiegelung an der x-Achse, Stauchung mit Faktor $\frac{1}{2}$ in x-Richtung, Verschiebung um 3 Einheiten nach links und 1 Einheit nach unten

Seite 34 | Aufgabe 25

a)

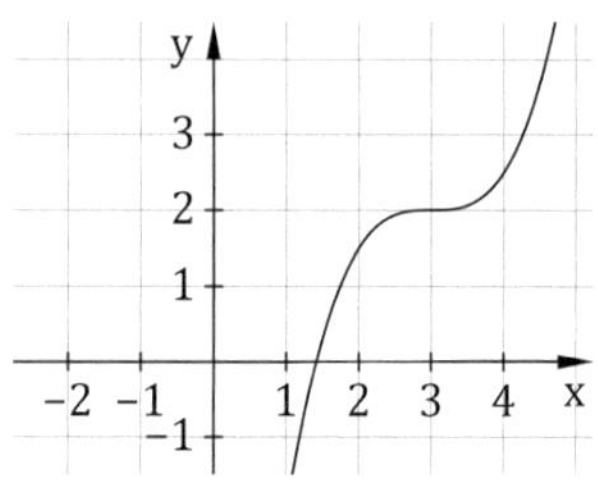

b)

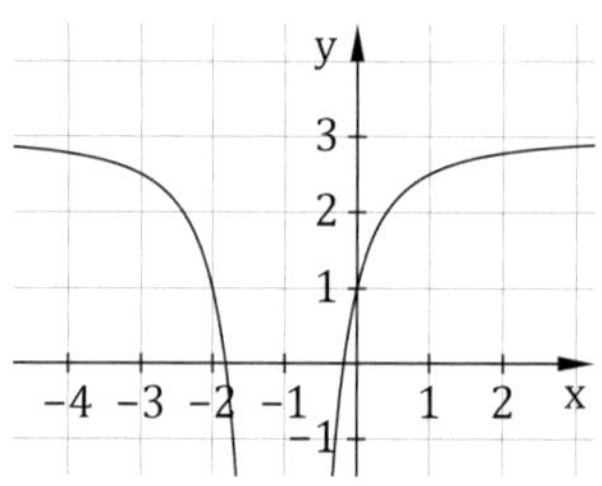

c)

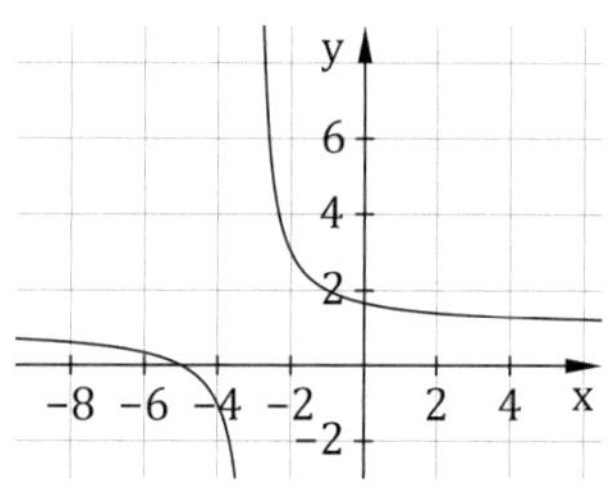

Seite 34 | Aufgabe 26

Die Aussage ist falsch. Wenn man erst verschiebt und dann spiegelt, ergibt sich $g(x) = -(x^4 + 2) = -x^4 - 2$. Spiegelt man erst und verschiebt dann, erhält man $h(x) = -x^4 + 2$.

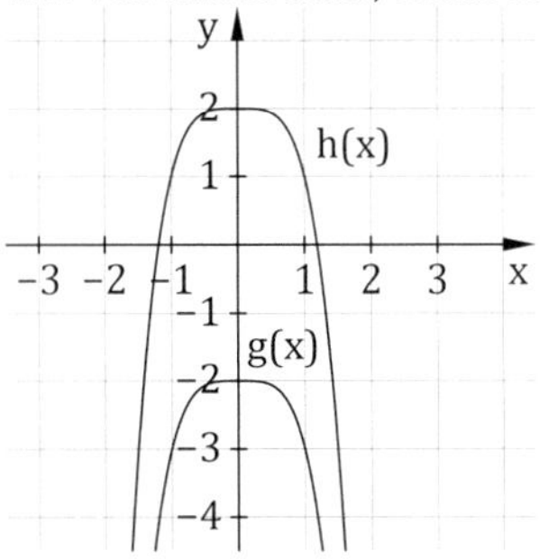

Seite 35 | Aufgabe 27

① j ② h ③ i ④ k

Seite 35| Aufgabe 28

a) Die Funktionen f und g sind gleich, da $f(x) = (2x)^3 = 2^3 \cdot x^3 = 8x^3 = g(x)$ gilt. Eine Stauchung des Graphen zu $p(x) = x^3$ mit dem Faktor $\frac{1}{2}$ in x-Richtung entspricht einer Streckung mit dem Faktor 8 in y-Richtung.
Allgemein entspricht eine Streckung (Stauchung) des Graphen zu $p(x) = x^n$ mit dem Faktor b in x-Richtung einer Stauchung (Streckung) mit dem Faktor $\frac{1}{b^n}$ in y-Richtung, da $\left(\frac{1}{b}x\right)^n = \frac{1}{b^n}x^n$ gilt.

b) $f(x) = 12(x - 5)^2 + 7$

c) $f(x) = -4(x-1)^3 + 4$; $g(x) = \frac{2}{(x+1)^3} - 7 = 2(x+1)^{-3} - 7$

Seite 35| Aufgabe 29

a) $f(x) = \frac{7500}{x}$; x: Verbrauch in Liter, f(x): Zeitdauer in Tagen

b) Der Graph von f geht aus dem Graphen zu $p(x) = \frac{1}{x}$ durch Streckung mit dem Faktor 7500 in y-Richtung hervor.

c) Es dürfen pro Tag $41\frac{2}{3}$ Liter Öl verbraucht werden.

Seite 35| Aufgabe 30

a) $f(g(x)) = \frac{1}{2}\left(\left(\sqrt[4]{2(x+3)} - 1\right) + 1\right)^4 - 3 = \frac{1}{2}\left(\sqrt[4]{2(x+3)}\right)^4 - 3 = \frac{1}{2} \cdot 2(x+3) - 3 = (x+3) - 3 = x$

b f: Stauchung mit Faktor $\frac{1}{2}$ in y-Richtung, Verschiebung um 1 Einheit nach links und 3 Einheiten nach unten.
g: Stauchung mit Faktor $\frac{1}{2}$ in x-Richtung, Verschiebung um 3 Einheiten nach links und 1 Einheit nach unten.

c) Die Graphen liegen gespiegelt zueinander, Spiegelachse ist die Hauptdiagonale zu y = x. Deshalb wird aus einer Veränderung in y-Richtung bei f eine Veränderung in x-Richtung bei g.

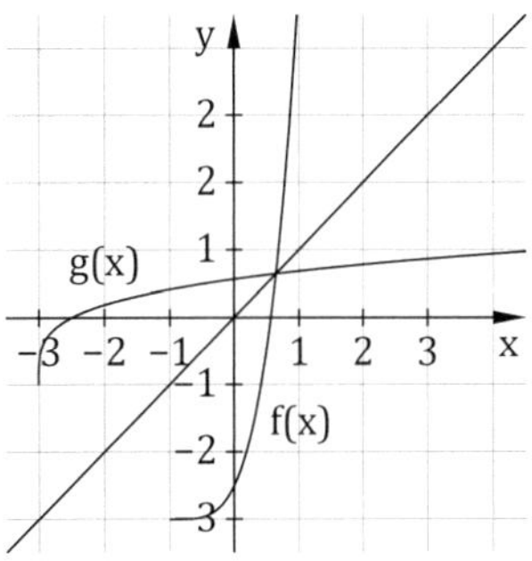

1.7 Wurzelfunktionen

Seite 36 | Einstieg

Unterhalb für $0 < x < 1$ und oberhalb für $x > 1$, da die Quadratwurzel bei Werten zwischen 0 und 1 immer kleiner ist als die dritte Wurzel und immer größer für Werte, die größer als 1 sind.

Seite 36 | Aufgabe 1

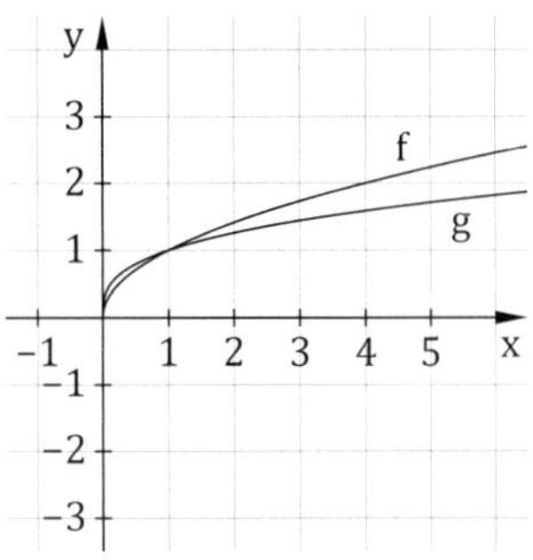

Definitions- und Wertebereich sind jeweils die nicht negativen reellen Zahlen. Beide Graphen verlaufen durch die Punkte (0|0) und (1|1) und steigen. Für $0 < x < 1$ liegt der Graph von g oberhalb des Graphen von f, für $x > 1$ ist es umgekehrt.

Seite 36 | Aufgabe 2

a) A(0,25|0,5) B(16|4) C(0|0) D nicht möglich

b) A(8|2) B(0,125|0,5) C(1|1) D(729|9)

c) A(1|1) B(0|0) C(243|3) $D\left(\frac{1}{32}\middle|\frac{1}{2}\right)$

Seite 36 | Aufgabe 3

a) $f(x) = \sqrt{x}$ b) $f(x) = \sqrt[3]{x}$ c) $f(x) = \sqrt[5]{x}$ d) $f(x) = \sqrt[4]{x}$ e) $f(x) = \sqrt[4]{x}$

Seite 36 | Aufgabe 4

a) Die Aussage ist richtig, da der Graph zu $f(x) = \sqrt{x}$ steigt.

b) Die Aussage ist falsch für $x \geq 1$, z.B. gilt $\sqrt[4]{2} < \sqrt[3]{2}$.

Seite 36 | Aufgabe 5

a) $x > 100$ bzw. $0 < x < 0{,}01$

b) $x > 1000$ bzw. $0 < x < 0{,}001$

Seite 37 | Aufgabe 6

① l Streckung mit dem Faktor 4 in y-Richtung

② k Streckung mit dem Faktor 3 in y-Richtung

③ m Streckung mit dem Faktor 2 in y-Richtung, Verschiebung um 4 Einheiten nach unten

④ h Streckung mit dem Faktor 2 in y-Richtung und Spiegelung an der x-Achse, Verschiebung um 4 Einheiten nach oben

⑤ g Streckung mit dem Faktor $\frac{3}{2}$ in y-Richtung und Spiegelung an der x-Achse, Verschiebung um 2 Einheiten nach oben

Seite 37 | Aufgabe 7

Der Graph ist richtig. Die Wurzelfunktion ist für negative Radikanden nicht definiert, hier für $x + 1 < 0$, also für $x < -1$.
Für $x \geq -1$ kann man den Graphen zeichnen.

Seite 37 | Aufgabe 8

a) Streckung mit dem Faktor 2 in y-Richtung;
D: $0 \leq x$; W: $0 \leq g(x)$

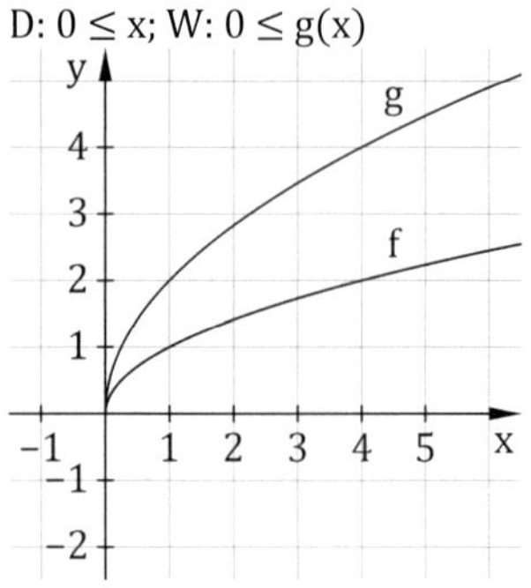

b) Streckung mit dem Faktor 2 in y-Richtung und Spiegelung an der x-Achse; D: $0 \leq x$; W: $0 \geq g(x)$

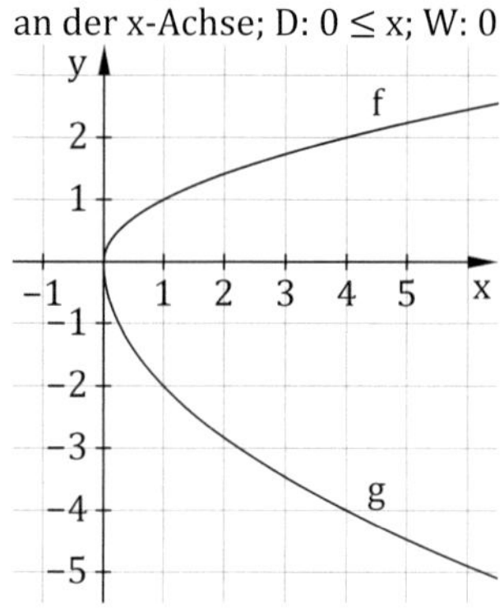

c) Stauchung mit dem Faktor $\frac{1}{2}$ in x-Richtung;
D: $0 \leq x$; W: $0 \leq g(x)$

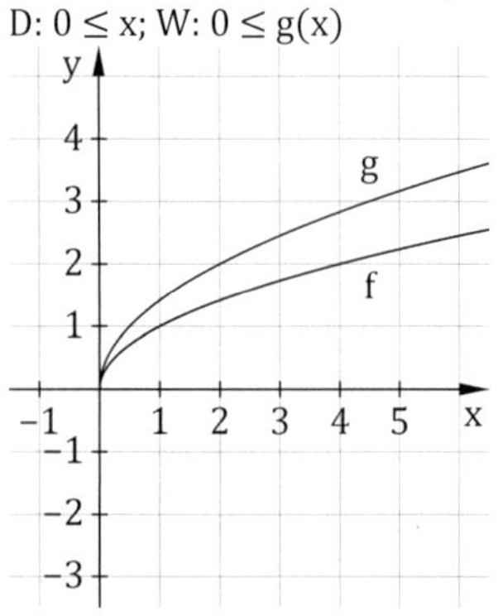

d) Stauchung mit dem Faktor $\frac{1}{2}$ in x-Richtung und Spiegelung der y-Achse; D: $0 \geq x$; W: $0 \leq g(x)$

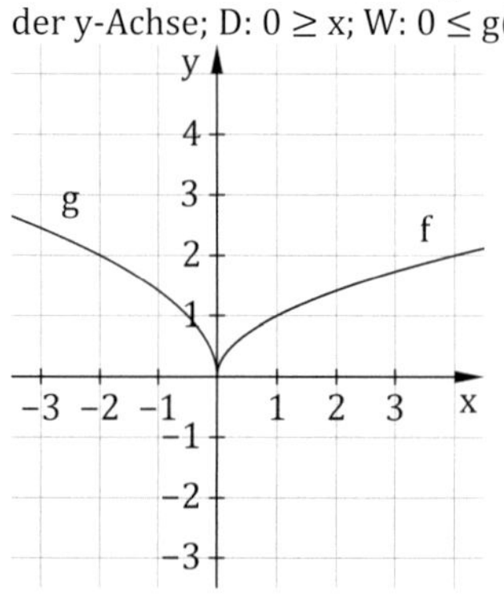

e) Verschiebung um 2 Einheiten nach oben;
D: $0 \leq x$; W: $2 \leq g(x)$

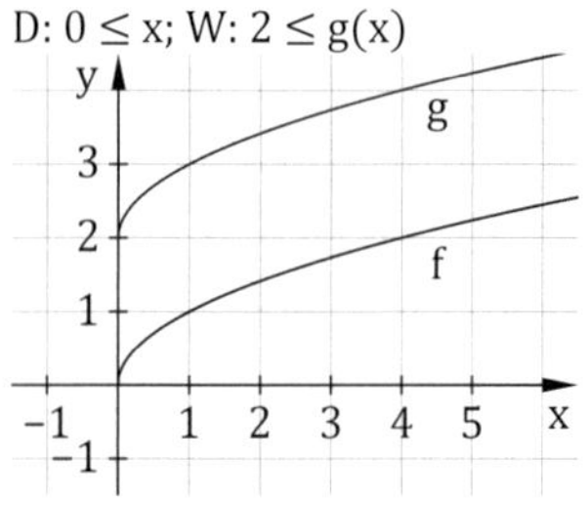

f) Verschiebung um 2 Einheiten nach unten;
D: $0 \leq x$; W: $-2 \leq g(x)$

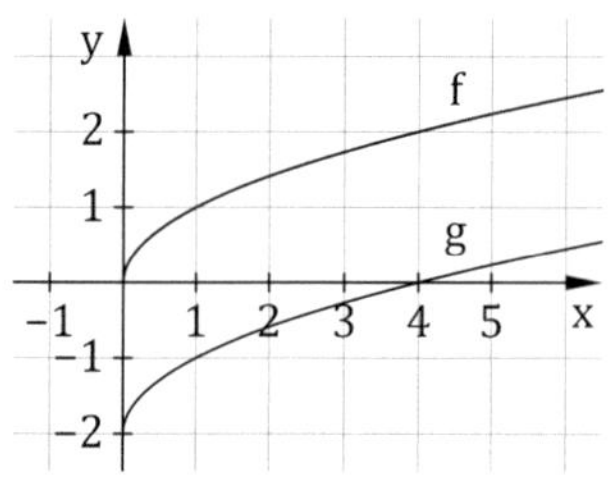

g) Verschiebung um 2 Einheiten nach links;
D: $-2 \leq x$; W: $0 \leq g(x)$

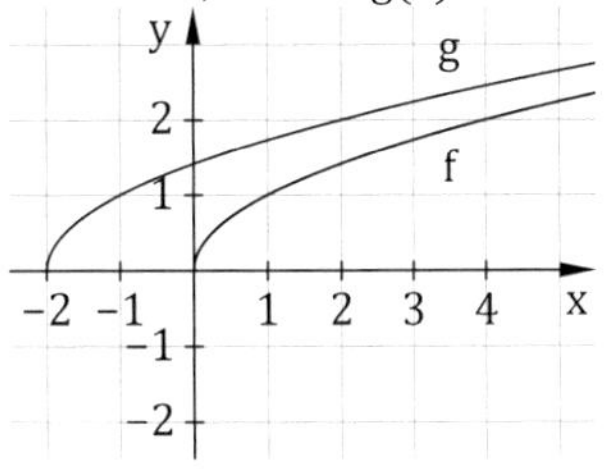

h) Verschiebung um 2 Einheiten nach rechts;
D: $2 \leq x$; W: $0 \leq g(x)$

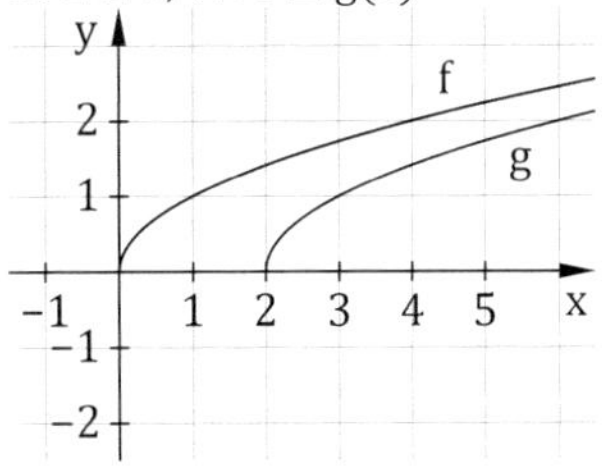

i) Streckung mit dem Faktor 2 in y-Richtung, Verschiebung um 2 Einheiten nach links; D: $-2 \leq x$; W: $0 \leq g(x)$

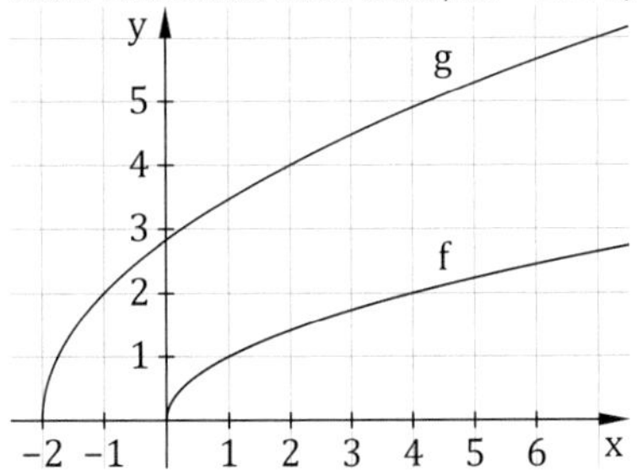

j) Streckung mit dem Faktor 2 in y-Richtung, Verschiebung um 2 Einheiten nach rechts; D: $2 \leq x$; W: $0 \leq g(x)$

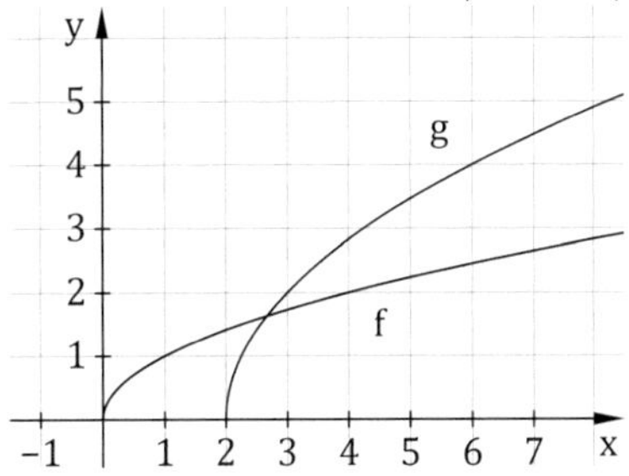

k) Stauchung mit dem Faktor $\frac{1}{2}$ in x-Richtung, Spiegelung an der x-Achse. Verschiebung um 2 Einheiten nach links.
D: $-2 \leq x$; W: $0 \geq g(x)$

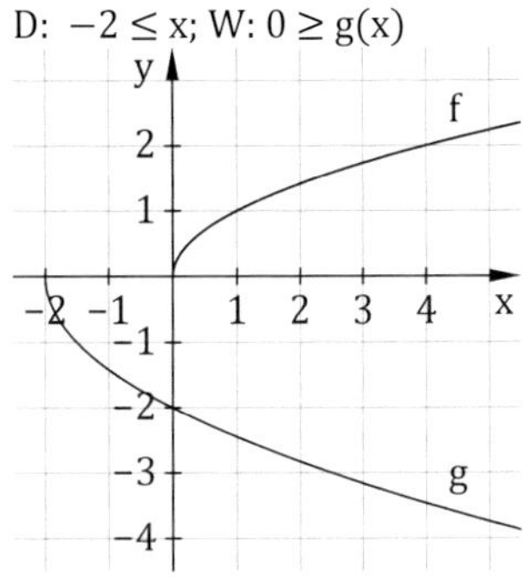

l) Stauchung mit dem Faktor $\frac{1}{2}$ in x-Richtung, Spiegelung an der x-Achse. Verschiebung um 2 Einheiten nach rechts.
D: $2 \leq x$: W: $0 \geq g(x)$

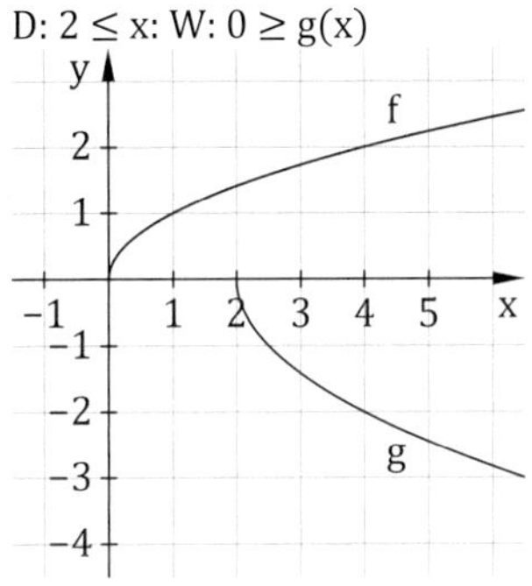

Seite 37 | Aufgabe 9

a) $\frac{T}{\sqrt{l}} = \frac{1{,}5\ s}{\sqrt{0{,}56\ m}} \approx 2\ \frac{s}{\sqrt{m}}$

b) Die Schwingungsdauer beträgt ca. 1,06 s bei 0,23 m Länge.

Seite 37 | Aufgabe 10

a) f(x) ist die Lösung der Gleichung $a^3 = x$ mit der Unbekannten a. Es ist z.B. $a = -2$ die Lösung der Gleichung $a^3 = -8$, also gilt $f(-8) = -2$.

b) $-2 = \sqrt[3]{-8} = (-8)^{\frac{1}{3}} = (-8)^{\frac{2}{6}} = \sqrt[6]{(-8)^2} = \sqrt[6]{64} = 2$

$\sqrt[3]{-8}$ wird mathematisch nicht als -2 definiert, da man sonst die Umformung in Potenzen ($\sqrt[3]{-8} = (-8)^{\frac{1}{3}}$) verbieten müsste, da diese Umformung zu falschen Aussagen führt.
Verbietet man die Umformung in Potenzen speziell für Wurzeln aus negativen Zahlen, ist die Festlegung $\sqrt[3]{-8} = -2$ durchaus sinnvoll, denn $(-2)^3 = -8$.

Streifzug: Umkehrfunktionen

Seite 38 | Einstieg

Würfelvolumen → Kantenlänge: $V = 10 \rightarrow a = 2{,}15$; $V = 18 \rightarrow a = 2{,}63$
Kantenlänge → Volumen: $a = 3 \rightarrow V = 27$; $a = 1{,}25 \rightarrow V = 1{,}95$
Die Graphen sind ihre Spiegelung an dem Graphen $f(x) = x$.

Seite 39 | Aufgabe 1

a) $f^{-1}(x) = \frac{x}{4}$; $D = \mathbb{R}, W = \mathbb{R}$

b) $f^{-1}(x) = x + 7$; $D = \mathbb{R}, W = \mathbb{R}$

c) $f^{-1}(x) = 3x - 15$; $D = \mathbb{R}$

d) $f^{-1}(x) = x^{\frac{1}{4}}$; $D = \mathbb{R}^{\geq 0}, W = \mathbb{R}^{\geq 0}$

e) $f^{-1}(x) = \sqrt{\frac{x}{4}}$; $D = \mathbb{R}^{\geq 0}, W = \mathbb{R}^{\geq 0}$

f) $f^{-1}(x) = \sqrt{-x-6}$; D: $x \in \mathbb{R}$ mit $x \leq (-6)$, $W = \mathbb{R}^{\geq 0}$

Seite 39 | Aufgabe 2

a) Ist die Funktion f gestreckt, so ist die Umkehrfunktion f'(x) gestaucht und umgekehrt. Ist f entlang der y-Achse verschoben, so ist f^{-1} an der x-Achse verschoben und umgekehrt.

b) $f^{-1}(x) = (x+3)^5$. Wird diese Funktion um 3 nach oben und 5 nach rechts verschoben, ergibt sich $g^{-1}(x) = (x-2)^5 + 3$
Dies gehört zu der Ursprungsfunktion $g(x) = \sqrt[5]{x-3} + 2$.

Seite 39 | Aufgabe 3

a) $f^{-1}(x) = x^{-\frac{1}{2}} = \frac{1}{\sqrt{x}}$; $D_f = \mathbb{R}^{\neq 0}$; $D_{f^{-1}} = \mathbb{R}^{>0}$

b) $f^{-1}(x) = x^{-\frac{1}{3}} = \frac{1}{\sqrt[3]{x}}$; $D_f = \mathbb{R}^{\neq 0}$; $D_{f^{-1}} = \mathbb{R}^{\neq 0}$

Seite 39 | Aufgabe 4

a) $f(x) = x^{-\frac{1}{3}} = \frac{1}{\sqrt[3]{x}}$

b) $D = \mathbb{R}^{\neq 0}, W = \mathbb{R}^{\neq 0}$

c)

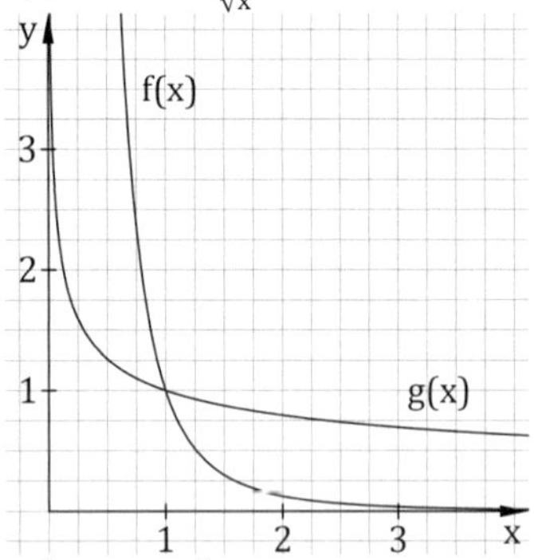

d) $f^{-1}(x) = x^{-3}$

Seite 39 | Aufgabe 5

a) Die Preis-Absatz-Funktion gibt an, welchen Preis für ein Produkt das anbietende Unternehmen in Abhängigkeit von der abgesetzten Menge erzielen kann. Die Nachfragefunktion ist hilfreicher für ein Unternehmen.
b) individuelle Lösungen

1.8 Funktionstypen vergleichen

Seite 40 | Einstieg

Transformation	$f(x) = x^{-3}$	$g(x) = x^2$	$h(x) = \sin(x)$
1)	$f_1(x) = -x^{-3}$	$g_1(x) = -x^2$	$h_1(x) = -\sin(x)$
2)	$f_2(x) = 3x^{-3}$	$g_2(x) = 3x^2$	$h_2(x) = 3\sin(x)$
3)	$f_3(x) = (x-4)^{-3\text{-}3}$	$g_3(x) = (x-4)^2$	$h_3(x) = \sin(x-4)$
4)	$f_4(x) = -0{,}5x^{-3}$	$g_4(x) = 0{,}5x^2$	$h_4(x) = 0{,}5\sin(x)$
5)	$f_5(x) = \frac{1}{3}(x+2)^{-3}$	$g_5(x) = \frac{1}{3}(x+2)^2$	$h_5(x) = \frac{1}{3}\sin(x+2)$

Seite 41 | Aufgabe 1

a) $f(x) = x^4$; $g(x) = (x+1)^4$; $h(x) = x^2 - 5$
b) Im 1.Druck des Schülerbuches soll es heißen; $g\left(-\frac{\pi}{2}\right) = -2$
$f(x) = 2\sin(x)$; $g(x) = \sin(x) - 1$; $h(x) = \sin(x - 0{,}5\pi) - 1$
c) $f(x) = 3^x$ $g(x) = 2 \cdot 3^x$ $h(x) = \frac{2}{3} \cdot 3^x$
d) $f(x) = x^{-3}$ $g(x) = (x+1)^{-3}$ $h(x) = -2(x+1)^{-3}$

Seite 41 | Aufgabe 2

Im 1.Druck des Schülerbuchs ist der Graph von ① falsch dargestellt. Er gehört zur Funktion f.
f(x): ① g(x): ④ h(x): ⑦ i(x): ⑤ j(x): ⑧ k(x): ②

Seite 42 | Aufgabe 3

a) $f(x) = 2^{2(x-2)}$: Der Graph von g mit $g(x) = 2^x$ wird um 2 Einheiten nach rechts verschoben und in x-Richtung um den Faktor 0,5 gestaucht.
b) $f(u) = 1{,}5 \cdot 3^{3(u+1)}$: Der Graph von g mit $g(x) = 3^x$ wird um 1 Einheit nach links verschoben, um den Faktor $\frac{1}{3}$ in x-Richtung gestaucht und um den Faktor 1,5 in y-Richtung gestreckt.
c) $f(x) = \sin\left(2\left(x - \frac{1}{2}\right)\right)$: Der Graph von g mit $g(x) = \sin(x)$ wird um $\frac{1}{2}$ Einheiten nach rechts verschoben und in x-Richtung um den Faktor 0,5 gestaucht.
d) $f(x) = 2\sin(3(x-1)) + 1$: Der Graph von g mit $g(x) = \sin(x)$ wird um 1 Einheiten nach rechts verschoben, in x-Richtung um den Faktor $\frac{1}{3}$ gestaucht, in y-Richtung mit dem Faktor 2 gestreckt und anschließend um 1 Einheit nach oben verschoben.
e) Der Graph von g mit $g(x) = \frac{1}{x^2}$ wird um 4 Einheiten nach rechts verschoben.
f) $a(x) = \frac{2}{\left(3\left(x-\frac{4}{3}\right)\right)^3}$: Der Graph von g mit $g(x) = \frac{1}{x^3}$ wird um $\frac{4}{3}$ Einheiten nach rechts verschoben, in x-Richtung um den Faktor $\frac{1}{3}$ gestaucht und in y-Richtung mit dem Faktor 2 gestreckt.

Seite 42 | Aufgabe 4

Individuelle Lösung: Die Ausschnitte sollten so gewählt werden, dass charakteristische Verlauf erkennbar (Nullstellen, Schnittpunkt mit y-Achse, Symmetrie, Globalverhalten).
Mögliche Lösungen:
f(x): $-3 \leq x \leq 3$; g(x): $-3 \leq x \leq 3$; h(x): $-5 \leq x \leq 2$
i(x): $-3 \leq x \leq 3$; j(x): $-2 \leq x \leq 2$; k(x): $-2 \leq x \leq 2$

Seite 42 | Aufgabe 5

Beispiele:
a) $f(x) = -x^2 + 3$
b) $(x-2)^2 + 3$
c) $f(x) = 2$

Seite 42 | Aufgabe 6

Beispiele:
a) $f(x) = 2^{x-3} + 1{,}5$
b) $0{,}5^x + 3$
c) $f(x) = -2^{x-2} + 2$

Seite 42 | Aufgabe 7

Im 1.Druck des Schülerbuchs soll der Wertebereich bei c) $[-4; 4]$ sein.
Beispiele:
a) $f(x) = 1{,}5\sin(x)$
b) $f(x) = \cos(x) - 2$
c) $f(x) = 4\sin(x)$

Seite 42 | Aufgabe 8

Beispiele:
a) $f(x) = -40x^3$
b) $f(x) = x^2 - 1$
c) $f(x) = 2^{x-8} + 1$

Seite 42 | Aufgabe 9

a) $P(0|2)$
b) $x = 4$
c) $x = 4$
d) $P(-1|2)$
e) $P(0|1)$
f) $P(-n|0)$
g) $P(0|0)$
h) keine Symmetrie
i) $P(0|1)$

Seite 42 | Aufgabe 10

a) Es werden standardmäßig nur y-Werte zwischen $-7{,}39$ und $7{,}39$ sowie x-Werte zwischen -10 und 10 angezeigt. Der Graph von f ist nicht zu sehen, da die Funktion f nur Werte größer als 20 annimmt. Im Bereich $-10 < x < 10$ verläuft der Graph von g sehr nah an der x-Achse und ist daher nicht zu sehen.
b) Man kann Verschiebungen anhand der Funktionsgleichung erkennen und die Fenstereinstellungen anpassen. Der Graph von f ist eine um 20 nach oben verschobene Exponentialfunktion. Der Bereich der y-Bereich sollte also auch Werte größer als 20 enthalten. Der Graph von g hat seine Polstelle bei $x = 15$. Daher sollte ein der x-Bereich auch Werte größer als 15 enthalten.

Seite 43 | Aufgabe 11

individuelle Lösungen
Die Aussage ist korrekt, weil ansonsten der Streckungsfaktor Einfluss auf den Verschiebungsterm nimmt.

Seite 43 | Aufgabe 12

a) Der Flächeninhalt A(t) vergrößert sich alle 9 Sekunden um einen festen Wert π. Es liegt also ein lineares Wachstum vor.
Ansatz: $A(t) = m \cdot t + n$
Es gilt $n = A(0) = 4\pi$ und $A(9) = A(0) + \pi = 5\pi$ (Wachstum nach 9 Sekunden).
Damit folgt: $A(9) = m \cdot 9 + 4\pi = 5\pi$, also $m = \frac{\pi}{9}$
$A(t) = \frac{\pi}{9} \cdot t + 4\pi$
b) Es gilt: $A(t) = \pi \cdot r(t)^2$ (Flächeninhaltsformel eines Kreises)
Damit folgt: $r(t) = \sqrt{\frac{A(t)}{\pi}} = \sqrt{\frac{\frac{\pi}{9} \cdot t + 4\pi}{\pi}} = \sqrt{\frac{t}{9} + 4}$ $(t \geq -36)$
c) $r(t) = \sqrt{\frac{t}{9} + 4} = \sqrt{\frac{1}{9} \cdot (t + 36)} = \frac{1}{3} \cdot \sqrt{t + 36}$
Der Graph geht aus dem Graphen der Wurzelfunktion f mit $f(x) = \sqrt{x}$ $(x \geq 0)$ durch eine Verschiebung in x-Richtung um 36 Einheiten nach links und eine Stauchung in y-Richtung mit dem Faktor $\frac{1}{3}$ hervor.

Seite 43 | Aufgabe 13

Um Verschiebungen und Streckungen zu erkennen, sollte Richard die Funktionsgleichung zunächst in die Form $f(x) = a \cdot \sin\big(b(x-c)\big) + d$ umformen. Es gilt $f(x) = \sin(2(x - \frac{\pi}{2}))$. Der Graph ist also gegenüber der Sinusfunktion um $\frac{\pi}{2}$ nach rechts verschoben und mit dem Faktor $\frac{1}{2}$ in x-Richtung gestaucht.

Seite 43 | Aufgabe 14

a) Die Funktionen sind identisch. Weitere Beispiele sind 3^{x+2} und $9 \cdot 3^x$.
b) $f(x) = 4^{x-2} = 4^x \cdot 4^{-2} = \frac{1}{16} 4^x$
c) $a^{x+n} = a^x \cdot a^n$ (Potenzgesetze). Der Stauchungsfaktor ist also a^n.

Seite 43 | Aufgabe 15

a) a ist in diesem Fall der Streckungsfaktor.

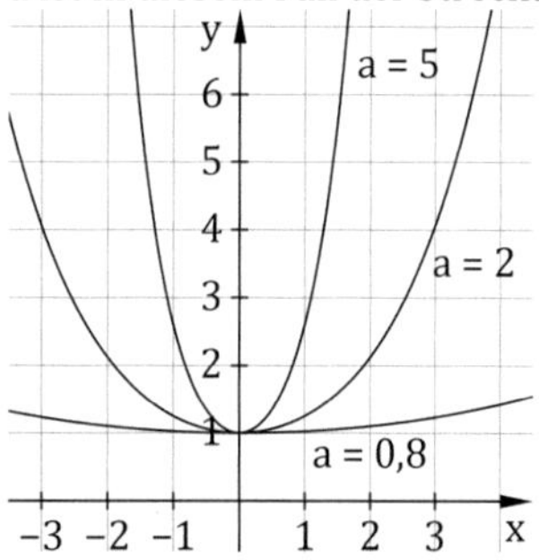

b) a= 0,55 sieht vielversprechend aus. Die Güte ist hinreichend um ein ähnliches Funktionsverhalten zu modellieren.

Seite 43 | Aufgabe 16

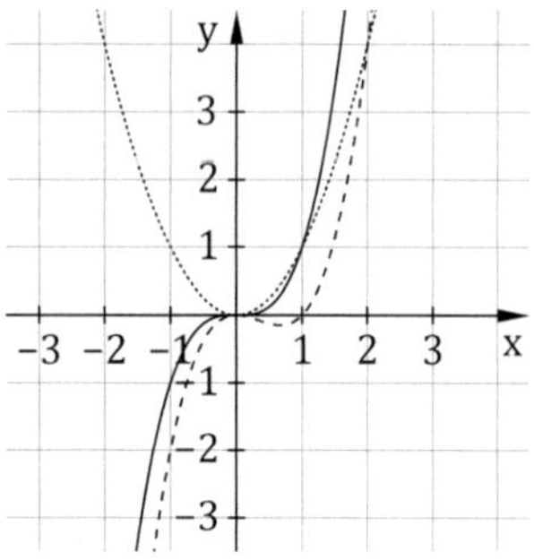

1.9 Vermischte Aufgaben

Seite 44 | Aufgabe 1

Beispiele:

a) $f(x) = 2x^2$ b) $f(x) = 2x^3$ c) $f(x) = x^3 + 1$

Seite 44 | Aufgabe 2

a) Ja, da der Punkt S durch Spiegelung des Punktes P an der y-Achse entsteht. Ferner muss der Graph die Punkte (1|1) und (−2|16) enthalten

b) $f(x) = x^4$

Seite 44 | Aufgabe 3

a) $D = \mathbb{R}$; $W = \mathbb{R}^{\geq 0}$; Der Graph fällt für $x < 0$ und steigt für $x > 0$, er ist achsensymmetrisch zur y-Achse und hat eine Nullstelle bei $x = 0$. Für $x \to \infty$ gilt $f(x) \to \infty$, für $x \to -\infty$ gilt $f(x) \to \infty$. In der Nähe von $x = 0$ liegt auch $f(x)$ in der Nähe von 0.

b) $D = \mathbb{R}^{\neq 0}$; $W = \mathbb{R}^{>0}$; Der Graph steigt für $x < 0$ und fällt für $x > 0$, er ist achsensymmetrisch zur y-Achse und hat keine Nullstelle. Für $x \to \infty$ gilt $f(x) \to 0$, für $x \to -\infty$ gilt $f(x) \to 0$. In der Nähe von $x = 0$ strebt $g(x)$ für $x < 0$ und $x > 0$ gegen ∞.

c) $D = \mathbb{R}$; $W = \mathbb{R}$; Der Graph steigt für alle $x \in \mathbb{R}$, er ist punktsymmetrisch zum Ursprung und hat eine Nullstelle bei $x = 0$. Für $x \to \infty$ gilt $f(x) \to \infty$, für $x \to -\infty$ gilt $f(x) \to -\infty$. In der Nähe von $x = 0$ liegt auch $h(x)$ in der Nähe von 0.

d) $D = \mathbb{R}^{\neq 0}$; $W = \mathbb{R}^{\neq 0}$; Der Graph fällt für $x < 0$ und für $x > 0$, er ist punktsymmetrisch zum Ursprung und hat keine Nullstelle. Für $x \to \infty$ gilt $f(x) \to 0$, für $x \to -\infty$ gilt $f(x) \to 0$. In der Nähe von $x = 0$ strebt $i(x)$ für $x < 0$ gegen $-\infty$ und für $x > 0$ gegen ∞.

Seite 44 | Aufgabe 4

a) 5,6 kW bei 2 m/s 87,5 kW bei 5 m/s 700 kW bei 10 m/s 2362,5 kW bei 15 m/s

b) Es sind ca. 8,3 m/s nötig, da $f(8,3) \approx 400$.

c)

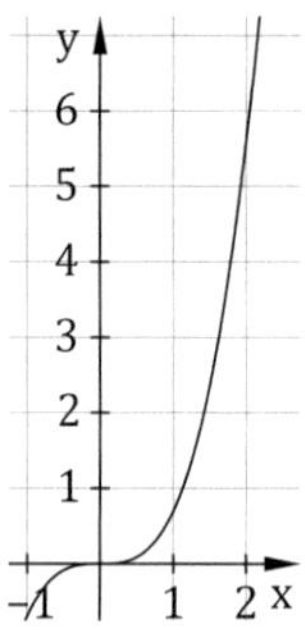

d) Die Leistung nimmt bei dem tatsächlichen Diagramm nicht unbegrenzt zu, sondern nur bis 1000 kW. Dies entspricht der Praxis, da auch Maschinen an ihre Belastungsgrenzen stoßen.

Seite 44 | Aufgabe 5

a) f: S(2|8); g: S(61|8)
b) f: S(−1|−25); g: kein Schnittpunkt
c) f: $S_1(0|6)$; $S_2(\approx 0{,}48|\approx 6{,}96)$; $S_3(\approx 2{,}29|\approx 10{,}58)$; g: $S_1(-3|0)$; $S_2(-2{,}75|0{,}5)$
d) f: $S(\approx -0{,}37|\approx 2{,}18)$; g: $S(\approx 0{,}34|\approx 1{,}83)$

Seite 44 | Aufgabe 6

Funktionsgleichung	Streckfaktor in y-Richtung	Verschiebung in y-Richtung	Verschiebung in x-Richtung
a) $f(x) = 3x^3 - 4$	3	−4	0
b) $f(x) = \frac{2}{x^2} + 3$	2	3	0
c) $f(x) = \frac{1}{x+1}$	1	0	−1
d) $f(x) = 3(x+4)^4 - 14$	3	−14	−4
e) $f(x) = x^2 + 2x + 1$	1	0	−1

Seite 45 | Aufgabe 7

a) ③
b) Die Kraft wird vervierfacht, geviertelt oder durch 100 dividiert.
c) $a \approx 9{,}64 \cdot 10^{17}\ \text{Nm}^2$

Seite 45 | Aufgabe 8

gelbe Blüte:

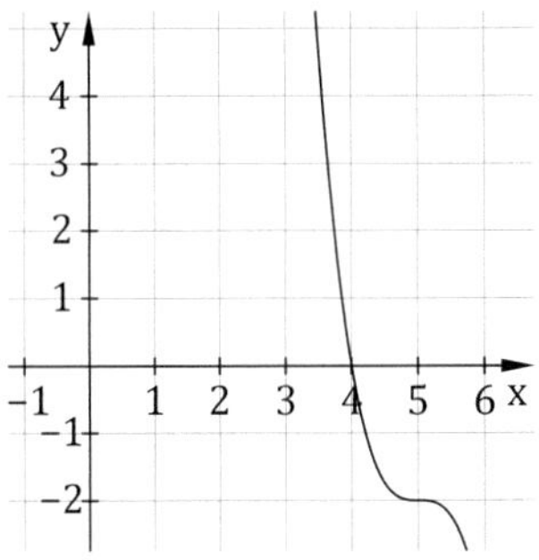

blaue Blüte: $g(x) = -2x^3$, Verschiebung um 5 Einheiten nach links und 2 Einheiten nach oben
$g(-x) = -2(-x)^3 = 2x^3 = -g(x)$
grüne Blüte: $W = \mathbb{R}$; Für $x \to \infty$ gilt $f(x) \to -\infty$, für $x \to -\infty$ gilt $f(x) \to \infty$; Der Graph fällt für alle $x \in \mathbb{R}$.
rote Blüte $x = 4$
lila Blüte: $h(x) = 2(x+1)^3 - 2$

Seite 45 | Aufgabe 9

a)

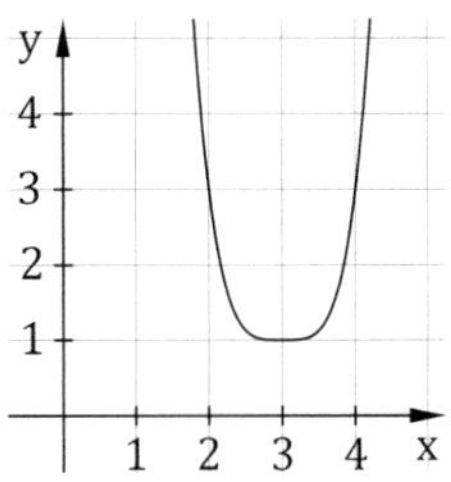

Streckung mit dem Faktor 2 in y-Richtung, Verschiebung um 3 Einheiten nach rechts und eine Einheit nach oben
b) S(3|1)
c) ① S(4|−2) $g(x) = x^6$; Verschiebung um 4 Einheiten nach rechts und 2 Einheiten nach unten
② $S(-\frac{1}{2}|1)$ $g(x) = x^4$; Streckung mit dem Faktor 2 in y-Richtung, Verschiebung um $\frac{1}{2}$ Einheit nach links und 1 Einheit nach oben
③ S(1|−3) $g(x) = x^6$; Stauchung mit dem Faktor 0,5 in y-Richtung und Spiegelung an der x-Achse, Verschiebung um 1Einheit nach rechts und 3 Einheiten nach unten

Seite 45 | Aufgabe 10

Achsensymmetrie zur x-Achse kann für eine Funktion nicht vorliegen (außer $f(x) = 0$), da eine Funktion für einen x-Wert nicht zwei verschiedene y-Werte annehmen kann.

Seite 45 | Aufgabe 11

Eine Änderung von a bewirkt eine Streckung/Stauchung mit dem Faktor a in y-Richtung.
Eine Änderung von b bewirkt eine Verschiebung um b in x-Richtung.
Eine Änderung von c bewirkt eine Verschiebung um c in y-Richtung.

2. Ganzrationale Funktionen

2.1 Ganzrationale Funktionen

Seite 52 | Einstieg

Die Funktion h entsteht, wenn f von g subtrahiert wird.
Somit gilt für h: $h(x) = x^3 - x^2$

Seite 52 | Aufgabe 1

a) Grad: 4; Koeffizienten: $a_4 = -4; a_2 = 7; a_3 = a_1 = a_0 = 0$
b) Grad: 3; Koeffizienten: $a_3 = -2{,}5; a_1 = 4; a_2 = a_0 = 0$
c) Grad: 2; Koeffizienten: $a_2 = 1; a_1 = 1; a_0 = 1$
d) Grad: 1; Koeffizienten: $a_1 = -1; a_0 = 1$
e) $2x(x^2 - 3) = 2x^3 - 6x$; Grad: 3
Koeffizienten: $a_3 = 2; a_1 = -6; a_2 = a_0 = 0$
f) $(2x - 1)(x^3 + 2) = 2x^4 - x^3 + 4x - 2$; Grad: 4
Koeffizienten: $a_4 = 2; a_3 = -1; a_2 = 0; a_1 = 4; a_0 = -2;$

Seite 52 | Aufgabe 2

a) Ganzrationale Funktion, da die Exponenten natürliche Zahlen sind.
b) Ganzrationale Funktion, da die Exponenten natürliche Zahlen sind.
c) Keine ganzrationale Funktion, es gilt $\sqrt{x} = x^{0,5}$, der Exponent ist keine natürliche Zahl.
d) Es gilt: $2x^5(1 + x^3) = 2x^8 + 2x^5$. Alle Exponenten sind natürliche Zahlen. Somit ist es eine ganzrationale Funktion.

Seite 53 | Aufgabe 3

a) Ja, denn es gilt $f(1) = 2 \cdot 1^3 + 3 \cdot 1^2 = 5$.
b) Nein, denn es gilt $f(-2) = -4$.
c) Nein, denn es gilt $f(4) = 176$.
d) Ja, denn es gilt $f(10) = 2300$.

Seite 53 | Aufgabe 4

a) $P(2|-8)$
b) $Q(-2|-24)$
c) $R(-0{,}82|-1)$ und $R(1{,}38|-1)$
d) $S(-9{,}5|-9000)$ und $S(10|-9000)$

Seite 53 | Aufgabe 5

a) $i(x) = 2x^3 + 4x$
b) $j(x) = 2x^3 - 4x$
c) $k(x) = 2x^3 - 2x^2$
d) $l(x) = 2x^3 + 2x^2$
e) $m(x) = 2x^3 + 2x^2 + 4x$
f) $n(x) = 8x^3 - 4x^2 - 8x$

Seite 53 | Aufgabe 6

$f(x) = (x - 1)^3 - 4$; ausmultipliziert: $f(x) = x^3 - 3x^2 + 3x - 5$

Seite 53 | Aufgabe 7

① $g(x) = x^4 - x$
② $i(x) = x^4 + x^3$
③ $f(x) = x^4 - x^2$
④ $h(x) = x^4 - x^3$

Seite 53 | Aufgabe 8

a) $g(x) = (x - 2)^2 - 1 = x^2 - 4x + 3$

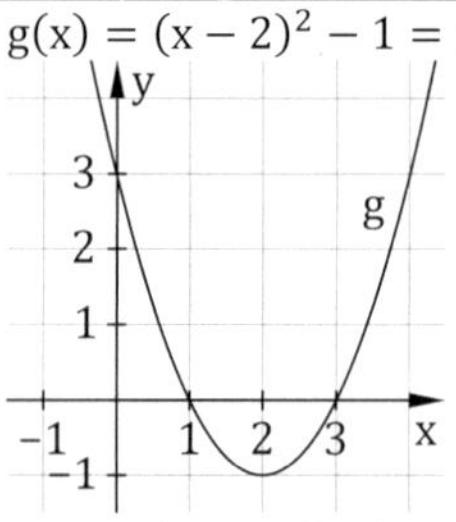

b) Die Funktionsgleichung $g(x) = x^2 - 4x + 3$ der verschobenen Potenzfunktion hat nicht mehr die Form $g(x) = ax^n$. Die Funktion g ist eine ganzrationale Funktion und keine Potenzfunktion.

Seite 53 | Aufgabe 9

a) Falsch, denn eine ganzrationale Funktion ist in der Mathematik eine Summe von Potenzfunktionen mit ausschließlich natürlichen Exponenten. Zum Beispiel ist die Funktion f mit $f(x) = x^{-1}$ eine Potenzfunktion aber keine ganzrationale Funktion.
b) Richtig, denn diese sind ganzrationale Funktionen 1. bzw. 2. Grades.
c) Falsch, denn bei der Division können negative Exponenten entstehen. Zum Beispiel ist die Funktion f mit $f(x) = \frac{x}{x^2} = x^{-1}$ nicht mehr ganzrational.
d) Richtig, denn die Exponenten werden nicht beeinflusst.
e) Richtig, denn nach dem Ausmultiplizieren der Klammer hat die Funktionsgleichung nicht mehr die Form $g(x) = ax^n$.

Seite 54 | Aufgabe 10

② ist die Differenz aus g und f, was man durch Betrachtung der y-Werte erkennen kann.
$k(x) = g(x) - f(x) = x^2 - x$
③ ist die Summe aus h und g, was durch die Betrachtung der y-Werte erkennbar wird.
$k(x) = h(x) + g(x) = x^3 + x^2$
④ entsteht durch die Addition von h und g und anschließender Subtraktion von f.
$k(x) = h(x) + g(x) - f(x) = x^3 + x^2 - x$.

Seite 54 | Aufgabe 11

Timos Aussage ist falsch. Der Grad einer Funktion hängt vom höchsten Exponenten ab, nicht vom ersten.
Für gewöhnlich schreibt man die Exponenten jedoch der Größe nach geordnet auf und beginnt mit dem größten – das könnte die Ursache für Timos Fehler sein.

Seite 54 | Aufgabe 12

a) Für die Funktion f ergeben sich die folgenden Werte.

x	1	3	5	8	9	11	12
f(x)	8,75	11	7,02	–1,53	– 3	–0,75	4

Die Abweichungen sind in der Regel relativ gering. Deshalb ist die Näherung im Allgemeinen gut. Es gibt jedoch teilweise größere Unterschiede, wie bei 5,6 und 7,02.

b) Eine Regression vierten Grades liefert $T(x) = -0{,}000017x^4 + 0{,}086853x^3 + 1{,}59901x^2 + 6{,}23213x + 3{,}99024$

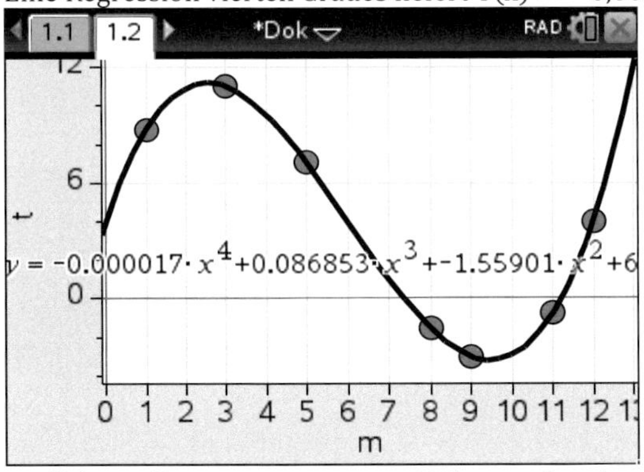

c) Da f(x) im Allgemeinen eine gute Näherung beschreibt, kann $f(4) \approx 9{,}53$ °C als Schätzung für die Durchschnittstemperatur im Monat April gewählt werden.

d) Die Stadt hat in der ersten Jahreshälfte deutliche höhere Temperaturen als in der zweiten Jahreshälfte. Ähnliche Klimadiagramme gibt es an Orten in der Nähe der Antarktis wie z.B. auf den Falkland-Inseln.

Seite 54 | Aufgabe 13

a) Volumen: $V(x) = (18\text{ cm} - 2x) \cdot (12\text{ cm} - 2x) \cdot x$
Es ist eine ganzrationale Funktion, denn es gilt: $V(x) = (18\text{ cm} - 2x) \cdot (12\text{ cm} - 2x) \cdot x = 4x^3 - 60x^2 + 216x$

b) Einsetzen von 3 cm für x ergibt: $V(3) = 216\text{ cm}^3$.

c) Es wird untersucht, ob die Funktion V den Wert 250 cm^3 annimmt. Mit dem GTR kann geprüft werden, ob der Graph von V die Gerade g mit $g(x) = 250$ schneidet. Alternativ kann die Gleichung $V(x)=250$ gelöst werden.
Für $x \approx 10{,}38$ nimmt die Funktion zwar einen Funktionswert von 250 an, jedoch ist der Funktionswert bei einer realen Schachtel undenkbar. An jeder Seite wird das Doppelte von x herausgeschnitten und für $x = 10{,}38$ übersteigt das die Kantenlängen der Schachtel.

Seite 54 | Aufgabe 14

a) Volumen: $V(x) = 2x \cdot x \cdot x - x \cdot x \cdot 1 = 2x^3 - x^2$ VE

b) Einsetzen der gegebenen x-Werte in V(x) ergibt: $x = 2$: $V(2) = 12$ VE; $x = 6$: $V(6) = 396$ VE; $x = 9$; $V(9) = 1377$ VE

c) Im Intervall von 0,5 bis 1 ergeben x-Werte keinen Sinn zur Volumenberechnung, da hier das Loch mit einer Höhe von 1 LE höher ist, als der Quader selbst.

Seite 55 | Aufgabe 15

a) $f(x) = 2x^3 - 4x^2 - 3x + 5$

b) $f(x) = 0{,}5x^3 + x^2$

c) $f(x) = 2x^3 - 18x$

d) $f(x) = 0{,}25x^3 - 1$

Seite 55 | Aufgabe 16

a) Ansatz: $f(x)=ax^3+bx^2+cx+d$
Lösen Sie das Gleichungssystem mit folgenden Daten: $f(0) = 13{,}56$; $f(3) = 14{,}37$; $f(8) = 16{,}12$ und $f(12) = 13{,}56$.
Es ergibt sich: $f(x) = -0{,}01x^3 + 0{,}12x^2 + 13{,}56$.

b) Nach diesem Modell beträgt der Durchschnittspreis im Oktober: $f(10) = 15{,}56$ €.

Seite 55 | Aufgabe 17

a) Löse Sie das Gleichungssystem mit folgenden Daten: $f(0) = 1{,}6$; $f(8) = 0$; $f(2) = 2{,}4$.
Es ergibt sich: $f(x) = -0{,}1x^2 + 0{,}6x + 1{,}6$

b) Die maximale Höhe der Kugel beträgt 2,5 m.

Seite 55 | Aufgabe 18

a) Der Höhenverlauf des Paragliders wird bis zum Landen ($f(x) = 0$) beschrieben. Somit also im Intervall von [0; 22,22].

b) Die größte Höhe, die der Paraglider erreicht, beträgt 136,48 m.

c) Der Paraglider sinkt in den Intervallen $0 \leq x < 2{,}68$ und $13{,}99 < x \leq 22{,}22$. Er steigt im Intervall $2{,}68 < x < 13{,}99$.

d) Die größte Höhenzunahme findet nach ca. 8 Minuten statt, da hier die Steigung der Funktion am größten ist.

2.2 Globalverhalten und Extrema

Seite 56 | Einstieg

a) Der höchste Berg der Insel befindet sich bei $x = -2$ mit einer Höhe von $f(-2) = 5{,}33$, also 533 m.
b) Der tiefste Punkt der Insel befindet sich bei $P(0|0)$.
c) Für sehr große oder sehr kleine x gehen die Funktionswerte gegen $-\infty$.
Eine Modellierung der Landschaft in einem Intervall ist also insofern sinnvoll, dass Werte gegen $-\infty$ im Zusammenhang unmöglich wären.

Seite 57 | Aufgabe 1

a) $g(x) = -3x^2$ b) $g(x) = x^3$ c) $g(x) = 3x^6$ d) $g(x) = x^3$

Seite 57 | Aufgabe 2

a) Für $x \to \pm\infty$ gilt $f(x) \to \infty$
b) Für $x \to -\infty$ gilt $f(x) \to -\infty$ und Für $x \to \infty$ gilt $f(x) \to \infty$
c) Für $x \to \pm\infty$ gilt $f(x) \to -\infty$
d) Für $x \to \pm\infty$ gilt $f(x) \to -\infty$
e) Für $x \to \pm\infty$ gilt $f(x) \to \infty$
f) Für $x \to -\infty$ gilt $f(x) \to -\infty$ und Für $x \to \infty$ gilt $f(x) \to \infty$

Seite 57 | Aufgabe 3

a) f(10 000): –; f(–10 000): +
b) f(10 000): +; f(–10 000): –
c) f(10 000): –; f(–10 000): –
d) f(10 000): +; f(–10 000): +

Seite 57 | Aufgabe 4

Es gibt mehrere Lösungen. mögliche Beispiele:
a) $f(x) = 7x^4$ b) $f(x) = -9x^3$ c) $f(x) = 5x^9$ d) $f(x) = -x^2$

Seite 57 | Aufgabe 5

① n gerade, $a_n > 0$ ② n ungerade, $a_n > 0$ ③ n gerade, $a_n < 0$ ④ n ungerade, $a_n < 0$

Seite 57 | Aufgabe 6

① f(x) ② i(x) ③ h(x) ④ g(x)

Seite 59 | Aufgabe 7

a) Hochpunkt: $H(1|2)$ b) Hochpunkt: $H(1|1)$; Tiefpunkt: $T(-2|-1)$ c) Hochpunkt: $H(0|2)$

Seite 59 | Aufgabe 8

a) Hochpunkt: $H(0|3)$; Tiefpunkt: $T(3|1)$
Globales Maximum: $y = 4$ bei $x = 5$; Globales Minimum: $y = -1$ bei $x = -2$
b) Hochpunkt: $H(-1|2)$; Tiefpunkte: $T_1(-3|1)$, $T_2(2|-1)$
Globales Maximum: $y = 3$ bei $x = -4{,}15$; Globales Minimum: $y = -1$ bei $x = 2$
c) Hochpunkt: $H(-2|2)$; Tiefpunkt: $T_1(-4|-2)$, $T_2(0|-2)$
Globale Maxima: $y = 4$ bei $x = 1$ und $x = -5$; Globale Minima: $y = -2$ bei $x = 0$ und $x = -4$

Seite 59 | Aufgabe 9

Individuelle Lösungen

Seite 59 | Aufgabe 10

a) Hochpunkte: $H_1(-2{,}28|26{,}42)$, $H_2(2{,}3|28{,}71)$; Tiefpunkt: $T(-0{,}02|-0{,}01)$
b) Mehrere Lösungen möglich, Beispiele: Im Intervall [0;3]hat f ein globales Minimum $y = 0$ bei $x = 0$ und ein globales Maximum $y = 28{,}71$ bei $x = 2{,}3$. Im Intervall [–4;–2]hat f ein globales Minimum $y = -90{,}24$ bei $x = -4$ und ein globales Maximum $y = 26{,}42$ bei $x = -2{,}28$.

Seite 59 | Aufgabe 11

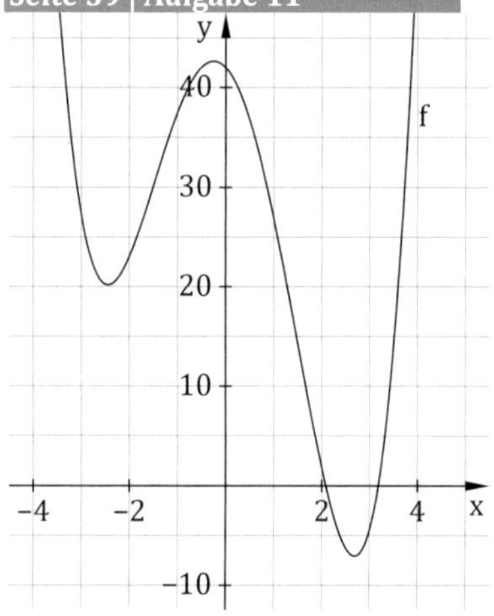

Es gibt mehrere mögliche Intervalle. Hier sind jeweils die kleinsten möglichen Intervalle angegeben.
a) $[-2{,}44; -0{,}25]$ b) $[1; 2{,}69;]$ c) $[-3{,}5; 2{,}69;]$ d) $x < -2{,}44$

Seite 60 | Aufgabe 12

a) Der Umsatz war in den Monaten Februar, August und Dezember lokal maximal.
Der Umsatz war in den Monaten Januar, Mai und September lokal minimal.

b) Der höchste Umsatz war im Monat Dezember mit fast 250 000 €, der geringste im Mai mit knapp über 50 000 €.

Seite 60 | Aufgabe 13

a) Die höchste Flughöhe beträgt 7,18 km nach 25 Minuten, die geringste 5 km nach 3 Minuten.

b) Die höchste Flughöhe in den ersten vier Minuten beträgt 5,62 km.

c) Die Funktion f(t) geht mit zunehmender Zeit gegen ∞. Daher sollte der Definitionsbereich bis zu einer realistischen Höhe eingegrenzt werden.

Seite 60 | Aufgabe 14

Linda hat keine Koordinaten angegeben.
Richtig ist: Hochpunkte: $B(-5|-5{,}4)$ und $D(1|1{,}8)$. Tiefpunkt: $C(-3|-6{,}8)$.
Legt man als Intervall [-6;2] fest, so gilt: Globales Maximum: $y = 1{,}8$ bei $x = 1$ und globales Minimum $y = -7{,}1$ bei x -6.

Seite 60 | Aufgabe 15

Marielle hat Recht. Auf dem sichtbaren Teil des Graphen sind zwar nur 3 Extrema zu sehen, allerdings handelt es sich um eine Funktion 5. Grades mit negativem Koeffizienten. Das bedeutet, der Graph muss noch eine Wendung machen, damit gilt:
Für $x \to -\infty$ gilt $f(x) \to \infty$ und Für $x \to \infty$ gilt $f(x) \to -\infty$.

Seite 60 | Aufgabe 16

Da eine ganzrationale Funktion im Bereich aller reeller Zahlen definiert ist, gibt es für jeden x-Wert einen y-Wert. Demnach muss zwischen zwei Hochpunkten die Funktion erst fallen und dann steigen. Da es keine Polstellen gibt, muss es einen Punkt mit den Eigenschaften, dass die Funktion links von dem Punkt fällt, rechts von dem Punkt steigt und am Punkt selbst die Steigung null hat geben. Dieser Punkt ist der Tiefpunkt.

Seite 60 | Aufgabe 17

a) Für $x \to -\infty$ gilt $g(x) \to \infty$ und für $x \to \infty$ gilt $g(x) \to -\infty$, durch den Faktor 3 verändert sich das Globalverhalten nicht.

b) Für $x \to -\infty$ gilt $g(x) \to -\infty$ und für $x \to \infty$ gilt $g(x) \to \infty$, durch den negativen Faktor $\left(-\frac{1}{2}\right)$ wird der Graph gespiegelt.

c) Für $x \to -\infty$ gilt $g(x) \to \infty$ und für $x \to \infty$ gilt $g(x) \to -\infty$, der Subtrahend 2000 verändert das Globalverhalten nicht.

d) Für $x \to -\infty$ gilt $g(x) \to \infty$ und für $x \to \infty$ gilt $g(x) \to \infty$, das Quadrieren macht jeden Funktionswert positiv.

Seite 61 | Aufgabe 18

a)

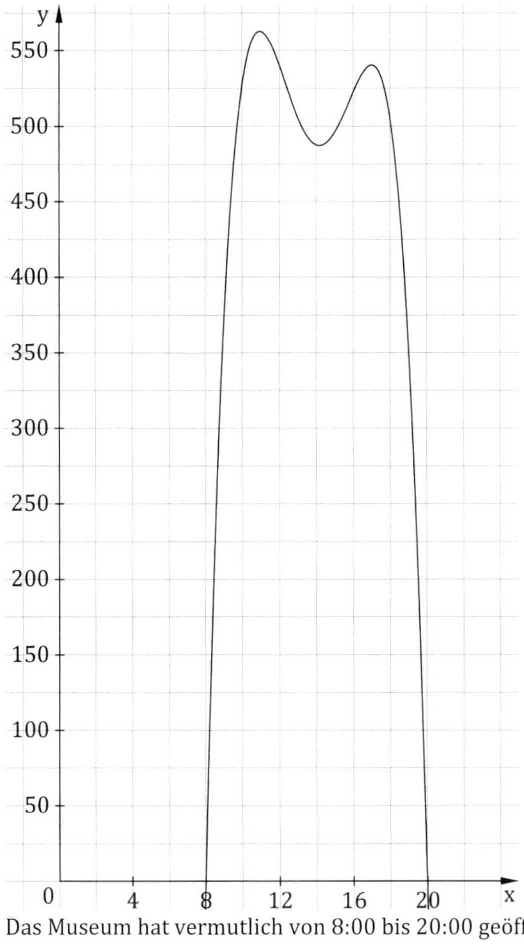

Das Museum hat vermutlich von 8:00 bis 20:00 geöffnet, da in diesem Zeitraum Besucher verzeichnet werden.

b) Um kurz vor 11:00 sind mit ca. 562 Besuchern die meisten im Museum.

c) Gegen17:00 erreicht die zweite Besucherwelle ihren Höhepunkt von etwa 540 Besuchern.

d) Durch f(x)=500 erhalten wir die x-Werte $x_1=9,74$; $x_2=13,2$; $x_3=15,19$ und $x_4=18,05$. Zwischen x_1 und x_2 sowie zwischen x_3 und x_4 sind die Funktionswerte größer als 500. Also wird in den Intervallen [9,74;13,2] sowie [15,19;18,05] wird zusätzliches Personal benötigt

Seite 61 | Aufgabe 19

Beispiele:

a)
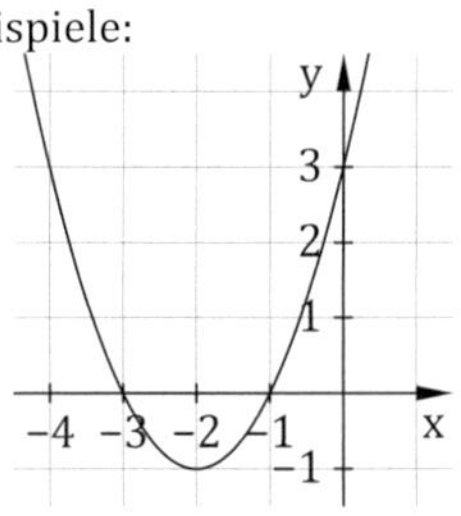

b)
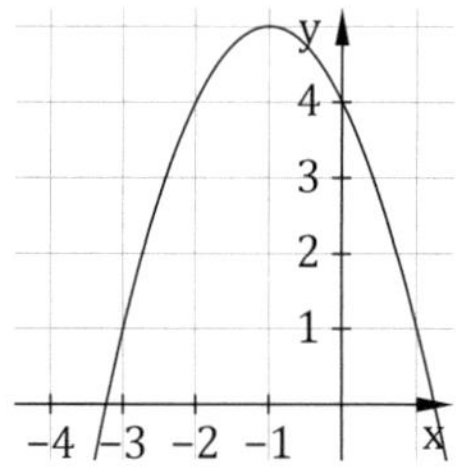

c)
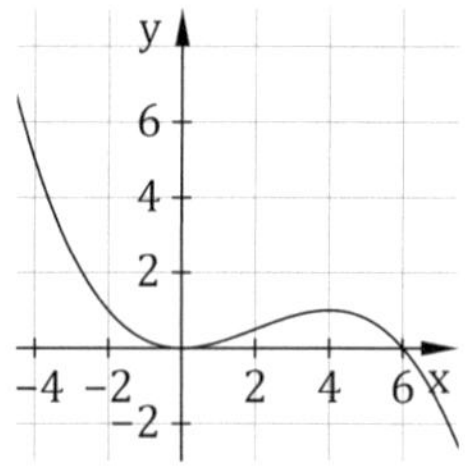

d)
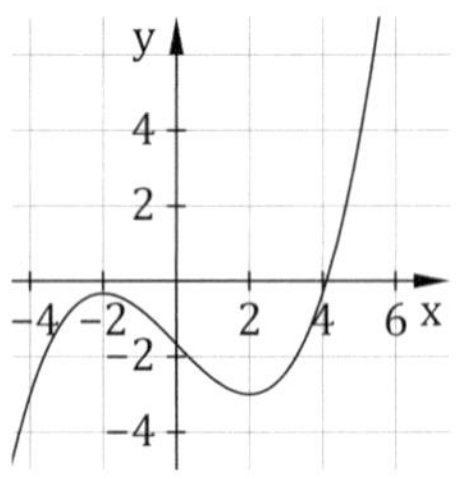

e)
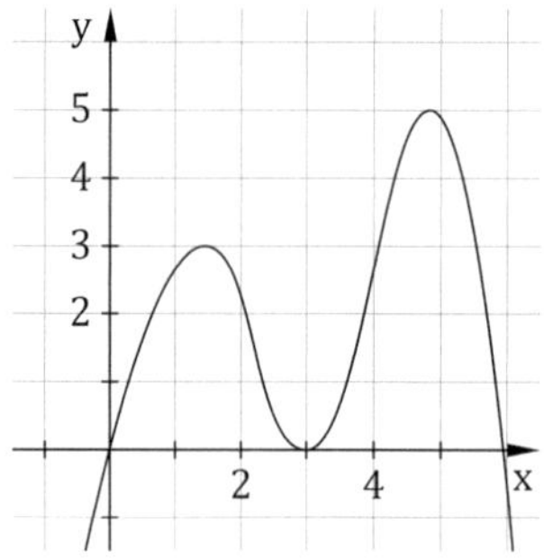

f)
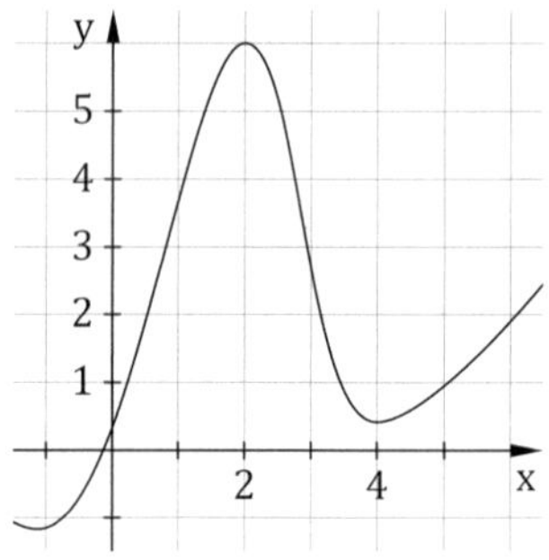

Seite 61 | Aufgabe 20

a) Ganzrationale Funktion mit $n \geq 1$ streben für $x \to \pm\infty$ entweder gegen ∞ oder $-\infty$.

b) Betrachtet man das Verhalten für $x \to \infty$ und für $x \to -\infty$, so streben gerade Funktionen entweder für beide Fälle gegen ∞ oder für beide Fälle gegen $-\infty$. Dazwischen muss also ein globales Minimum bzw. Maximum liegen.

c) ① $f(x) = x^2$; $f(x) = x^4$ ② $f(x) = -x^2$; $f(x) = -x^4$ ③ $f(x) = x$; $f(x) = x^3$

d) Das globale Minimum liegt bei $f(0) = 0$. Da die Ränder nicht zu Intervall gehören, gibt es kein globales Maximum. Je näher die x-Werte den Rändern kommen, desto mehr nähern sich die Funktion den Werten 1 bzw. 4 an, sie werden jedoch nicht erreicht.

e) Ja, auf einem begrenzten Intervall haben alle ganzrationalen Funktionen ein globales Maximum und ein globales Minimum. Diese Extremstellen können in der Mitte des Intervalls oder am Rand liegen.

Seite 61 | Aufgabe 21

a) ① nicht ganzrational, ein Exponent ist −2.
② nicht ganzrational wegen der Exponenten −1 und −2
③ nicht ganzrational wegen der Exponenten −2 und −4
④ nicht ganzrational, ein Exponent −1 bleibt nach ausrechnen

b) ① $D = \mathbb{R}/0$ ② $D = \mathbb{R}/0$ ③ $D = \mathbb{R}/0$ ④ $D = \mathbb{R}/0$

c) ① $f(x) \to \infty$ für $x \to \infty$; $f(x) \to -\infty$ für $x \to -\infty$
② $f(x) \to 1$ für $x \to \infty$; $f(x) \to 1$ für $x \to -\infty$
③ $f(x) \to -2$ für $x \to \infty$; $f(x) \to -2$ für $x \to -\infty$
④ $f(x) \to \infty$ für $x \to \infty$; $f(x) \to \infty$ für $x \to -\infty$

2.3 Symmetrie

Seite 62 | Einstieg

① Achsensymmetrisch zur y-Achse
② Punktsymmetrisch zum Ursprung
③ Nicht symmetrisch.

Bei Funktionen mit ausschließlich geraden Exponenten liegt immer eine Achsensymmetrie vor, bei Funktionen mit ausschließlich ungeraden Exponenten eine Punktsymmetrie zum Ursprung.

Seite 63 | Aufgabe 1

a) nicht symmetrisch   b) achsensymmetrisch   c) achsensymmetrisch
d) achsensymmetrisch   e) nicht symmetrisch   f) achsensymmetrisch

Seite 63 | Aufgabe 2

a) punktsymmetrisch   b) nicht punktsymmetrisch   c) punktsymmetrisch
d) nicht punktsymmetrisch   e) nicht punktsymmetrisch   f) nicht punktsymmetrisch

Seite 63 | Aufgabe 3

a) gerade Exponenten   b) ungerade Exponenten   c) gerade Exponenten   d) ungerade Exponenten

Seite 63 | Aufgabe 4

a) $f(x) = 2x^3 + 6x$, punktsymmetrisch zum Ursprung
b) $f(x) = -2x^2 - 2x$, nicht symmetrisch
c) $f(x) = x^4 + 0,5$, achsensymmetrisch zur y-Achse
d) $f(x) = x^6$, achsensymmetrisch zur y-Achse
e) $f(x) = 11t^9 + 4t$, punktsymmetrisch zum Ursprung
f) $f(x) = -rx^6 - rx^4 + r^3 x^2$, achsensymmetrisch zur y-Achse

Seite 63 | Aufgabe 5

a) $f(-x) = x(-3x) + 7$, achsensymmetrisch zur y-Achse
b) $f(-x) = (2x^4 - 7)x^2 + 11x^2$, achsensymm. zur y-Achse
c) $f(-x) = -2x - 10x^3$, punktsymmetrisch zum Ursprung
d) $f(-x) = -x^3(-\frac{2}{7} - 8x^2)$, punktsymmetrisch zum Ursprung
e) $f(-x) = x^3(x^3 - 7x)$, achsensymmetrisch zur y-Achse
f) $f(-x) = ax^4 + bx^2 + c$, achsensymmetrisch zur y-Achse
g) $f(-x) = x(x^4 - 6x^2 + 6)$, punktsymmetrisch zum Ursprung
h) $f(-x) = -ax^3 - bx$, punktsymmetrisch zum Ursprung

Seite 63 | Aufgabe 6

x	−4	−3	−2	−1	0	1	2	3	4
y	−163	−30	5	2	−3	2	5	−30	−163

Seite 64 | Aufgabe 7

Leonie liegt falsch. Die ausgeschriebenen Exponenten sind zwar alle ungerade, jedoch ist der Graph aufgrund der −1 nicht punktsymmetrisch: −1 kann als $-1x^0$ geschrieben werden.

Seite 64 | Aufgabe 8

① h(x) ② i(x) ③ f(x) ④ g(x)

Seite 64 | Aufgabe 9

a) Falsch, sie haben Einfluss auf das Globalverhalten.
b) Richtig.
c) Falsch, so hat zum Beispiel $f(x) = x^2$ keinen Hochpunkt, ist jedoch achsensymmetrisch.
d) Falsch, so hat $f(x) = x^3$ zum Beispiel keinen Extrempunkt.
e) Richtig.

Seite 64 | Aufgabe 10

Damit ein Graph als punktsymmetrisch gilt, muss $f(-x) = -f(x)$ für alle Punkte der Funktion gelten, nicht nur für vereinzelte.

Seite 64 | Aufgabe 11

Individuelle Lösungen. Beispiele für mögliche Lösungen:
a) Für $n = 2$ achsensymmetrisch, für $n = 3$ punktsymmetrisch.
b) Für $n=1$ punktsymmetrisch zum Ursprung. Für kein $n \in N$ ist der Exponent gerade, weshalb f(x) nicht achsensymmetrisch zur y-Achse sein kann.
c) Nicht möglich, da für jedes n gerade und ungerade Exponenten auftreten.
d) Achsensymmetrisch für $n = 5$, punksymmetrisch für $n = 4$
e) Achsensymmetrisch für $n = 7$, Es ist keine Punktsymmetrie möglich, da 2n für alle n gerade ist.
f) Nicht möglich, da die Exponenten n und $n + 3$ nicht gleichzeitig gerade oder ungerade sein können.

Seite 64 | Aufgabe 12

Klara hat Recht. f ist eine Funktion 6. Grades. Der Bildausschnitt stellt weder alle Extrema noch das Globalverhalten dar.

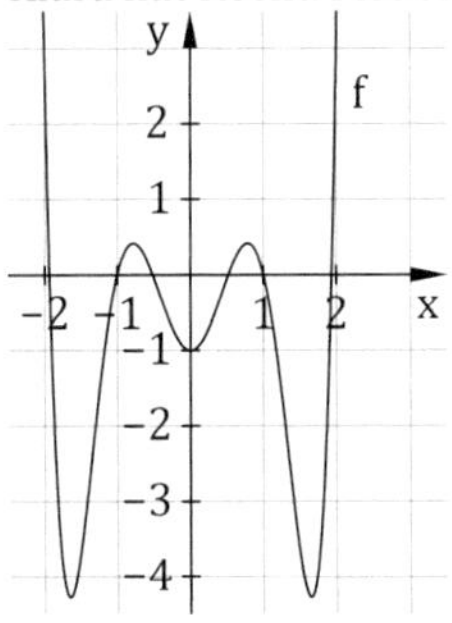

Seite 64 | Aufgabe 13

Seine erste Aussage ist richtig, da gerade Funktionen achsensymmetrisch sind.
Die zweite Aussage stimmt nicht. Die Funktion ist achsensymmetrisch, wenn alle Exponenten gerade sind – dazu gehört auch der größte Exponent.

Seite 65 | Aufgabe 14

Individuelle Lösungen. Mögliche Lösung:
$P_1(2|18)$ und $P_2(-2|-6)$.

Seite 65 | Aufgabe 15

Der Hochpunkt der Kurve liegt bei H(1,17|1,82).
a) Der Springer sollte so abspringen, dass der Hochpunkt seines Sprungs genau über dem Hindernis liegt. Also sollte er 1,17 m vor dem Hindernis abspringen.
b) Der höchste Punkt der Kurve ist auch die Höhe, die der Springer überwinden kann, also 1,82 m.

Seite 65 | Aufgabe 16

a) Umformen ergibt: $f(x) = (x + 11)^2 + 8$.
Der Graph g wurde um 11 nach links geschoben; $g(x) = x^2 + 8$.
b) f ist nicht symmetrisch zur y-Achse, allerdings achsensymmetrisch zur Achse $x = -11$.

Seite 65 | Aufgabe 17

a) Individuelle Erklärungen.
Ist f symmetrisch zur Achse x=c, so gilt f(c+x)=f(c-x). Insbesondere gilt für c=0: f(x)=f(-x) (Achsensymmetrie zur y-Achse). Wenn f achsensymmetrisch zu x=c ist, kann man sie um c nach links verschieben, was durch f(x+c) dargestellt werden kann. Die Symmetrieachse verschiebt sich mit und die neue Funktion g mit g(x)=f(x+c) ist achsensymmetrisch zur y-Achse.

b) ①: f mit $f(x) = x^2 - 10x$ ist achsensymmetrisch zu $x = 5$, denn g mit $g(x) = f(x + c) = (x + 5)^2 - 10(x + 5) = x^2 - 25$ ist achsensymmetrisch zur y-Achse.
②: f ist achsensymmetrisch zu $x = -4$, denn g mit $g(x) = f(x - 4) = -x^2 + 9$ ist achsensymmetrisch zur y-Achse.
③: f ist achsensymmetrisch zu $x = -7$, denn g mit $g(x) = f(x - 7) = x^4 - 8x^2 - 10$ ist achsensymmetrisch zur y-Achse.

Seite 65 | Aufgabe 18

a) Ist f symmetrisch zum Punkt P(a|b), so gilt $f(a + x) - b = - f(a - x) + b$. Insbesondere gilt für P(0|0): $-f(x)=f(-x)$ (Punktsymmetrie zum Ursprung.
Wenn f punktsymmetrisch zum Punkt P(a|b) ist, kann man den Graphen um a nach links und b nach unten verschieben, was durch $f(x + a) - b$ dargestellt werden kann. Der Symmetriepunkt verschiebt sich mit und die neue Funktion g mit $g(x)=f(x + a) - b$ ist punktsymmetrisch zum Ursprung.

b) ① f ist punktsymmetrisch zu $P(0| -9)$, denn g mit $g(x) = f(x + 0) + 9 = 7x^5 + 11x$ ist punktsymmetrisch zum Ursprung.
② f ist punktsymmetrisch zu P(4|8), denn g mit $g(x) = f(x + 4) - 8 = x^3 + 2x$ ist punktsymmetrisch zum Ursprung.
③ f ist punktsymmetrisch zu $P(-4{,}5| -2)$, denn g mit $g(x) = f(x - 4{,}5) + 2 = x^9 + 11x^5 - 6x^3$ ist punktsymmetrisch zum Ursprung.

Seite 65 | Aufgabe 19

a) $f(x) = \frac{x}{x^2-1}$; $f(-x) = -\frac{x}{x^2-1}$; $-f(x) = -\frac{x}{x^2-1}$
Da $f(-x) = -f(x)$ ist, ist f punktsymmetrisch zum Ursprung. Die Funktion f hat gerade und ungerade Exponenten und ist dennoch punktsymmetrisch zum Ursprung ist. Die Symmetrieregeln für ganzrationale Funktionen gelten also nicht für gebrochen-rationale Funktionen.

b) Behauptung: Sei $f(x) = \frac{g(x)}{h(x)}$, wobei g und h ganzrationale Funktionen sind. Ist der Zähler punktsymmetrisch zum Ursprung und der Nenner achsensymmetrisch zur y-Achse, ist die Funktion f punktsymmetrisch zum Ursprung. Gleiches gilt auch im umgekehrten Fall.
Beweis: $f(-x) = \frac{g(-x)}{h(-x)} = \frac{-g(x)}{h(x)} = -\left(\frac{g(x)}{h(x)}\right) = -f(x)$. Analog: Sind g und h punktsymmetrisch zum Ursprung, so ist f achsensymmetrisch zur y-Achse, da $f(-x) = \frac{g(-x)}{h(-x)} = \frac{-g(x)}{-h(x)} = \frac{g(x)}{h(x)} = f(x)$. Sind g und h achsensymmetrisch zur y-Achse, so ist f ebenfalls achsensymmetrisch zur y-Achse, da $f(-x) = \frac{g(-x)}{h(-x)} = \frac{g(x)}{h(x)} = f(x)$.

2.4 Nullstellen

Seite 66 | Einstieg

Mit der x-Achse als gedachte Wasseroberfläche beschreibt der Graph den Schwimmverlauf des Delphins. Wenn er eintaucht, zeigt der Graph eine Nullstelle auf. Die Ausdrücke in den Klammern der Funktion ermöglichen ein einfaches Berechnen der Nullstellen.

Seite 67 | Aufgabe 1

a) $x_1 = 4, x_2 = -5$
b) $x_1 = 1, x_2 = -5, x_3 = 6$
c) $x_1 = 1, x_2 = 0$
d) $x_1 = 0, x_2 = 1$
e) $x_1 = 0{,}5$; $x_2 = -\frac{1}{3}$
f) $x_1 = 8, x_2 = -8$
g) $x_1 = 5, x_2 = -5$
h) $x_1 = 0, x_2 = 4$
i) $x = 3$

Seite 67 | Aufgabe 2

a) $x_1 = -1, x_2 = 9$
b) $x_1 = -3, x_2 = 1$
c) $x_1 = 0, x_2 = 25$
d) $x_1 = -11, x_2 = -1, x_3 = 0$

Seite 67 | Aufgabe 3

① - g(x) ② - h(x) ③ - i(x) ④ - f(x)

Seite 67 | Aufgabe 4

a) ① - h(x), ② - f(x), ③ - g(x)
b) Die Nullstellen definieren eine ganzrationale Funktion nicht eindeutig, da noch immer die Extrema im y-Wert variieren können.

Seite 67 | Aufgabe 5

Individuelle Lösungen , mögliche Lösungen:

a) $f(x) = (x - 3) \cdot (x - 1) = x^2 - 4x + 3$
b) $f(x) = (x + 2) \cdot (x - 5) = x^2 - 3x - 10$
c) $f(x) = x - 6$
d) $f(x) = (x + 100) \cdot (x - 100) = x^2 - 10000$
e) $f(x) = -2{,}5x^2 + 10$
f) $f(x) = (x - 2) \cdot (x - 3) \cdot (x - 4) = x^3 - 9x^2 + 26x - 24$
g) $f(x) = x \cdot (x - \sqrt{10}) = x^2 - \sqrt{10}\,x$
h) $f(x) = x^2 + 1$

Seite 67 | Aufgabe 6

a) Nein, es kann Restterme geben, die nicht zerlegt werden können.
b) Richtig, da $f(x) = 3 \cdot g(x)$ gilt.

c) Richtig, denn für alle x-Werte, für die g(x)=0 gilt, gilt auch 3*f(x)=0, bzw. f(x)=0 und umgekehrt.
d) Falsch, da ganzrationale Funktionen Grades auch keine Nullstellen haben können, während ganzrationale Funktionen dritten Grades eine bis drei Nullstellen haben.

Seite 67 | Aufgabe 7

a) $f(x) = 0{,}7(x-1)\left(x-\frac{4}{5}\right)(x-2{,}5)$ b) $f(x) = -(x+3)(x-1)$ c) $f(x) = -\frac{3}{168}(x-6)(x+4)(x+5)$

Seite 68 | Aufgabe 8

a) Doppelte Nullstelle bei -2
b) Einfache Nullstelle bei 1, doppelte bei 5 und dreifache bei 7
c) Einfache Nullstelle bei 25, doppelte bei 3
d) $f(x) = (x+2)^2$ - doppelte Nullstelle bei -2
e) Einfache Nullstelle bei 1 und -9
f) Dreifache Nullstelle bei 0

Seite 68 | Aufgabe 9

Nummer ① ist der richtige Graph. Bei ② liegt bei 3 eine doppelte Nullstelle vor.

Seite 68 | Aufgabe 10

a) Einfache Nullstellen jeweils bei -1, 0 und 2
b) Dreifache Nullstelle bei -1
c) Einfache Nullstelle bei -1, doppelte jeweils bei 0 und 2
d) Einfache Nullstelle bei -1, doppelte bei -2 und dreifache bei 1

Seite 68 | Aufgabe 11

Individuelle Lösungen. Mögliche Lösungen:
① $f(x) = (x+3)(x-4)(x-6)(x-7)$ ② $f(x) = x^2(x-3)^2(x-5)$ ③ $f(x) = (x-6)^2(x+2)^2$
④ $f(x) = x^4$ ⑤ $f(x) = \left(x+\frac{3}{7}\right)^4$

Seite 69 | Aufgabe 12

a) $x_1 = -4, x_2 = -3, x_3 = 3, x_4 = 4$
b) $x_1 = -\sqrt{3}, x_2 = \sqrt{3}$
c) Keine Lösung
d) $x_1 = -5, x_2 = -2, x_3 = 2, x_4 = 5$

Lösungswort: HAST

Seite 69 | Aufgabe 13

a) $x_1 = -\frac{2}{3}, x_2 = -\frac{1}{2}, x_3 = \frac{1}{2}, x_4 = \frac{2}{3}$
b) $x_1 = -\frac{1}{3}, x_2 = \frac{1}{3}$
c) $x_1 = -\sqrt{3}, x_2 = -\sqrt{2}, x_3 = 0, x_4 = \sqrt{2}, x_5 = \sqrt{3}$
d) $x_1 = -3, x_2 = -2, x_3 = 0, x_4 = 2, x_5 = 3$

Seite 69 | Aufgabe 14

a) $P(1|-18)$
b) $Q(-2|-90)$
c) $S(-2\sqrt{5}|-170), S(-3|-170), S(3|-170), S(2\sqrt{5}|-170)$
d) $T(-6|262), T(6|262)$

Seite 69 | Aufgabe 15

a) Das ist wahr, denn bei einer doppelten Nullstelle wird die x-Achse nicht überschritten.
b) Das ist nicht wahr, quadratische Funktionen haben höchstens 2 Nullstellen.
c) Das ist wahr, da sie in der Summe nur 3 Nullstellen haben kann.
d) Das ist wahr, da aufgrund des Globalverhaltens einer Funktion vierten Grades im Unendlichen 3 einfache Nullstellen nicht möglich sind.

Seite 69 | Aufgabe 16

Der Denkfehler ist, dass bei einem Produkt, das 3 ergibt, nicht zwingenderweise ein Faktor ebenfalls 3 sein muss. Dieses Prinzip gilt nur, wenn das Produkt 0 ergibt
Das richtige Ergebnis lautet: $x_1 = -0{,}1, x_2 = 0, x_3 = 3{,}3$

Seite 69 | Aufgabe 17

Die Funktion beschreibt den Sachverhalt im Intervall [0;24], wobei die x-Achse die Stunden des Tages anzeigt.
Die Öffnungszeiten des Kaufhauses sind zwischen 8 Uhr und 20 Uhr.

Seite 70 | Aufgabe 18

a) Nach 15 Minuten hat der Heißluftballon eine Höhe von 57,28 m erreicht.
b) Der Heißluftballon landet nach 21,06 Minuten.
c) Nach 18,97 Minuten ist der Ballon 30 m hoch.
d) Nach 4,08 Minuten kann die Drohne den Ballonfahrer fotografieren.

Seite 70 | Aufgabe 19

Da eine ganzrationale Funktion keine Polstellen und somit jeder x-Wert einen y-Wert hat, muss der Funktionsgraph nach einer Nullstelle steigen und anschließend wieder fallen, um wieder die x-Achse zu erreichen. Aus Stetigkeitsgründen muss ein Extrempunkt vorhanden sein. Aus diesem Grund befindet sich zwischen zwei Nullstellen stets ein Extrempunkt. Analoges gilt auch für den Fall, dass der Graph erst fällt und dann steigt.

Seite 70 | Aufgabe 20

a) Die Nullstelle im Ursprung kann nur doppelt oder vierfach sein. Wegen der Symmetrie kann links und rechts vom Ursprung jeweils maximal eine Nullstelle sein.
b) $f(x) = -1x^4 + 4x^2$: Nullstellen bei -2, 0 und 2

Seite 70 | Aufgabe 21

Die Funktion ist achsensymmetrisch und hat vier Nullstellen: -3, -2, 2 und 3. Außerdem gilt: Für $x \to \pm\infty$ gilt $f(x) \to \infty$.

Seite 70 | Aufgabe 22

a) Es gilt: $f(x) = (x-a)(x-b)(x-c) = x^3 - ax^2 - bx^2 - cx^2 + abx + acx + bcx - abc$.
abc ist stets teilbar durch a, b und c, da es das Produkt dieser Faktoren ist.
b) Nullstellen: -3, 2 und 5
c) Ja, denn das Produkt abc bleibt am Ende erhalten, auch wenn s dann als weiterer Faktor dazu kommt.

Seite 70 | Aufgabe 23

Die Funktion lautet: $f(x) = 0{,}1x^4 - 0{,}8x^3 + 1{,}6x^2$

Seite 70 | Aufgabe 24

a) $f(x) = -x^3 + 4x$
b) $f(x) = -x^2 + 64$
c) $f(x) = -\frac{5}{126}x^4 + \frac{10}{21}x^3 - \frac{115}{126}x^2 - \frac{100}{21}x + 10$
d) $f(x) = \frac{2}{45}x^4 - \frac{116}{45}x^2 + \frac{98}{5}$

Seite 70 | Aufgabe 25

Eine ganzrationale Funktion n–ten Grades kann höchstens n–1 Extremstellen haben. Dieses schließt sich aus der Anzahl von höchstens n Nullstellen einer Funktion n–ten Grades.
Wird das Verhalten des Graphen für $x \to \pm\infty$ betrachtet, folgt: Ist der Grad gerade, so ist die Anzahl an Extremstellen ungerade bzw. ist der Grad ungerade, so ist die Anzahl an Extremstellen gerade.

Streifzug: Polynomdivision

Seite 71 | Einstieg

f und g haben zwei Nullstellen gemeinsam, f(x) hat zusätzlich die Nullstelle $x = 1$. Multipliziert man g(x) mit $(x-1)$, so erhält man die Funktionsgleichung von f.

Seite 72 | Aufgabe 1

a) $x^2 + x - 2$
b) $2x^2 - 14x - 60$
c) $x^2 - 4x + 4$
d) $-3x^2 - 22{,}5x - 110{,}25$
e) $x^3 + x^2 + x + 1$
f) $2x^2 - 6x - 8$

Seite 72 | Aufgabe 2

a) Polynomdividion ergibt: $x^2 + x - 12$; Daraus folgen die Nullstellen $x_2 = -4$; $x_3 = 3$.
.b) Polynomdividion ergibt: $2x^2 - 18x + 28$; Daraus folgen die Nullstellen $x_2 = 2$; $x_3 = 7$.
c) Polynomdividion ergibt: $-x^2 - 3x + 18$; Daraus folgen die Nullstellen $x_2 = -6$; $x_3 = 3$.
d) Polynomdividion ergibt: $-2x^2 - 18$; Daraus folgt, dass es keine weiteren Nullstellen gibt.

Seite 72 | Aufgabe 3

a) Erste Nullstelle: $x_1 = 1$; Polynomdividion ergibt: $2x^2 - 12x + 18$; daraus folgt die Nullstelle $x_{2,3} = 3$ (doppelte Nullstelle)
b) Erste Nullstelle: $x_1 = 1$; Polynomdividion ergibt: $x^2 + x - 12$; daraus folgen die Nullstellen $x_2 = -4$; $x_3 = 3$
c) Erste Nullstelle: $x_1 = 3$; Polynomdividion ergibt: $0{,}5x^2 - 2x - 82{,}5$; daraus folgen die Nullstellen $x_2 = -11$; $x_3 = 15$
d) Erste Nullstelle: $x_1 = 3$; Polynomdividion ergibt: $x^2 - 4x - 12$; daraus folgen die Nullstellen $x_2 = -2$; $x_3 = 6$
e) Erste Nullstelle: $x_1 = 1$; 1. Polynomdividion ergibt: $x^3 - 5x^2 + 8x - 4$; zweite Nullstelle $x_2 = 1$ (doppelte Nullstelle)
2. Polynomdividion ergibt: $x^2 - 4x + 4$daraus folgt die Nullstelle $x_{3,4} = 2$ (doppelte Nullstelle)
f) Erste Nullstelle: $x_1 = 0$; 1. Polynomdividion ergibt: $x^3 - 5x^2 - x + 5$; zweite Nullstelle $x_2 = 1$
2. Polynomdividion ergibt: $x^2 - 4x - 5$ daraus folgen die Nullstellen $x_3 = -1$; $x_4 = 5$

Seite 72 | Aufgabe 4

a) Die erste Nullstelle wird geraten und dann durch Polynomdividion die Gleichung auf eine 2. Gerades zurückgeführt.
b) Rät man nach dem Verlauf des Graphen als erste Nullstelle: $x_1 = -1$; so geht die Polynomdividion nicht auf.
c) $x_1 \approx -1{,}02$; $x_2 \approx 1{,}568$; $x_3 \approx 2{,}552$. Die Lösungen sind nicht rational und deswegen nicht über die Polynomdividion bestimmbar.

Seite 72 | Aufgabe 5

a) Ist die Beschleunigung negativ, so hat der Motorradfahrer gebremst.
b) An den Nullstellen geht der Motorradfahrer von Beschleunigen zu Bremsen über.
Nullstellen des Graphen:
geraten: $x_1 = 4$; Polynomdividion ergibt $0{,}5x^2 - 11{,}5x + 64$ und daraus $x_2 \approx 9{,}44$; $x_3 \approx 13{,}56$
c) Die Geschwindigkeit ist am größten, wenn der Motorradfahrer gerade beginnt zu bremsen, also nach 4 km und 9,44 km (die Nullstelle 13,56 liegt nicht mehr im Definitionsbereich).
Die größte Strecke hat er nach 12 km zurückgelegt.

2.5 Vermischte Aufgaben

Seite 73 | Aufgabe 1

$f(x) \to -\infty$ für $x \to -\infty$; $f(x) \to -\infty$ für $x \to \infty$; $g(x) \to -\infty$ für $x \to -\infty$; $g(x) \to \infty$ für $x \to \infty$;
$h(x) \to \infty$ für $x \to -\infty$; $h(x) \to -\infty$ für $x \to \infty$; $i(x) \to -\infty$ für $x \to -\infty$; $i(x) \to -\infty$ für $x \to \infty$;
$j(x) \to \infty$ für $x \to -\infty$; $j(x) \to \infty$ für $x \to \infty$; $k(x) \to \infty$ für $x \to -\infty$; $k(x) \to -\infty$ für $x \to \infty$
$l(x) \to \infty$ für $x \to -\infty$; $l(x) \to \infty$ für $x \to \infty$; $m(x) \to -\infty$ für $x \to -\infty$; $m(x) \to \infty$ für $x \to \infty$
Gleiches Globalverhalten haben also f(x) und i(x); g(x) und m(x); h(x) und k(x); j(x) und l(x)

Seite 73 | Aufgabe 2

a) Das ist falsch. Man muss den Term mit der höchsten Potenz betrachten, das muss aber nicht der erste Term sein.
b) Das ist falsch, Funktionen mit ungeradem Grad haben für $x \to \infty$ und $x \to -\infty$ unterschiedliches Globalverhalten, abhängig vom Vorzeichen des Terms mit dem größten Exponenten.
c) Das ist richtig.
d) Das ist falsch. Man muss den Term mit der höchsten Potenz betrachten, das ist nach Ausmultiplizieren der Term mit x^5.
e) Das ist falsch.
f) Das ist richtig, der Term mit der größten Potenz von f(x) ist nach dem Ausmultiplizieren $-7x^6$.

Seite 73 | Aufgabe 3

a)

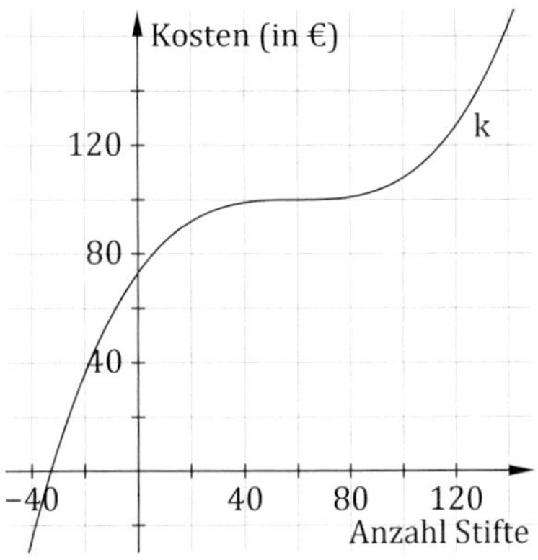

Die Kosten steigen bis zu einer Produktion von etwa 40 Stück an, ist dann weitgehend stabil bis zur ca. 80 Stück und steigen dann wieder an.

b) Erlös: $e(x) = 1{,}4x$; Gewinn: $g(x) = e(x) - k(x) = \frac{1}{8000}(-x^3 + 180x^2 + 400x - 584\,000)$

c)

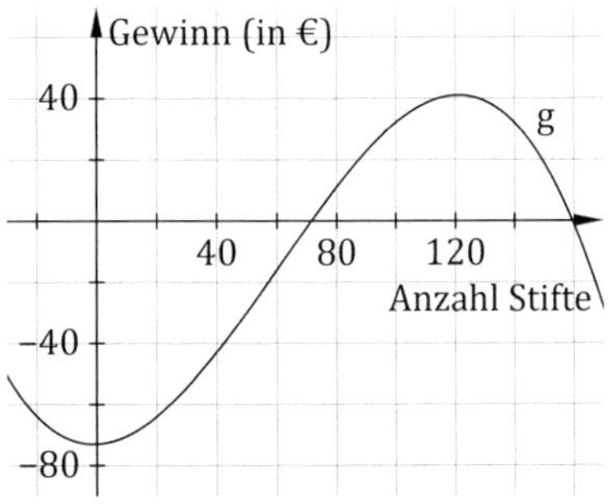

Der Gewinn ist am größten bei einer Produktion von ca. 40 Stück.

Seite 73 | Aufgabe 4

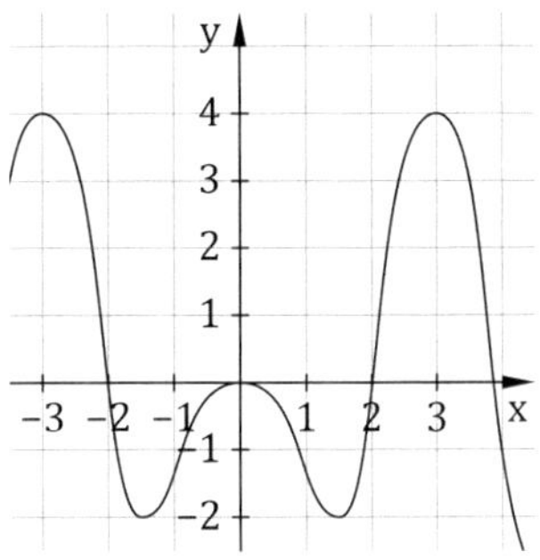

Die Funktion hat wegen ihrer Achsensymmetrie mindestens drei Hochpunkte und damit mindestens zwei Tiefpunkte.

Seite 73 | Aufgabe 5

Achsensymmetrisch: $i(x)$; $g(x)$; $i(x) + g(x)$; $f(x) \cdot h(x)$; $f(x) \cdot h(x) + i(x)$; $f(x) \cdot h(x) + g(x)$; $g(x) \cdot f(x) \cdot h(x)$; ...
Punktsymmetrisch: f(x); h(x); f(x)+h(x); f(x)*g(x); h(x)*i(x); f(x)*g(x)*i(x)+h(x); ...

Seite 74 | Aufgabe 6

a) Der höchste Wert ist 10685 um 10 Uhr und der niedrigste Wert ist um 9 Uhr mit 10 620.
b) Das Globalverhalten zu betrachten ist realitätsfern, da der Verlauf nicht monoton steigend oder fallend ist, sondern Schwankungen ausgesetzt ist.

Seite 74 | Aufgabe 7

a) Ganzrationale Funktionen mit geradem Index gehen entweder für $+\infty$ als auch für $-\infty$ jeweils gegen $+\infty$, oder für beide Fälle gegen $-\infty$. Dazwischen muss also ein niedrigster bzw. ein höchster Wert liegen.
b) Diese Aussagen gilt für ganzrationale Funktionen mit ungeradem Grad nicht. Hier geht die Funktion für $+\infty$ gegen $+\infty$ und für $-\infty$ gegen $-\infty$ oder umgekehrt. Es ist also möglich, dass es keinen Extremwert gibt.
c) Für ungerade n muss die Funktion eine Nullstelle haben. Für gerade n kann das Minimum oberhalb der y-Achse bzw. das Maximum unterhalb der y-Achse liegen, und die Funktion so keine Nullstelle haben.

Seite 74 | Aufgabe 8

a) $V(r) = 10\text{ cm} \cdot \pi r^2 = 10\pi r^2$

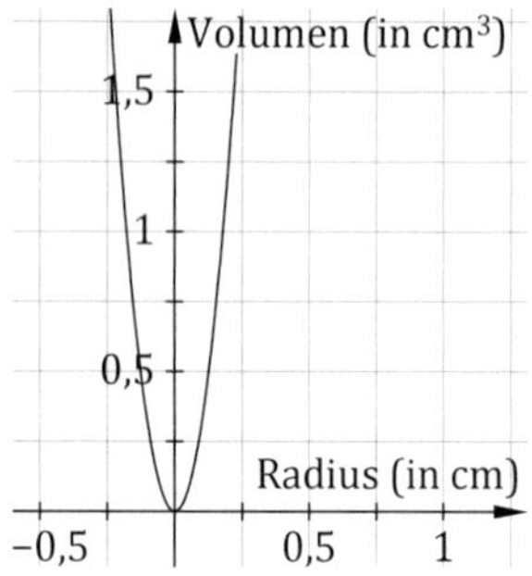

b) Der Tiefpunkt gibt das minimale Volumen an – bei $r = 0$ ist es gleich Null. Mit größer werdendem Radius wird das Volumen immer größer, es gibt also kein Maximalvolumen, das einen Hochpunkt anzeigen würde.
c) Für $r \to \infty$ geht auch das Volumen gegen unendlich.

Seite 74 | Aufgabe 9

a)

x	−4	−3	−2	−1	0	1	2	3	4
y	−20	−4,5	2	2,5	0	−2,5	−2	4,5	20

b) $f(r) = 0{,}5x^3 - 3x$

Seite 74 | Aufgabe 10

a) Nullstellen von f(x): $x_1 = 0$; $x_2 = 5$; $x_3 = -5$; Nullstellen von g(x): $x_1 = 0$; $x_2 = -3$; $x_3 = 1$
b) $f(x) \to -\infty$ für $x \to -\infty$; $f(x) \to \infty$ für $x \to \infty$; $g(x) \to \infty$ für $x \to -\infty$; $f(x) \to -\infty$ für $x \to \infty$
c) Zeichenübung

Seite 74 | Aufgabe 11

a) Für die Lösungen gilt: $x_{1,2} = -a \pm \sqrt{a^2 - 1}$, also eine Lösung für $|a| = 1$; zwei Lösungen für $|a| > 1$; keine Lösung für $|a| < 1$
b) $x_1 = 0$. Teilt man durch $(x - 0) = x$, erhält man $x^2 - x + a$; $x_{2,3} = 0{,}5 \pm \sqrt{0{,}25 - a}$
also zwei Lösungen für $a = 0{,}25$; drei Lösungen für $a < 0{,}25$ und eine Lösung für $a > 0{,}25$.
c) $x_1 = 0$. Teilt man durch $(x - 0) = x$, erhält man $x^2 - ax + 1$; $x_{2,3} = 0{,}5a \pm \sqrt{0{,}25a^2 - 1}$
also zwei Lösung für $|a| = 2$; drei Lösungen für $|a| > 2$ und eine Lösung für $|a| < 2$.

Seite 75 | Aufgabe 12

a) $r > 0$: $f(x) \to \infty$ für $x \to \pm\infty$; $r < 0$: $f(x) \to -\infty$ für $x \to \pm\infty$; $r = 0$: $f(x) \to -\infty$ für $x \to \infty$ und $f(x) \to \infty$ für $x \to -\infty$.
b) Für alle $s \neq 0$ gilt $f(x) \to \infty$ für $x \to \infty$; $f(x) \to -\infty$ für $x \to -\infty$, da s^2 immer positiv ist, ist das umgekehrte Globalverhalten, also $f(x) \to -\infty$ für $x \to \infty$; $f(x) \to \infty$ für $x \to -\infty$ nicht möglich.
c) Da der Parameter s nicht vor dem Term mit der höchsten Potenz steht, hat er keinen Einfluss auf das Globalverhalten. Es gilt immer $f(x) \to -\infty$ für $x \to \infty$ und $f(x) \to \infty$ für $x \to -\infty$.
d) Für $r > 0$ gilt $f(x) \to \infty$ für $x \to \infty$; $f(x) \to -\infty$ für $x \to -\infty$, für $r < 0$ gilt $f(x) \to -\infty$ für $x \to \infty$; $f(x) \to \infty$ für $x \to -\infty$.
e) Der Ausdruck r^3 ist eine Konstante. Für $s < 0$ gilt $f(x) \to \infty$ für $x \to \pm\infty$; für $s > 0$ gilt $f(x) \to -\infty$ für $x \to \pm\infty$.
f) Haben r und s das gleiche Vorzeichen, so gilt $f(x) \to \infty$ für $x \to \infty$; $f(x) \to -\infty$ für $x \to -\infty$, haben r und s unterschiedliche Vorzeichen, so gilt $f(x) \to -\infty$ für $x \to \infty$; $f(x) \to \infty$ für $x \to -\infty$.

Seite 75 | Aufgabe 13

a) $y = -x(x + 2)(x - 3)$
b) $y = -0{,}7(x + 2)(x + 1)(x - 2)(x - 3)$

Seite 75 | Aufgabe 14

a) Nullstelle: $x_1 = -1$; $x_2 = 5$; keine Achsensymmetrie zur y-Achse oder Punktsymmetrie zum Ursprung, symmetrisch zur Geraden $x = 2$; $f(x) \to \infty$ für $x \to \infty$; ; $f(x) \to \infty$ für $x \to -\infty$
b) Nullstelle: $x_1 = 0$; $x_2 = 1$ und $x_3 = 5$; keine Achsensymmetrie zur y-Achse oder Punktsymmetrie zum Ursprung;
$f(x) \to -\infty$ für $x \to \infty$; ; $f(x) \to \infty$ für $x \to -\infty$
c) Nullstelle: $x_1 = -8$; $x_2 = 7$; keine Achsensymmetrie zur y-Achse oder Punktsymmetrie zum Ursprung; , symmetrisch zur Geraden $x = 0{,}5$; $f(x) \to \infty$ für $x \to \infty$; ; $f(x) \to \infty$ für $x \to -\infty$

d) Nullstelle: $x_1 = 0$; $x_2 = 6$ und $x_3 = 5$; keine Achsensymmetrie zur y-Achse oder Punktsymmetrie zum Ursprung;
$f(x) \to \infty$ für $x \to \infty$; ; $f(x) \to -\infty$ für $x \to -\infty$

Um die Symmetrie angeben zu können, muss man alle Exponenten kennen, die in dem Term vorkommen. Das geht nur mit Ausmultiplizieren der Linearfaktoren. Für das Verhalten im Unendlichen muss man dagegen nur den Koeffizienten vor dem höchsten Exponenten kennen, den kann man ggf. auch in der Linearfaktordarstellung ablesen.

Seite 75 | Aufgabe 15

a) Vier Nullstellen haben z. B. $y = x(x-1)(x^2-2)^2$; . $y = x(x-1)(x^2-3)^2$; . $y = x(x-1)(x^2-4)^2$
b) Zwei Nullstelle für $t \leq 0$; drei Nullstellen für $t = 1$, vier Nullstellen für $t > 0$ mit $t \neq 1$.

Seite 75 | Aufgabe 16

gelbe Blüte: $y = 0{,}5 \cdot (x+3)(x+1)(x-1)(x-2)$
blaue Blüte: Eine biquadratische Funktion ist symmetrisch zur y-Achse, da nur gerade Exponenten vorkommen. Das ist hier nicht der Fall, sodass eine Lösung mit Substitution nicht möglich ist.
grüne Blüte: Der Graph muss für eine biquadratische Gleichung achsensymmetrisch zur y-Achse sein.
rote Blüte: individuelle Lösungen

Seite 75 | Aufgabe 17

$u = x^3$, damit folgt $u^2 - 7u - 8 = 0$; $u_1 = 8$; $u_2 = -1$
Aus $x^3 = 8$ folgt die Lösung $x = 2$, aus $x^3 = -1$ folgt die Lösung $x = -1$.

3. Steigung und Ableitung

3.1 Mittlere Änderungsrate

Seite 82 | Einstieg

a) Gesamte Strecke: 31,43 km/h; erste Etappe: 48 km/h; zweite Etappe: 21,33 km/h; dritte Etappe: 57 km/h; vierte Etappe: 46 km/h; fünfte Etappe: 18,67 km/h.

b) Die Durchschnittsgeschwindigkeiten schwanken stark. Diese Unterschiede kommen vermutlich durch bergiges Gelände zustande.

Seite 83 | Aufgabe 1

a) $m_I = \frac{3^2-1^2}{3-1} = 4$ $\quad m_J = \frac{(-1)^2-(-3)^2}{(-1)-(-3)} = -4$ $\quad m_K = \frac{2^2-(-1)^2}{2-(-1)} = 1$

b) $m_I = \frac{(3^3+2\cdot 3)-(1^3+2\cdot 1)}{3-1} = 15$ $\quad m_J = \frac{((-1)^3+2\cdot(-1))-((-3)^3+2\cdot(-3))}{(-1)-(-3)} = 15$ $\quad m_K = \frac{(2^3+2\cdot 2)-((-1)^3+2\cdot(-1))}{2-(-1)} = 5$

c) $m_I = \frac{(2\cdot 3^2-3)-(2\cdot 1^2-1)}{3-1} = 7$ $\quad m_J = \frac{(2\cdot(-1)^2-(-1))-(2\cdot(-3)^2-(-3))}{(-1)-(-3)} = -9$ $\quad m_K = \frac{(2\cdot 2^2-2))-(2\cdot(-1)^2-(-1))}{2-(-1)} = 1$

Seite 83 | Aufgabe 2

a) f: $m = \frac{2-(-1)}{2-(-1)} = 1$ $\quad$ g: $m = \frac{5-1,5}{2-(-1)} = 1\frac{1}{6}$

b) f: $m = \frac{-1-1}{2-(-1)} = -\frac{2}{3}$ $\quad$ g: $m = \frac{3-(-1,5)}{2-(-1)} = 1,5$

Seite 83 | Aufgabe 3

a) 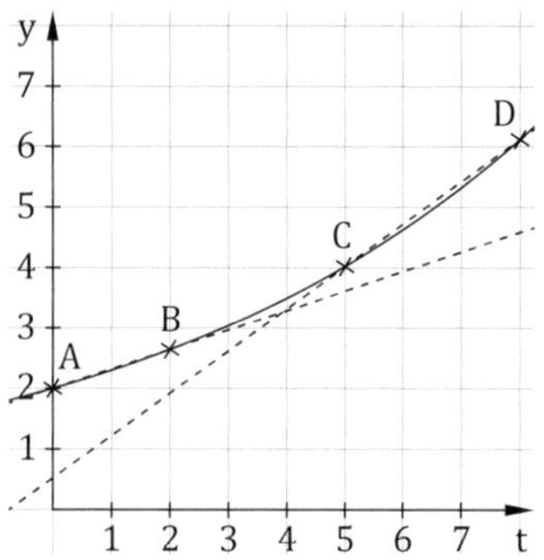

b) Zeichnung der Sekanten bei a).

Intervall [0; 2]: $m = \frac{2\cdot 1{,}15^2-2\cdot 1{,}15^0}{2-0} = 0{,}3225 \approx 0{,}32$

Intervall [5; 8]: $m = \frac{2\cdot 1{,}15^8-2\cdot 1{,}15^5}{8-5} \approx 0{,}70$

Seite 83 | Aufgabe 4

a) 1995 – 1997: $m = +0{,}385$ Mio./Jahr $\quad$ 1997 – 2001: $m = -0{,}1325$ Mio./Jahr $\quad$ 2001 – 2005: $m = +0{,}2525$ Mio./Jahr
2005 – 2008: $m = -0{,}5\overline{3}$ Mio./Jahr $\quad$ 2008 – 2009: $m = +0{,}15$ Mio./Jahr $\quad$ 2009 – 2012: $m = -0{,}17$ Mio./Jahr
2012 – 2014: $m = \pm 0$ Mio./Jahr $\quad$ 2014 – 2016: $m = -0{,}065$ Mio./Jahr
Am schnellsten nahm die Arbeitslosenzahl zwischen 1995 und 1997 zu, am schnellsten nahm sie zwischen 2005 und 2008 ab.

b) 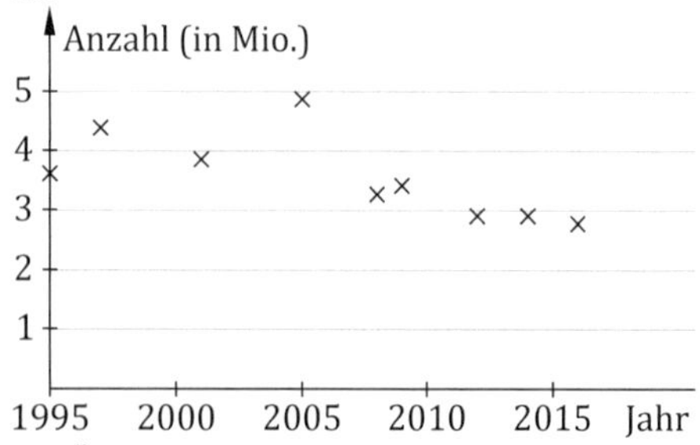

Die Änderungsrate entspricht der Steigung zwischen zwei Punkten.

Seite 83 | Aufgabe 5

① Die Durchschnittsgeschwindigkeiten betrugen in den einzelnen Abschnitten 107,1 km/h; 104,2 km/h; 133,3 km/h bzw. 109,5 km/h. Am größten war sie zwischen 3,8 h und 4,7 h.

② Die Durchschnittsgeschwindigkeiten betrugen in den einzelnen Abschnitten 80 km/h; 140 km/h; 100 km/h bzw. 120 km/h. Am größten war sie zwischen 1,5 h und 3 h.
Die Berechnungen bei ② sind einfacher, weil die zurückgelegte Strecke nach gleich langen Zeitabschnitten gemessen wurde.

Seite 83 | Aufgabe 6

a) Durchschnittsgeschwindigkeit nach 2 Sekunden: $\frac{20\text{ m}-0\text{ m}}{2\text{ s}-0\text{ s}} = 10\frac{\text{m}}{\text{s}}$

Durchschnittsgeschwindigkeit nach 3 Sekunden: $\frac{45\text{ m}-0\text{ m}}{3\text{ s}-0\text{ s}} = 15\frac{\text{m}}{\text{s}}$

Durchschnittsgeschwindigkeit nach 4 Sekunden: $\frac{80\text{ m}-0\text{ m}}{4\text{ s}-0\text{ s}} = 20\frac{\text{m}}{\text{s}}$

b) Durchschnittsgeschwindigkeit in der ersten Sekunde: $\frac{5\text{ m}-0\text{ m}}{1\text{ s}-0\text{ s}} = 5\frac{\text{m}}{\text{s}}$

Durchschnittsgeschwindigkeit in der zweiten Sekunde: $\frac{20\text{ m}-5\text{ m}}{2\text{ s}-1\text{ s}} = 15\frac{\text{m}}{\text{s}}$

Durchschnittsgeschwindigkeit in der dritten Sekunde: $\frac{45\text{ m}-20\text{ m}}{4\text{ s}-3\text{ s}} = 25\frac{\text{m}}{\text{s}}$

Durchschnittsgeschwindigkeit in der vierten Sekunde: $\frac{80\text{ m}-45\text{ m}}{4\text{ s}-3\text{ s}} = 35\frac{\text{m}}{\text{s}}$

Seite 83 | Aufgabe 7

a) Einheit: $\frac{\text{m}}{\text{s}}$; Durchschnittsgeschwindigkeit.

b) Einheit: $\frac{\text{m}}{\text{m}}$; Steigung.

c) Einheit: $\frac{\text{Anzahl}}{\text{Tag}}$; mittlere Wachstumsgeschwindigkeit der Anzahl der Infizierten.

d) Einheit: $\frac{\text{hPa}}{\text{km}}$; mittlere Abnahmegeschwindigkeit des Luftdrucks mit zunehmender Höhe.

Seite 84 | Aufgabe 8

a) Normale Rechnung: $m = \frac{f(5)-f(2)}{5-2} = \frac{25-4}{3} = 7$

Pierre: $\frac{4-25}{3} = -7$ falsch

Marlene: $\frac{4-25}{-3} = 7$ richtig

Oskar: $\frac{25-4}{-3} = -7$ falsch

b) Die falschen Ergebnisse haben das entgegengesetzte Vorzeichen.

c) Es kommt nicht darauf an, in welcher Reihenfolge die Punkte im Differenzenquotienten stehen. Wichtig ist, dass im Differenzenquotienten der x-Wert eines Punktes unter seinem y-Wert steht: $\frac{f(b)-f(a)}{b-a} = \frac{f(a)-f(b)}{a-b}$

Seite 84 | Aufgabe 9

a)

	A	B	C	D	E	F	G
x	0	2	6	9	13	18	19
f(x)	0,195	0,447	0,583	0,996	1,971	2,000	1,655

Abschnitt	A – B	B – C	C – D	D – E	E – F	F – G
Steigung	0,126	0,034	0,138	0,244	0,006	−0,345

b) Am steilsten ist die Strecke im Abschnitt zwischen D und E.

c) Bei positivem Vorzeichen der Steigung fährt man bergauf, bei negativem bergab.

d) Zwischen E und F ist die durchschnittliche Steigung fast null. Das täuscht eine ebene Strecke vor, obwohl es erst bergauf, dann bergab geht.

Seite 84 | Aufgabe 10

a)

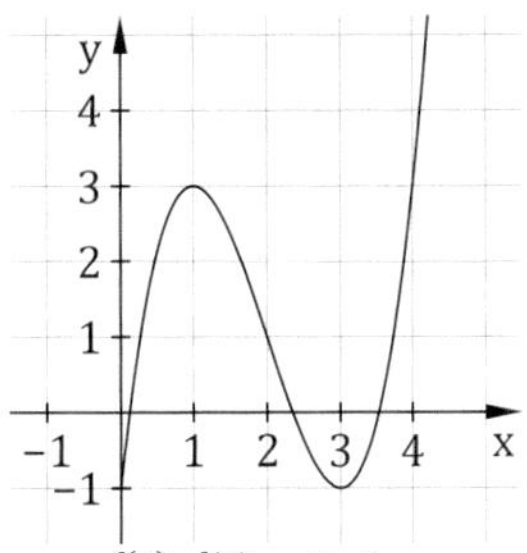

$m = \frac{f(4)-f(1)}{4-1} = \frac{3-3}{4-1} = 0$

b) Beispiel: [3; −3]

Seite 84 | Aufgabe 11

a) $m_f = \frac{f(6)-f(2)}{6-2} = \frac{9-1}{4} = 2$

$m_g = \frac{g(6)-g(2)}{6-2} = \frac{4-2}{4} = \frac{1}{2}$.

Die Sekantensteigung ist gleich der Steigung der Funktionsgeraden.

b)

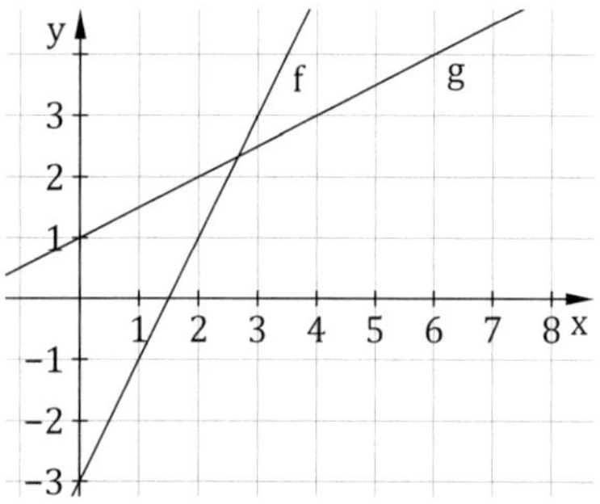

Der Graph von f ist eine Gerade, auf der die Punkte A(2 | f(2)) und B(6 | f(6)) liegen. Diese Punkte liegen auch auf der Sekante durch A und B. Da durch zwei unterschiedliche Punkte genau eine Gerade festgelegt ist, ist die Sekante gleich dem Funktionsgraphen.

Seite 84 | Aufgabe 12

Durchschnittsgeschwindigkeit: $\frac{90\,\text{km}}{54\,\text{min}} = \frac{90 \cdot 60}{54}\frac{\text{km}}{\text{h}} = 100\frac{\text{km}}{\text{h}}$

Das schließt nicht aus, dass Herr Müller an der Baustelle mehr als 100 $\frac{\text{km}}{\text{h}}$ fuhr.

Seite 84 | Aufgabe 13

a) Zwischen 1996 und 2002 stiegen die Schulden immer langsamer, zwischen 1982 und 1996 sowie zwischen 2002 und 2013 immer schneller.

b) Beispiel:

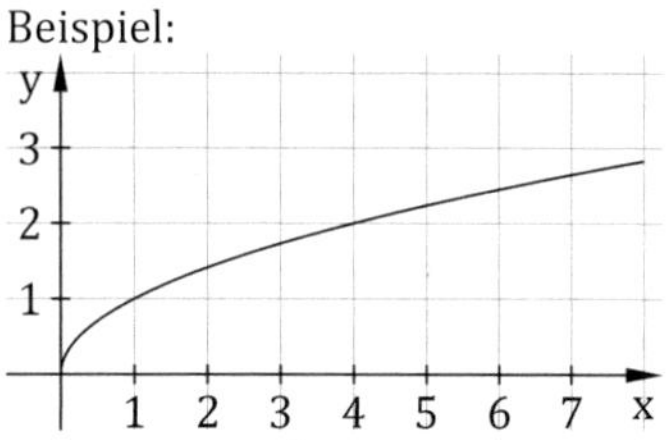

c) Die mittleren Änderungsraten werden in der Linkskurve größer.

3.2 Lokale Änderungsrate – Ableitung

Seite 85 | Einstieg

Die Funktion wirkt immer flacher, je näher man heranzoomt.

Die Steigung im Punkt P(1|1) beträgt 2. Die Steigung im Punkt $Q\left(\frac{1}{2}\middle|\frac{1}{4}\right)$ beträgt 1.

Seite 86 | Aufgabe 1

a) Die Ableitung an der Stelle $x_0 = 1$ ist vermutlich 2:

x	$\frac{f(x)-f(x_0)}{x-x_0}$ für $x_0 = 1$
3	4
2	3
1,5	2,5
1,1	2,1
1,01	2,01
1,001	2,001

b) Die Ableitung an der Stelle $x_0 = 1$ ist vermutlich 3:

x	$\frac{f(x)-f(x_0)}{x-x_0}$ für $x_0 = 1$
3	13
2	7
1,5	4,75
1,1	3,31
1,01	3,0301
1,001	3,003001

Seite 86 | Aufgabe 2

Person 1:

x	$\frac{f(x)-f(x_0)}{x-x_0}$ für $x_0 = 6$
10	10,667
6,5	8,333
6,1	8,067
6,01	8,007

Person 2:

x	$\frac{f(x)-f(x_0)}{x-x_0}$ für $x_0 = 6$
2	5,333
5,5	7,667
5,9	7,933
5,99	7,993

Der Ableitungswert wird bei Annäherung an x_0 sowohl von links als auch von rechts erreicht.

Seite 86 | Aufgabe 3

Steigung der Tangente, die durch die Punkte P und Q verläuft:

a) P(1|0) und Q(0|2): $m = \frac{2-0}{0-1} = -2$

b) P(1,5|3) und Q(1|1): $m = \frac{1-3}{1-1,5} = 4$

c) P(0|1) und Q(π|1): $m = \frac{1-1}{\pi-0} = 0$

Seite 86 | Aufgabe 4

a)

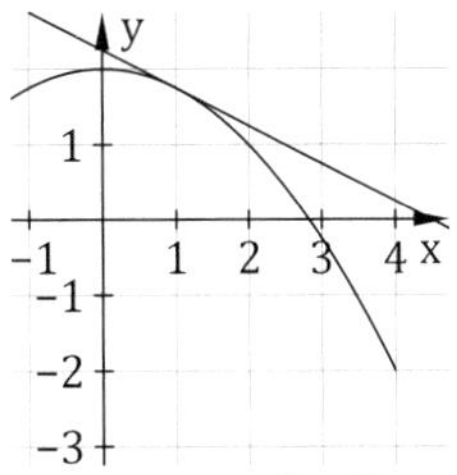

Die Steigung der Tangente ist $m = -0{,}5$.

b) Beispiel für eine Näherungstabelle:

x	$\frac{f(x)-f(x_0)}{x-x_0}$ für $x_0 = 1$
3	−1
2	−0,75
1,5	−0,625
1,1	−0,525
1,01	−0,5025
1,001	−0,50025

Seite 86 | Aufgabe 5

Die Tangente ist eine Parallele zur x-Achse.

Seite 86 | Aufgabe 6

Individuelle Lösungen beim Umgang mit dem GTR.

a) $f'(3) = -12$ $\quad f'(4) = -16$

b) $f'\left(\frac{\pi}{2}\right) = -1$ $\quad f'(\pi) = 0$

c) $f'(-2) = -40$ $\quad f'(0) = 0$

Seite 87 | Aufgabe 7

a)

Intervall $[t_1;\ t_2]$	Durchschnittsgeschwindigkeit $\frac{s(t_2)-s(t_1)}{t_2-t_1}$ $\left(\text{in } \frac{m}{s}\right)$
[0; 5]	2,5
[4; 5]	4,5
[4,9; 5]	4,95
[4,99; 5]	4,995

b) Die Momentangeschwindigkeit nach 5 s beträgt 5 m/s.

c)

Intervall $[t_1;\ t_2]$	Durchschnittsgeschwindigkeit $\frac{s(t_2)-s(t_1)}{t_2-t_1}$ $\left(\text{in } \frac{m}{s}\right)$
[1; 2]	1,5
[1,9; 2]	1,95
[1,99; 2]	1,995

Momentangeschwindigkeit nach 2 s: $2\,\frac{m}{s}$

Intervall $[t_1;\ t_2]$	Durchschnittsgeschwindigkeit $\frac{s(t_2)-s(t_1)}{t_2-t_1}$ $\left(\text{in } \frac{m}{s}\right)$
[2; 3]	2,5
[2,9; 3]	2,95
[2,99; 3]	2,995

Momentangeschwindigkeit nach 3 s: $3\,\frac{m}{s}$

Seite 87| Aufgabe 8

Beispiele:

a)

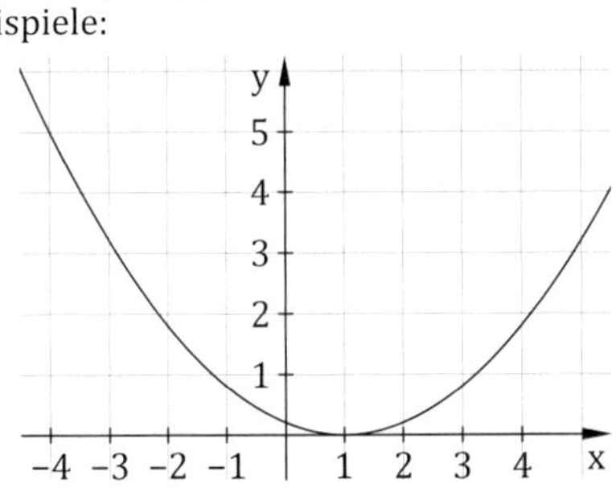

b)

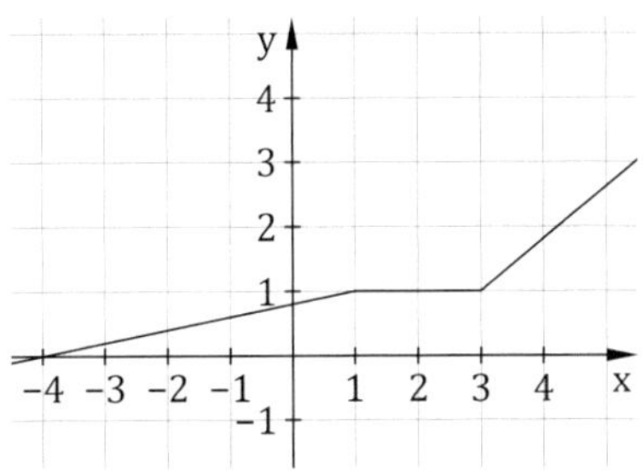

c)

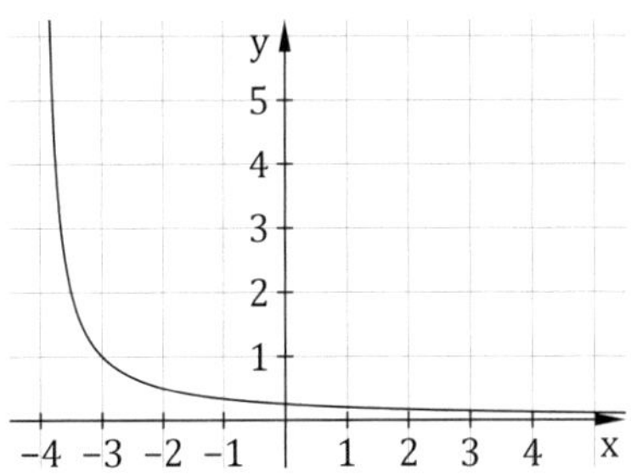

Seite 88 | Aufgabe 9

a) 4 $\quad$ b) 8 $\quad$ c) −4 $\quad$ d) −2

Seite 88 | Aufgabe 10

a) $f'(2) = 3$ $\quad f'(-2) = 3$ $\quad f'(0) = 3$

b) Der Graph ist eine Gerade, hat also überall die gleiche Steigung.

c) Die Ableitung einer linearen Funktion ist der Koeffizient vor der Variablen.

Seite 88 | Aufgabe 11

a) Ella setzt im Zähler statt „f(x+h)" „f(x_0)" ein. Da nun im Nenner „x − 2" steht, versucht sie diesen Faktor auch im Zähler zu erhalten. Nun kann sie kürzen. Danach lässt sie (analog zur h-Methode) den Abstand zwischen beiden Punkten, durch die die Sekante gelegt wird, immer kleiner werden, bis er schließlich verschwindet.

b) $f'(2) = \lim\limits_{h\to 0}\frac{f(2+h)-f(2)}{h} = \lim\limits_{h\to 0}\frac{-4(2+h)^2+4\cdot 2^2}{h} = \lim\limits_{h\to 0}\frac{h(-16-4h)}{h} = \lim\limits_{h\to 0}(-16-4h) = -16+0 = -16$

Die h-Methode scheint leichter zu sein, da es einfacher ist, h aus dem Bruch zu kürzen statt (x − 2).

Seite 88 | Aufgabe 12

Bezeichnung des Terms	grafische Interpretation	Anwendung	Art der Geschwindigkeit
Differenzenquotient	Sekantensteigung	mittlere Änderungsrate	Durchschnittsgeschwindigkeit
↓	↓ $\lim\limits_{h\to 0}$	↓	↓
Ableitung	Tangentensteigung	momentane Änderungsrate	Momentangeschwindigkeit

Seite 88 | Aufgabe 13

a)

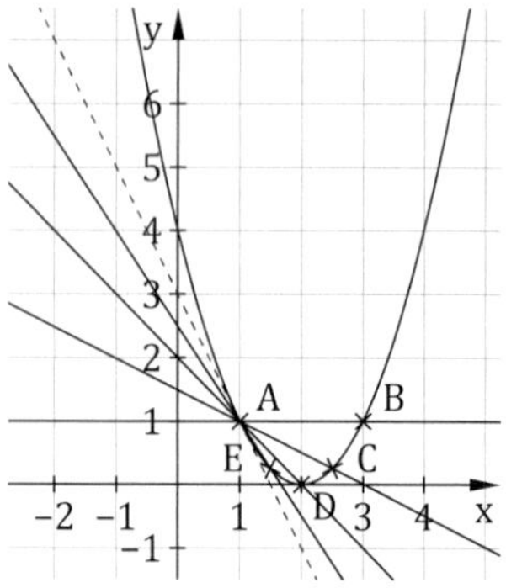

b) $f(1+h) = (1+h-2)^2 = (-1+h)^2 = 1-2h+h^2$

c) $m_h = \frac{f(1+h)-f(1)}{h} = \frac{(1+h-2)^2-(1-2)^2}{h} = \frac{1-2h+h^2-1}{h} = \frac{-2h+h^2}{h} = -2+h$

d) Die Steigungen stimmen überein.

e) Im Punkt A gilt $h = 0$ und damit $m = -2$.
Die Tangente wurde als Strichellinie in der Zeichnung zu a) eingezeichnet.

Seite 88 | Aufgabe 14

$f'(-2) = \lim\limits_{h\to 0}\frac{(-2+h)^3-(-2)^3}{h} = \lim\limits_{h\to 0}\frac{-8+12h-6h^2+h^3-8}{h} = \lim\limits_{h\to 0}\frac{12h-6h^2+h^3}{h} = \lim\limits_{h\to 0}(12-6h+h^2) = 12$

Seite 88 | Aufgabe 15

a) $f(1) = 3\cdot 1^3 = 3$

b) $f'(1) = \lim\limits_{h\to 0}\frac{3(1+h)^2-3(1)^2}{h} = \lim\limits_{h\to 0}\frac{6h+3h^2}{h} = \lim\limits_{h\to 0}(6+3h) = 6$

c) Von der Tangentengleichung ist die Steigung bekannt sowie Punkt P(1|3) auf der Geraden.
Maria setzt diese Informationen in die allgemeine Geradengleichung ein. Sie erhält $b = -3$ und damit die Tangentengleichung $y = 6x - 3$.

d) Punkt auf der Geraden: $S\left(\frac{2}{3}\middle|\frac{4}{3}\right)$

Steigung: $f'\left(\frac{2}{3}\right) = \lim\limits_{h\to 0}\frac{3\left(\frac{2}{3}+h\right)^2-3\left(\frac{2}{3}\right)^2}{h} = \lim\limits_{h\to 0}\frac{4h+3h^2}{h} = \lim\limits_{h\to 0}(4+3h) = 4$

Tangentengleichung: $y = 4x - \frac{4}{3}$

e) Punkt auf der Geraden: Q(1|1)

Steigung: $g'(1) = \lim\limits_{h\to 0}\frac{(1+h)^2-(1)^2}{h} = \lim\limits_{h\to 0}\frac{2h+h^2}{h} = \lim\limits_{h\to 0}(2+h) = 2$

Tangentengleichung: $y = 2x - 1$

Punkt auf der Geraden: $R\left(-\frac{1}{2}\middle|\frac{1}{4}\right)$

Steigung: $g'\left(-\frac{1}{2}\right) = \lim\limits_{h\to 0}\frac{\left(-\frac{1}{2}+h\right)^2-\left(-\frac{1}{2}\right)^2}{h} = \lim\limits_{h\to 0}\frac{-h+h^2}{h} = \lim\limits_{h\to 0}(-1+h) = -1$

Tangentengleichung: $y = -x - \frac{1}{4}$

Seite 89 | Aufgabe 16

Das Steigungsdreieck gibt die durchschnittliche Steigung zwischen den Punkten A und B an. Lisa hat also Recht, dass die Steigung in jedem Punkt anders ist. Paul hat zwar Recht, dass man in einem Punkt kein Steigungsdreieck zeichnen kann, das Dreieck müsste unendlich klein sein. Trotzdem steigt die Kurve natürlich in jedem Punkt. Um diese Steigung zu berechnen, berechnet man für den einzelnen Punkt den Grenzwert des Differenzenquotienten.

Seite 89 | Aufgabe 17

a) $f'(F) < f'(A) < f'(B) < f'(E) < f'(C) < f'(D)$

b)

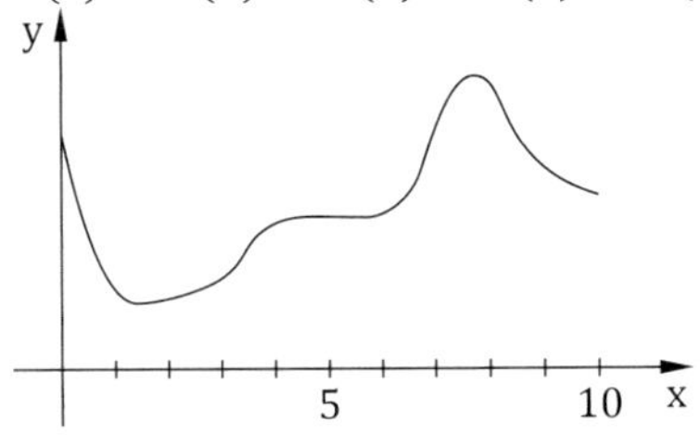

Seite 89 | Aufgabe 18

Im ersten Druck des Schülerbuchs waren Angaben in den Teilaufgaben b) und c) fehlerhaft.

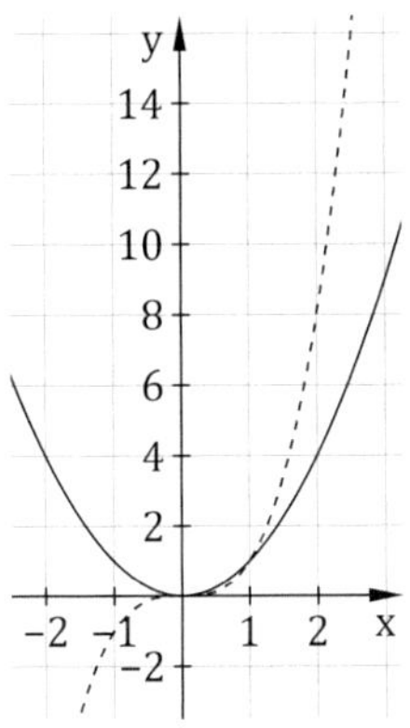

a) Beispiel für eine Näherungstabelle:

x	$\frac{f(x)-f(-1)}{x-(-1)}$	$\frac{g(x)-g(-1)}{x-(-1)}$
−2	−3	7
−1,5	−2,5	4,75
−1,1	−2,1	3,31
−1,01	−2,01	3,0301
−1,001	−2,001	3,003001

b) $f'(-1) = \lim\limits_{h \to 0} \frac{(-1+h)^2-(-1)^2}{h} = \lim\limits_{h \to 0} \frac{-2h+h^2}{h} = \lim\limits_{h \to 0}(-2 + h) = -2$

c) $g'(-1) = \lim\limits_{h \to 0} \frac{(-1+h)^3-(-1)^3}{h} = \lim\limits_{h \to 0} \frac{3h-3h^2+h^3}{h} = \lim\limits_{h \to 0}(3 - 3h + h^2) = 3$

d) Näherungsrechnung, Rechnung und Betrachtung des Graphen an der Stelle $x_0 = -1$ bestätigen, dass der Graph von f an dieser Stelle fällt, während der Graph von g steigt.

Seite 89 | Aufgabe 19

a)

t	$\frac{h(t)-h(3)}{t-3}$
4	−34,3
3,5	−31,85
3,1	−29,89
3,01	−29,449
3,001	−29,4049

Die Momentangeschwindigkeit nähert sich dem Wert $-29{,}4\,\frac{m}{s}$ an.

b) $h'(3) = \lim\limits_{h_0 \to 0} \frac{(80-4{,}9\cdot(3+h_0)^2)-(80-4{,}9\cdot(3)^2)}{h_0} = \lim\limits_{h_0 \to 0} \frac{-29{,}4h_0-4{,}9{h_0}^2}{x} = \lim\limits_{h_0 \to 0}(-29{,}4 - 4{,}9h_0) = -29{,}4$

Die Momentangeschwindigkeit beträgt $-29{,}4\,\frac{m}{s}$, was das Ergebnis aus a) bestätigt.

Seite 89 | Aufgabe 20

Felix hat nicht den gesamten Term (1 + h) als Wert in die Funktion eingesetzt, sondern nur 1. h wurde anschließend addiert. Richtig ist:

$f'(1) = \lim\limits_{h \to 0} \frac{-5(1+h)^2-(-5\cdot 1^2)}{h} = \lim\limits_{h \to 0} \frac{-5(1+2h+h^2)+5}{h} = \lim\limits_{h \to 0} \frac{-10h-5h^2}{h} = \lim\limits_{h \to 0}(-10 - 5h) = -10$

Seite 89 | Aufgabe 21

a) Der Graph von g fällt für x < 2 und steigt für x > 2. Also ist $f'(-3)$ negativ, $f'(-1)$ negativ, $f'(0)$ negativ, $f'(1)$ negativ und $f'(3)$ positiv.

b) Der Graph von g steigt für x < −1 und fällt für x > −1. Also ist $f'(-3)$ positiv, $f'(-1)$ null, $f'(0)$ negativ, $f'(1)$ negativ und $f'(3)$ negativ.

Seite 90 | Aufgabe 22

a) $h'(0) = \lim\limits_{h_0 \to 0} \frac{-0{,}1{h_0}^2+0{,}8h_0+2-(-0{,}1\cdot 0^2+0{,}8\cdot 0+2)}{h_0} = \lim\limits_{h_0 \to 0} \frac{-0{,}1{h_0}^2+0{,}8h_0}{h_0} = \lim\limits_{h_0 \to 0}(-0{,}1h_0 + 0{,}8) = 0{,}8$

b) $\tan(\alpha) = 0{,}8 \Rightarrow \alpha \approx 38{,}7°$

c) Entfernung zum Werfer: $h(x) = 3{,}05$ m $\Rightarrow x_1 = 1{,}65$ oder $x_2 = 6{,}35$.
Da der Ball in der fallenden Bewegung auf den Korb trifft, ist der gesuchte Wert x_2. Die Entfernung beträgt also 6,35 m.
Steigung der Tangente: $h'(6{,}35) = -0{,}47$
Flugwinkel: $\tan(\alpha) = -0{,}47 \Rightarrow \alpha \approx -25{,}2°$

Seite 90 | Aufgabe 23

a) Skizze individuell. Tangente und Normale stehen senkrecht aufeinander.

b) Steigung der Tangente: $f'(1) = \lim\limits_{h \to 0} \frac{(1+h)^2-(1)^2}{h} = \lim\limits_{h \to 0} \frac{2h+h^2}{h} = \lim\limits_{h \to 0}(2 + h) = 2$
P(1 | 1) liegt auf der Tangente mit der Gleichung:
$y = 2x + b \Rightarrow 1 = 2 \cdot 1 + b \Rightarrow b = -1 \Rightarrow$ Gleichung der Tangente: $y = 2x - 1$
Nullstelle der Tangente: $x_0 = 0{,}5$

c) Steigung: $m = -\frac{1}{2}$;Gleichung: $y = -\frac{1}{2}x + 1{,}5$; Nullstelle: $x_0 = 3$

Seite 90 | Aufgabe 24

Allgemeine Geradengleichung: $y = m \cdot x + b$
Einsetzen von $m = f'(a)$ und $P(a|f(a))$: $f(a) = f'(a) \cdot a + b$
Auflösen nach b: $b = f(a) - f'(a) \cdot a$
Einsetzen: von b: $t(x) = f'(a) \cdot x + f(a) - f'(a) \cdot a = f'(a) \cdot (x - a) + f(a)$

Seite 90 | Aufgabe 25

a)

x	$\frac{f(x)-f(3)}{x-3}$
4	7
3,5	6,5
3,1	6,1
3,01	6,01
3,001	6,001

x	$\frac{f(x)-f(3)}{x-3}$
2	−5
2,5	−5,5
2,9	−5,9
2,99	−5,99
2,999	−5,999

Die Grenzwerte bei Annäherung von links und rechts sind verschieden.

b) Auch beim Heranzoomen bleibt der Knick des Funktionsgraphen an der Stelle $x_0 = 3$ erhalten, sodass man keine eindeutige Tangente anlegen kann.

Streifzug: Differenzierbarkeit

Seite 91 | Einstieg

Die Steigung der Funktion $g(x) = x^2$ ist bei $x = 0$ null, die Tangente ist waagerecht. Dagegen kann man die Steigung der Funktion $f(x) = |x|$ bei $x = 0$ nicht bestimmen, da die Funktion dort einen Knick hat.

Seite 91 | Aufgabe 1

a)

h	−2	−1	−0,1	0,1	1	2
$\frac{f(2+h)-f(2)}{h}$	−2	−2	−2	2	2	2
$\frac{g(2+h)-g(2)}{h}$	−2	−1	−0,1	0,1	1	2

b) Differenzenquotient von f für $x = 2$: $\frac{|2\cdot(2+h)-4|-|2\cdot 2-4|}{h} = \frac{|2h|}{h}$
Für $h < 0$: $\lim\limits_{h \to 0} \frac{|2h|}{h} = \lim\limits_{h \to 0}(2) = -2$
Für $h > 0$: $\lim\limits_{h \to 0} \frac{|2h|}{h} = \lim\limits_{h \to 0}(2) = 2$
f ist bei $x = 2$ nicht differenzierbar.

Differenzenquotient von g für $x = 2$: $\frac{((2+h)-2)^2-(2-2)^2}{h} = \frac{h^2}{h} = h$
Für $h < 0$ und für $h > 0$: $\lim\limits_{h \to 0}(h) = 0$
g ist bei $x = 2$ differenzierbar.

c) 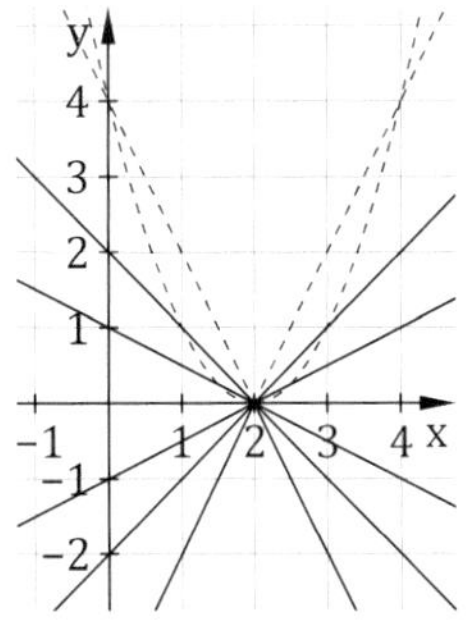

Seite 91 | Aufgabe 2

Die Sekante links von x = 1 hat wegen f(x) = −x + 2 die Steigung −1.
Steigung der Sekante rechts von x = 1:

$f'(1) = \lim\limits_{h\to 0} \frac{(1+h-2)^2-(1-2)^2}{h} = \lim\limits_{h\to 0} \frac{(h-1)^2-1}{h} = \lim\limits_{h\to 0} \frac{h^2-2h}{h} = \lim\limits_{h\to 0}(h-2) = -2$

Die Steigungen sind unterschiedlich, der Graph der Funktion f hat bei x = 1 einen Knick.

3.3 Ableitungsfunktion

Seite 92 | Einstieg

a) $f'(1) = \lim\limits_{h\to 0} \frac{\frac{1}{4}(1+h)^2-\frac{1}{4}\cdot 1^2}{h} = \lim\limits_{h\to 0} \frac{\frac{1}{4}+\frac{h}{2}+\frac{h^2}{4}-\frac{1}{4}}{h} = \lim\limits_{h\to 0}\left(\frac{1}{2}+\frac{1}{4}h\right) = \frac{1}{2}$

$f'(2) = \lim\limits_{h\to 0} \frac{\frac{1}{4}(2+h)^2-\frac{1}{4}\cdot 2^2}{h} = \lim\limits_{h\to 0} \frac{1+h+\frac{h^2}{4}-1}{h} = \lim\limits_{h\to 0}\left(1+\frac{1}{4}h\right) = 1$

b) Der Punkt A liegt dort, wo die Steigung der Funktion f 0,8 ist, also zwischen 1 und 2. Probieren kann zur folgenden Lösung führen: $f'(1{,}6) = \lim\limits_{h\to 0} \frac{\frac{1}{4}(1{,}6+h)^2-\frac{1}{4}\cdot 1{,}6^2}{h} = \lim\limits_{h\to 0} \frac{\frac{1}{4}(3{,}2h+h^2)}{h} = \lim\limits_{h\to 0}\left(0{,}8+\frac{1}{4}h\right) = 0{,}8$
Der x-Wert von A ist 1,6.

Seite 92 Aufgabe 1

a) $f'(x) = \lim\limits_{h\to 0} \frac{(x+h)^2+5-(x^2+5)}{h} = \lim\limits_{h\to 0} \frac{x^2+2xh+h^2+5-x^2-5}{h} = \lim\limits_{h\to 0}(2x+h) = 2x$

b) $f'(x) = \lim\limits_{h\to 0} \frac{3(x+h)^2-3x^2}{h} = \lim\limits_{h\to 0} \frac{3x^2+6xh+3h^2-3x^2}{h} = \lim\limits_{h\to 0}(6x+3h) = 6x$

c) $f'(x) = \lim\limits_{h\to 0} \frac{-(x+h)^2+7(x+h)-(-x^2+7x)}{h} = \lim\limits_{h\to 0} \frac{-x^2-2xh-h^2+7x+7h+x^2-7x}{h} = \lim\limits_{h\to 0}(-2x-h+7) = -2x+7$

d) $f'(x) = \lim\limits_{h\to 0} \frac{3(x+h)^2-2(x+h)+4-(3x^2-2x+4)}{h} = \lim\limits_{h\to 0} \frac{3x^2+6xh+3h^2-2x-2h+4-3x^2+2x-4}{h} = \lim\limits_{h\to 0}(6x+3h-2) = 6x-2$

Seite 92 | Aufgabe 2

a) $f'(x) = \lim\limits_{h\to 0} \frac{0{,}5(x+h)-0{,}5x}{h} = \lim\limits_{h\to 0} \frac{0{,}5h}{h} = \lim\limits_{h\to 0}(0{,}5) = 0{,}5$

b) $f'(x) = \lim\limits_{h\to 0} \frac{(x+h)+3-(x+3)}{h} = \lim\limits_{h\to 0} \frac{h}{h} = \lim\limits_{h\to 0}(1) = 1$

c) $f'(x) = \lim\limits_{h\to 0} \frac{2(x+h)+3-(2x+3)}{h} = \lim\limits_{h\to 0} \frac{2h}{h} = \lim\limits_{h\to 0}(2) = 2$

d) $f'(x) = \lim\limits_{h\to 0} \frac{x+h-x}{h} = \lim\limits_{h\to 0} \frac{h}{h} = \lim\limits_{h\to 0}(1) = 1$

Lineare Funktionen haben eine konstante momentane Änderungsrate.

Seite 93 | Aufgabe 3

a) $f'(x) = \lim\limits_{h\to 0} \frac{(x+h)^3-x^3}{h} = \lim\limits_{h\to 0} \frac{x^3+3hx^2+3xh^2+h^3-x^3}{h} = \lim\limits_{h\to 0}(3x^2+3xh+h^2) = 3x^2$

b) und c): Individuelle Lösungen.

Seite 93 | Aufgabe 4

a) $f'(x) = -4x+4$

b) $f'(0) = 4$; Steigung der Tangente bei $x = 2$: $f'(2) = -4$

c) $-4x+4 = -2 \Leftrightarrow 4x = 6 \Leftrightarrow x = \frac{3}{2}$

Seite 93 | Aufgabe 5

a) $v(t) = s'(t) = \lim\limits_{h\to 0} \frac{14{,}8-5(t+h)^2-(14{,}8-5t^2)}{h} = \lim\limits_{h\to 0} \frac{14{,}8-5t^2-10th-5h^2-14{,}8+5t^2}{h} = \lim\limits_{h\to 0} \frac{h(-10t-5h)}{h} = -10t.$

Der Differenzenquotient $\frac{14{,}8-5(t+h)^2-(14{,}8-5t^2)}{h}$ beschreibt die Durchschnittsgeschwindigkeit $\left(\frac{\text{Weg}}{\text{Zeit}}\right)$. Für immer kleinere h nähert sich diese der Momentangeschwindigkeit.

b) $s'(1{,}4) = -14 \left(\text{in } \frac{m}{s}\right)$

c) Die Kugel kommt bei s(t) = 0 am Boden an.
$14{,}8 - 5t^2 = 0 \Leftrightarrow t \approx \pm 1{,}72$
$s'(1{,}72) = -17{,}2 \left(\text{in } \frac{m}{s}\right)$
Die Kugel kommt nach ca. 1,72 s am Boden an und hat dann eine Geschwindigkeit von $-17{,}2\,\frac{m}{s}$.

Seite 93 | Aufgabe 6

a) $v(t) = s'(t) = \lim\limits_{h \to 0} \frac{1{,}5(t+h)^2 - 1{,}5t^2}{h} = \lim\limits_{h \to 0} \frac{3th + 1{,}5h^2}{h} = 3t$

b) $v(10) = 30; v(20) = 60$

Nach 10 Sekunden beträgt die Momentangeschwindigkeit $30\,\frac{m}{s}$, nach 20 Sekunden $60\,\frac{m}{s}$.

c) $3t = 72 \Leftrightarrow t = 24$

24 Sekunden nach dem Start hebt der Airbus ab.

d) $s(24) = 1{,}5 \cdot 24^2 = 864$

Der Airbus benötigt zum Abheben eine Strecke von mindestens 864 Metern.

Seite 93 | Aufgabe 7

a) $f'(x) = \lim\limits_{h \to 0} \frac{-\frac{1}{2}(x+h)^2 + 6 - (-\frac{1}{2}x^2 + 6)}{h} = \lim\limits_{h \to 0} \frac{-\frac{1}{2}x^2 - xh - \frac{1}{2}h^2 + 6 + \frac{1}{2}x^2 - 6}{h} = \lim\limits_{h \to 0} \left(-x - \frac{1}{2}h\right) = -x$

b) und c)

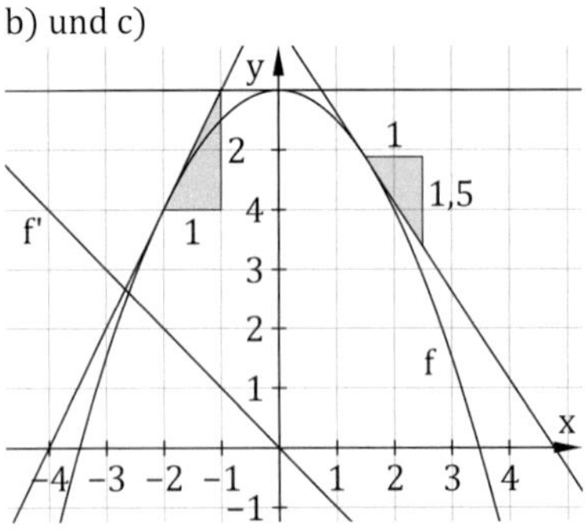

Seite 93 | Aufgabe 8

a) Da im zweiten Schritt das Vorzeichen des zweiten „2x" falsch ist, heben sich die Terme nicht vollständig auf.

b) $f'(x) = \lim\limits_{h \to 0} \frac{(x+h)^2 - 2(x+h) - (x^2 - 2x)}{h} = \lim\limits_{h \to 0} \frac{x^2 + 2xh + h^2 - 2x - 2h - x^2 + 2x}{h} = \lim\limits_{h \to 0} \frac{2xh + h^2 - 2h}{h} = \lim\limits_{h \to 0}(2x + h - 2) = 2x - 2$

c) h soll nicht mehr im Nenner stehen. Daher muss mit h gekürzt werden. Das gelingt beispielsweise, wenn im Zähler h ausgeklammert werden kann.

Seite 93 | Aufgabe 9

a)

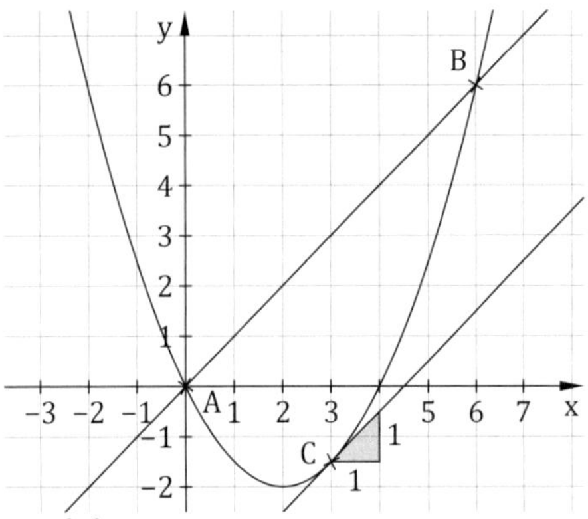

b) $m = \frac{6-0}{6-0} = 1$

c) $f'(x) = \lim\limits_{h \to 0} \frac{\frac{1}{2}(x+h)^2 - 2(x+h) - \left(\frac{1}{2}x^2 - 2x\right)}{h} = x - 2$

d) $x - 2 = 1 \Leftrightarrow x = 3$

$f(3) = -1{,}5 \; C(3|-1{,}5)$

$-1{,}5 = 1 \cdot 3 + b \Leftrightarrow b = -4{,}5 \Rightarrow$ Gleichung der Tangente: $y = x - 4{,}5$

Zeichnung siehe oben.

Seite 94 | Aufgabe 10

a)

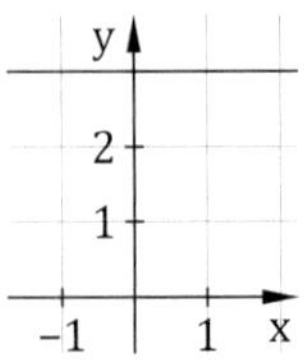

b) $f(4) = 3; f(-7) = 3; f(1000) = 3$

c) $\frac{f(x+h) - f(x)}{h} = \frac{3-3}{h} = 0$

d) $f'(x) = \lim\limits_{h \to 0}(0) = 0 \Rightarrow$ Alle Sekanten haben die Steigung 0 und auch die Ableitung.

Seite 94 | Aufgabe 11

Für den Funktionsterm $x^2 + c$ mit $c \in \{0; 3; -4\}$ gilt $\frac{f(x+h)-f(x)}{h} = \frac{(x+h)^2+c-(x^2+c)}{h} = \frac{2xh+h^2}{h} = 2x + h$ und damit:

$f'(x) = g'(x) = k'(x) = 2x$

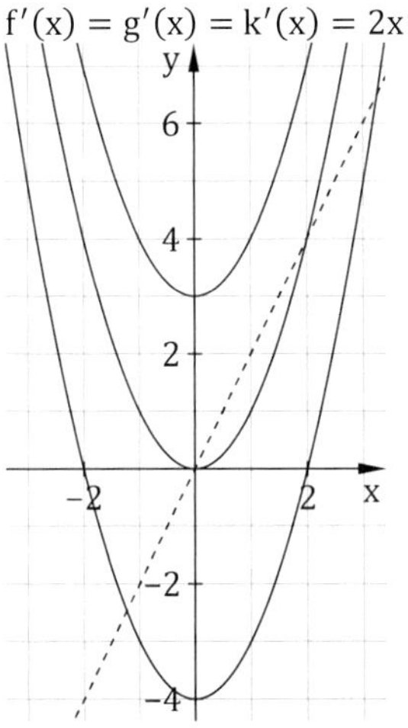

Ein konstanter Summand ändert nichts an der Ableitungsfunktion, da er den Funktionsgraphen nur verschiebt, aber nichts an der Steigung ändert.

Seite 94 | Aufgabe 12

a) $f'(-2) = 15$ $B(-2|-14)$ Tangente: $y = 15x + 16$

b) $f'(2) = f'(-2) = 15$ $B_2(2|14)$ Tangente: $y = 15x - 16$

Seite 94 | Aufgabe 13

a) $f'(x) = \lim\limits_{h\to 0} \frac{-\frac{1}{20}(x+h)^2+20-\left(-\frac{1}{20}x^2+20\right)}{h} = -\frac{1}{10}x$

$f'(x) = 0{,}8 \Leftrightarrow x = -8 \Rightarrow$ Der Übergangspunkt ist also $A(-8|16{,}8)$.

Gleichung der Geraden g: $y = 0{,}8x + 23{,}2$

Die x-Koordinate von C ist Nullstelle der Geraden g: $C(-29|0)$

Die x-Koordinate von D ist die positive Nullstelle von f: $D(20|0)$

$|\overline{CD}| = 20 - (-29) = 49$

Die Länge des Querschnitts beträgt 49 m.

b) Die Steigung der Geraden durch $S(0|22)$ und $P(25|0)$ ist $m = -0{,}88$. Die Gerade hat die Gleichung $y = -0{,}88x + 22$. Sie schneidet die Parabel in zwei Punkten, man kann die Spitze des Stabes nicht sehen.

c)

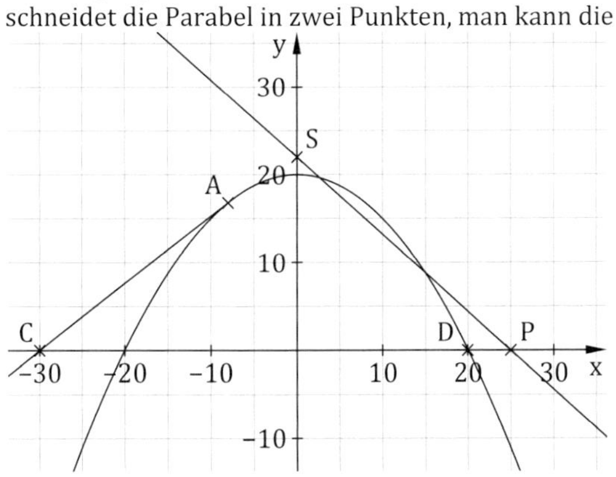

Seite 94 | Aufgabe 14

a) $m = \frac{\frac{1}{7}-\frac{1}{3}}{7-3} = \frac{\frac{3-7}{7\cdot 3}}{4} = \frac{-\frac{7-3}{7\cdot 3}}{4} = -\frac{4}{4\cdot(7\cdot 3)} = -\frac{1}{7\cdot 3}$

b) $\frac{f(x+h)-f(x)}{h} = \frac{\frac{1}{x+h}-\frac{1}{x}}{h} = \frac{\frac{x-(x+h)}{x\cdot(x+h)}}{h} = \frac{-h}{h\cdot x\cdot(x+h)} = -\frac{1}{x\cdot(x+h)}$

c) $f'(x) = \lim\limits_{h\to 0}\left(-\frac{1}{x\cdot(x+h)}\right) = -\frac{1}{x^2};\ -\frac{1}{x^2} = -\frac{1}{4} \Leftrightarrow x = \pm 2$

Seite 94 | Aufgabe 15

a) $\frac{(\sqrt{x+h}-\sqrt{x})\cdot(\sqrt{x+h}+\sqrt{x})}{h\cdot(\sqrt{x+h}+\sqrt{x})} = \frac{(x+h)-x}{h\cdot(\sqrt{x+h}+\sqrt{x})} = \frac{h}{h\cdot(\sqrt{x+h}+\sqrt{x})} = \frac{1}{\sqrt{x+h}+\sqrt{x}}$

b) $f'(x) = \lim\limits_{h\to 0}\frac{\sqrt{x+h}-\sqrt{x}}{h} = \lim\limits_{h\to 0}\frac{1}{\sqrt{x+h}+\sqrt{x}} = \frac{1}{2\sqrt{x}};\ f'(4) = \frac{1}{4};\ f'(9) = \frac{1}{6}$

Seite 94 | Aufgabe 16

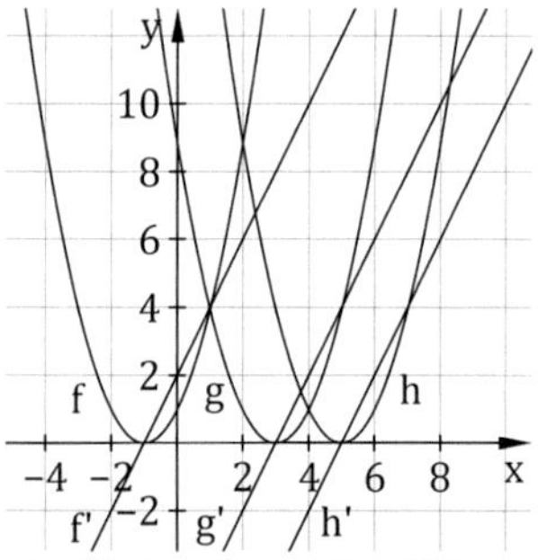

a) $f'(x) = 2(x + 1); g'(x) = 2(x - 3); h'(x) = 2(x - 5)$
Beim Scheitelpunkt hat die Parabel eine waagerechte Tangente, hier muss die Ableitung jeweils eine Nullstelle haben.
b) Zusammen mit der Parabel wird der Graph der Ableitung in x-Richtung verschoben.

Seite 94 | Aufgabe 17

a) $f'(x) = \lim\limits_{h\to 0}\frac{a(x+h)^2+b(x+h)+c-(ax^2+bx+c)}{h} = \lim\limits_{h\to 0}\frac{ax^2+2axh+ah^2+bx+bh+c-ax^2-bx-c}{h} = \lim\limits_{h\to 0}\frac{2axh+ah^2+bh}{h} = \lim\limits_{h\to 0}\frac{h(2ax+ah+b)}{h} = 2ax + b$
b) Individuelle Lösungen.

3.4 Grafisches Ableiten und Ableiten der Sinus- und Kosinusfunktion

Seite 95 | Einstieg

Zwischen x = 2,5 und x = 2,75 gibt es eine Stelle, an der der zugehörige Punkt eine Tangente mit der Steigung 0 hat. Dort müsste g eine Nullstelle haben. Es kann es sich bei g nicht um die Ableitung von f handeln.

Seite 96 | Aufgabe 1

Individuelle Lösungen für die geschätzten Steigungen.

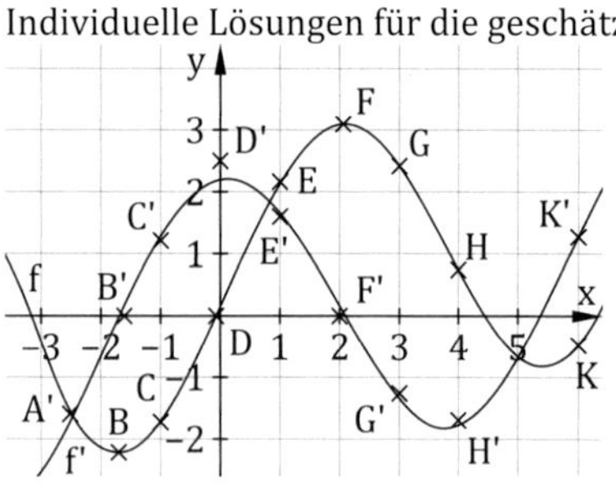

Steigungen (auf eine Stelle gerundet): A: −1,7; B: 0; C: 1,3; D: 2,2; E: 1,7; F: 0; G: −1,4; H: −1,8; I: −0,8; K: 1,2

Seite 96 | Aufgabe 2

a)

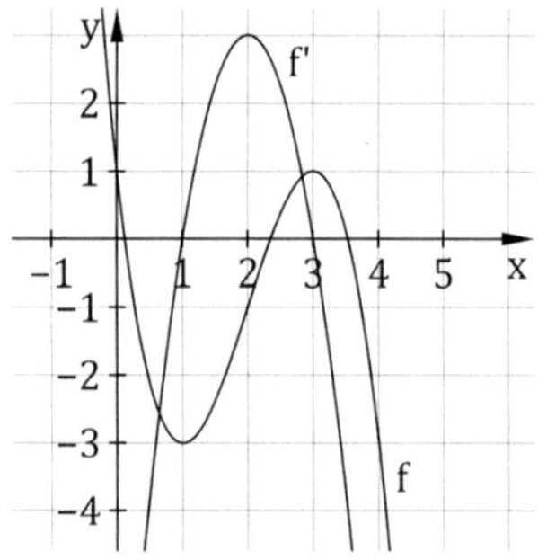

b)

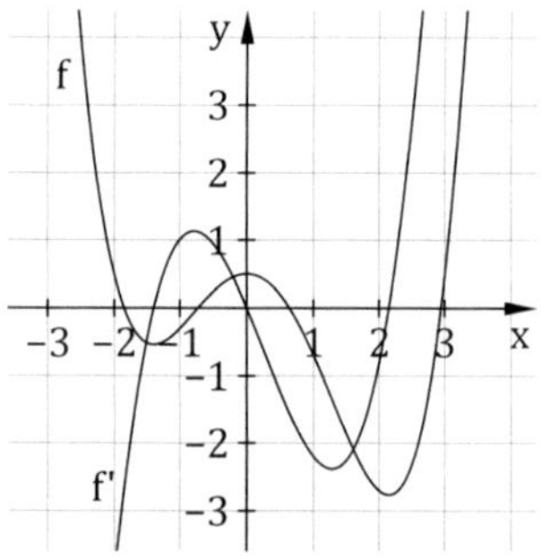

c)

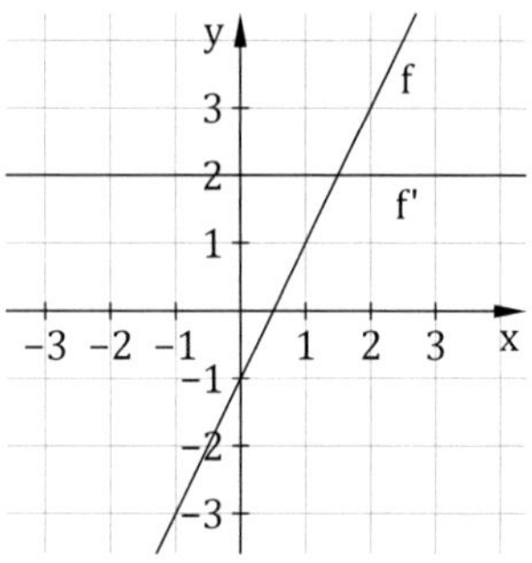

d)

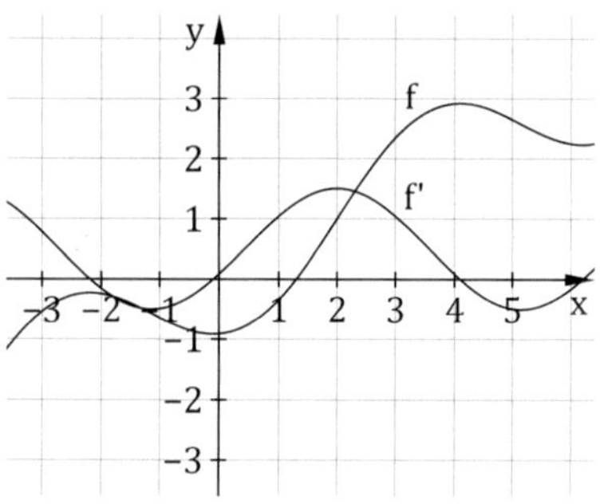

Seite 96 | Aufgabe 3

	f	f'
$f_1' = g_5$	Tiefpunkt/Nullstelle bei x = 3.	Nullstelle bei x = 3.
$f_2' = g_3$	Extrempunkte bei $x \approx \pm 1{,}5$; außerhalb von $[-1{,}5; 1{,}5]$ langsam steigend.	Nullstellen bei $x \approx \pm 1{,}5$; außerhalb kleine positive Werte.
$f_3' = g_1$	Extrempunkte bei x = −1 und x = 2.	Nullstellen bei x = −1 und x = 2.
$f_4' = g_2$	Minimum bei x = 2; für x < 2 fallend.	Nullstelle bei x = 2. $f'(x) \leq 0$ für x < 2.
$f_5' = g_4$	Konstante Steigung.	Konstante Funktion.

Seite 97 | Aufgabe 4

a)

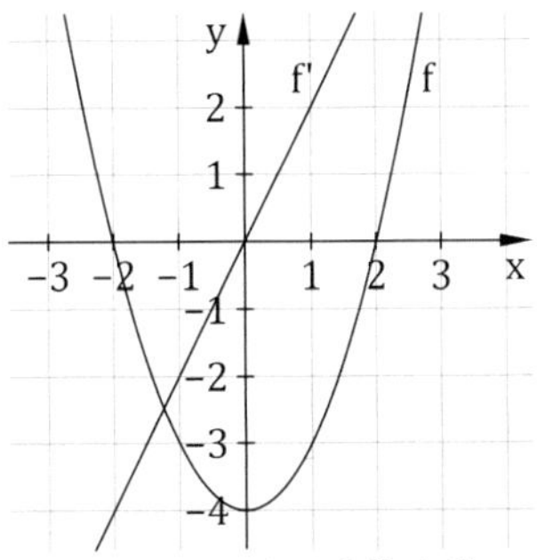

Links der y-Achse fällt f, f' ist dort negativ. Rechts der y-Achse steigt f, f' ist dort positiv. Bei x = 0 hat f einen Tiefpunkt, $f'(0) = 0$. Nähert man sich der y-Achse, so wird der Betrag der Steigung von f kleiner, entsprechend nähert sich $f'(x)$ dabei an null an.

b)

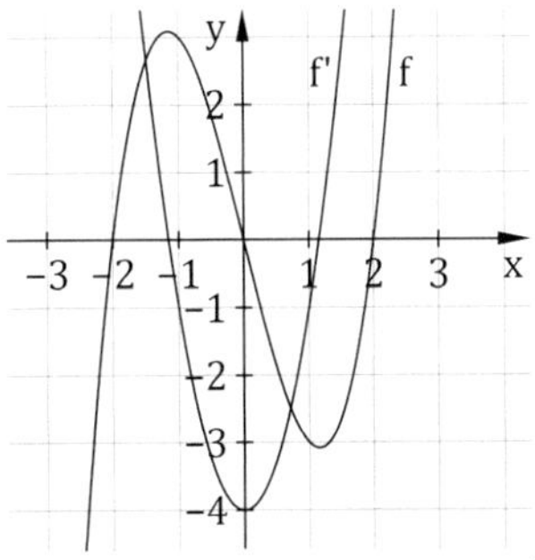

Links von x = −1,15 steigt f, f' ist dort positiv.
Für −1,15 < x < 1,15 fällt f, f' ist dort negativ.
Rechts von x = 1,15 steigt f, f' ist dort positiv.
Beim Hoch- und beim Tiefpunkt von f ist $f'(x) = 0$.

Seite 97 | Aufgabe 5

Graph der Funktion	Graph der Ableitung
fallend	unterhalb der x-Achse
steigend	oberhalb der x-Achse
steilster Abfall	Tiefpunkt
steilster Anstieg	Hochpunkt
Gerade	Parallele zur x-Achse
Hoch- oder Tiefpunkt	Schnittpunkt mit der x-Achse
Parallele zur x-Achse	x-Achse

Seite 97 | Aufgabe 6

a) Die Ableitung ändert sich nicht, da an der Steigung der Funktion nichts geändert wird.
b) Der Graph der Ableitung wird ebenfalls um 1 nach rechts (2 nach links) verschoben.
c) Beim Spielgeln an der x-Achse wird aus Steigen von f ein Fallen der Spiegelung und umgekehrt, deshalb ändern die Werte der Ableitung ihre Vorzeichen, also wird der Graph der Ableitung auch an der x-Achse gespiegelt.
d) Wenn f in einem Intervall [a; b] steigt, so erhält man beim Spiegeln an der y-Achse ein Intervall [−b; −a], in welchem der Graph zu $f_1(x) = f(-x)$ fallend ist. Beim Spiegeln an der y-Achse wird also aus Steigen Fallen und umgekehrt. Der Graph von f_1' entsteht aus dem Graphen von f' durch Punktspiegelung am Ursprung.

Seite 98 | Aufgabe 7

Die Tangente im Ursprung hat die Steigung 1.
Wegen der Periodizität ist der Wert der Ableitung dann auch bei allen Vielfachen von 2π gleich 1.
Der Graph ist achsensymmetrisch zu $x = \frac{\pi}{2}$. Deshalb hat f bei $x = \pi$ die Steigung −1. Wegen der Periodizität hat die Ableitung dann bei allen ungeraden Vielfachen von π den Wert −1.

Seite 98 | Aufgabe 8

x = 0,3: Steigung der Tangenten (Näherung): 0,95 $\cos(0{,}3) \approx 0{,}9553$
x = 0,6: Steigung der Tangenten (Näherung): 0,825 $\cos(0{,}3) \approx 0{,}8253$
x = 0,9: Steigung der Tangenten (Näherung): 0,625 $\cos(0{,}3) \approx 0{,}6216$
x = 1,2: Steigung der Tangenten (Näherung): 0,35 $\cos(0{,}3) \approx 0{,}3624$
Die Abweichungen beruhen darauf, dass die Tangentensteigungen nur Näherungswerte sind, die in der Skizze auf zwei Nachkommastellen gerundet wurden.

Seite 98 | Aufgabe 9

a)

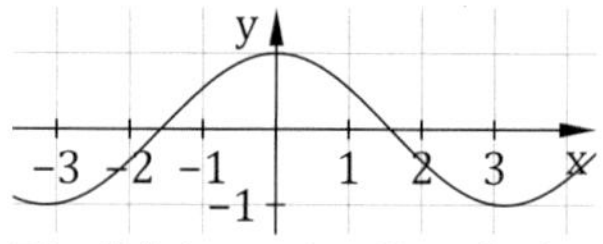

Die Ableitung der Sinusfunktion ist identisch mit der Kosinusfunktion.

b)

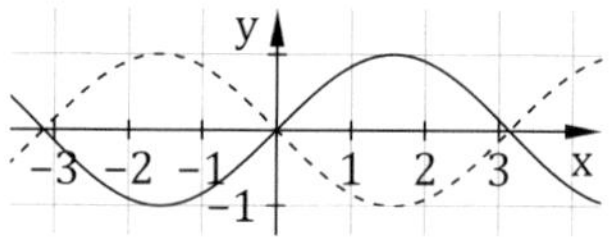

Die Ableitung der Kosinusfunktion ist die Sinusfunktion mal −1.

Seite 98 | Aufgabe 10

a) $\cos\left(\frac{\pi}{2}\right) = 0$
b) $\cos(\pi) = -1$
c) $\cos(0{,}8) \approx 0{,}697$
d) $\cos(-4) \approx -0{,}653$
e) $\cos(10) \approx -0{,}839$
f) $\cos(90) \approx -0{,}448$

Seite 98 | Aufgabe 11

a) $-\sin\left(\frac{\pi}{2}\right) = -1$
b) $-\sin(\pi) = 0$
c) $-\sin(0{,}8) \approx -0{,}717$
d) $-\sin(-2) \approx 0{,}909$
e) $-\sin(10) \approx 0{,}544$
f) $-\sin(180) \approx 0{,}801$

Seite 98 | Aufgabe 12

Wegen $\sin(0) = 0$ muss der Graph der Funktion bei $x = 0$ einen Hoch- oder Tiefpunkt haben. Somit kommen f und g infrage. Da f gleich dem Kosinus zu sein scheint, und dessen Ableitung $-\sin(x)$ ist, kommt nur g infrage.
Der Graph von g entsteht aus dem des Kosinus durch Spiegeln an der x-Achse und anschließender Verschiebung nach oben. Die Verschiebung ändert nichts an der Ableitung. Durch das Spiegeln an der x-Achse werden die Vorzeichen, auch die der Ableitung, verkehrt. Wegen $f'(x) = -\sin(x)$ ist dann $g'(x) = \sin(x)$.

Seite 98 | Aufgabe 13

Grafische Ableitung und Vergleich: individuelle Lösungen.

a) $f'(x) = \lim\limits_{h\to 0} \frac{(x+h)^2-3-(x^2-3)}{h} = \lim\limits_{h\to 0} \frac{h(2x+h)}{h} = 2x$

b) $f'(x) = \lim\limits_{h\to 0} \frac{(x+h)^3-5(x+h)-(x^3-5x)}{h} = \lim\limits_{h\to 0} \frac{h(3x^2+3xh+h^2-5)}{h} = 3x^2 - 5$

Seite 98 | Aufgabe 14

Die Ableitung ist für $x < 1{,}5$ negativ, danach steigt die Funktion an, sodass die Ableitung für $x > 1{,}5$ positiv wird.

Seite 98 | Aufgabe 15

Individuelle Lösungen.

Seite 98 | Aufgabe 16

Die Aussage ist richtig. Wenn sich eine Funktion periodisch wiederholt, so geschieht dies auch bei ihrer Ableitung.

Seite 99 | Aufgabe 17

a) Falsch, denn es ist die Nullstelle nur von f, nicht aber von f'.
b) Richtig, denn der Graph von f hat dort einen Hochpunkt.
c) Richtig, denn davor und danach steigt der Graph von f weniger steil.
d) Falsch, denn f fällt nur bis zum Tiefpunkt bei $x \approx 3{,}4$, danach steigt der Graph von f wieder.
e) Richtig, denn davor und danach fällt der Graph von f weniger steil.
f) Richtig, denn der Graph von f fällt an der Stelle $x = -2$.

Seite 99 | Aufgabe 18

Die Tangente startet in dem Punkt $(2|\sin(2)) \approx (2|0{,}91)$ und hat die Steigung $\cos(2) \approx -0{,}42$.
Damit ergibt sich die Gleichung $y = -0{,}42x + 1{,}75$.

Seite 99 | Aufgabe 19

a)

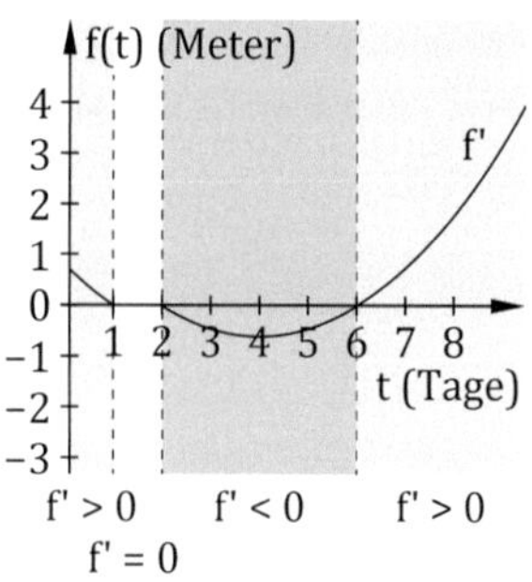

b) Zu diesem Zeitpunkt nimmt die Höhe des Wasserstandes ab mit einer Geschwindigkeit von 45 cm pro Tag.
c) Während des ersten Tages steigt der Wasserspiegel, allerdings immer langsamer. Während des zweiten Tages bleibt der Spiegel konstant, die Ableitung ist hier null. Dann fällt der Wasserspiegel (negative Ableitung) und erreicht etwa am Ende des 4. Tages die höchste Sinkgeschwindigkeit, die sich danach wieder verlangsamt. Am Beginn des 7. Tages beginnt das Wasser wieder zu steigen (Ableitung positiv) und steigt immer stärker an.

Seite 99 | Aufgabe 20

a) Nach der 4. Woche erreicht die Anzahl der Infizierten ihren höchsten Stand, nach 8 Wochen ist die Epidemie beendet.

b) 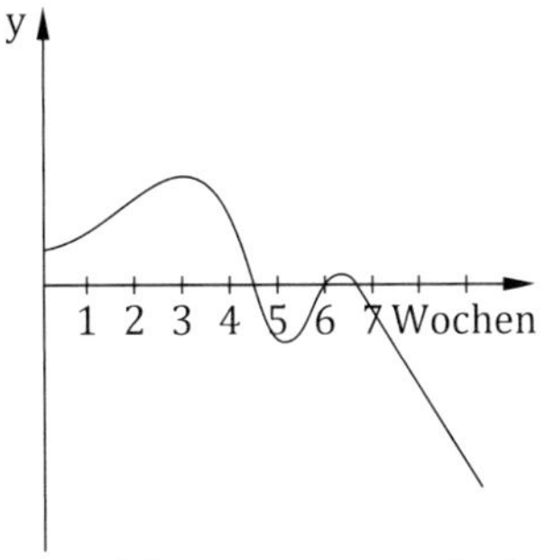

Die Infektionsrate steigt in den ersten drei Wochen an und erreicht kurz nach Beginn der vierten Woche ihren Höhepunkt. Danach nimmt die Infektionsrate ab, um kurz nach Beginn der 4. Woche negativ zu werden, d.h., ab hier nimmt die Zahl der Infizierten ab. Dieser „Gesundungsprozess" ist am stärksten kurz vor Ende der 5. Woche. Danach nimmt die Gesundung ab, es kommt vor Ende der 6. Woche bis zur Mitte der 7. Woche sogar kurzzeitig zu einem positiven Wachstum der Infiziertenzahlen. Nach Mitte der 7. Woche nimmt die Anzahl der Infizierten jedoch immer stärker ab.

Seite 99 | Aufgabe 21

a) Im rechtwinkligen Dreieck gilt: $\cos(t) = \frac{\text{Ankathete}}{\text{Hypotenuse}} = \frac{h(t)}{1} = h(t)$

b) $h'(t) = -\sin(t)$

Die Ableitung gibt die Geschwindigkeit des Steigens und Fallens der Gondel an. Zwischen $t = 0$ und $t = \pi$ ist die Geschwindigkeit negativ, das bedeutet, dass sich die Gondel nach unten bewegt. Zwischen $t = \pi$ und $t = 2\pi$ ist sie positiv, die Gondel bewegt sich nach oben.

Seite 99 | Aufgabe 22

Beispiel für den Graphen von f:

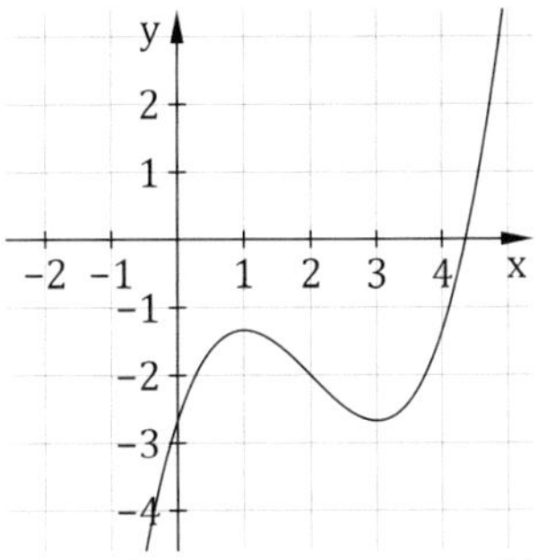

Da ein konstanter Summand bei der Ableitung wegfällt, kann zu f eine beliebige Konstante addiert werden und es ergibt sich trotzdem die gleiche Ableitungsfunktion f'.

Seite 99 | Aufgabe 23

a) Beispiel für eine Wertetabelle:

x	−2	−1	−0,5	0	1	2	3	4	5	5,5
f(x)	7	0	−0,48	0	1,6	1,8	0	−2	0	4,47

b) 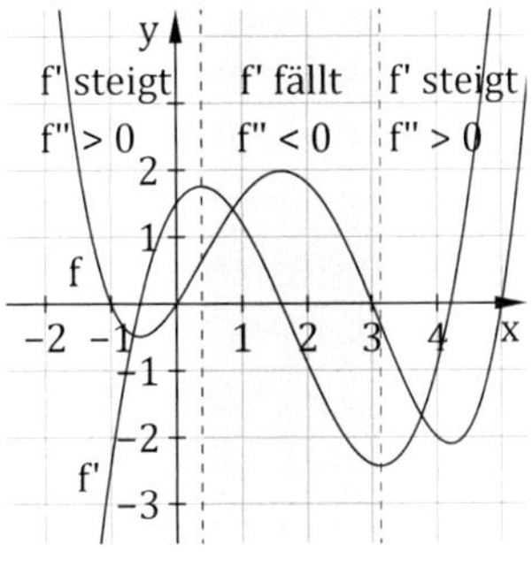

c) Linkskrümmung des Graphen von f bewirkt Steigen von f′ und positive Werte von f". Rechtskrümmung des Graphen von f bewirkt Fallen von f′ und negative Werte von f". Krümmungswechsel des Graphen von f bewirkt Hoch- oder Tiefpunkt von f′ und Nullstelle von f".

3.5 Ableitung von Potenzfunktionen

Seite 100 | Einstieg

a)

f(x)	x^2	x^3	x^4	x^5	...	x^n
f′(x)	$2 \cdot x^1$	$3 \cdot x^2$	$4 \cdot x^3$	$5 \cdot x^5$	...	$n \cdot x^{n-1}$

b)

f(x)	$x = x^1$	$\frac{1}{x} = x^{-1}$	$\sqrt{x} = x^{\frac{1}{2}}$
f′(x)	$1 \cdot x^0 = 1$	$-1 \cdot x^{-2} = -\frac{1}{x^2}$	$\frac{1}{2} \cdot x^{-\frac{1}{2}} = \frac{1}{2\sqrt{x}}$

Seite 100 | Aufgabe 1

a) $f'(x) = 7x^6$
b) $f'(x) = 9x^8$
c) $f'(x) = 100x^{99}$
d) $f'(x) = (m+1) \cdot x^m$
e) $g'(x) = 2n \cdot x^{2n-1}$
f) $v'(t) = 2t$

Seite 100 | Aufgabe 2

a) $f'(2) = 5 \cdot 2^4 = 80$
b) $f'(-3) = 2 \cdot (-3)^1 = -6$
c) $f'(4) = 3 \cdot 4^2 = 48$
d) $f'(-2) = 4 \cdot (-2)^3 = -32$
e) $f'(-1) = 7 \cdot (-1)^6 = 7$
f) $f'(9) = 1 \cdot 9^0 = 1$

Seite 100 | Aufgabe 3

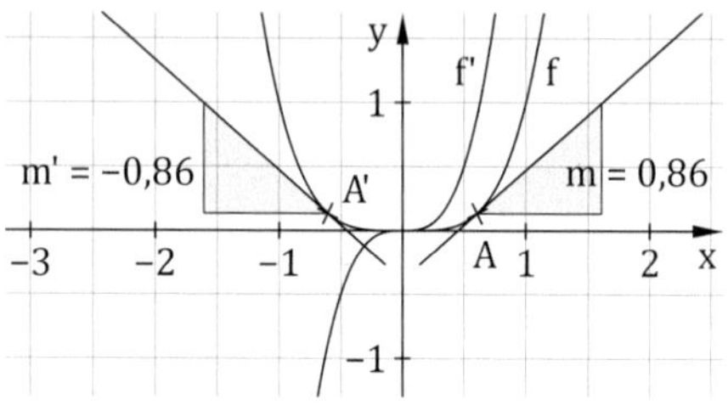

Die Steigung von f ist für $x < 0$ negativ, für $x > 0$ positiv, bei $x = 0$ ist sie null. Wegen der Achsensymmetrie des Graphen von f gilt: $f'(-x) = -f'(x)$. Damit ist der Graph von f' punktsymmetrisch zum Ursprung.

Seite 100 | Aufgabe 4

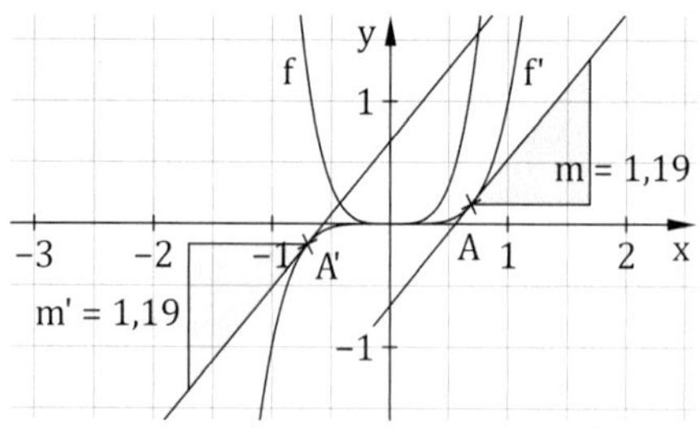

Der Graph von f ist punktsymmetrisch zum Ursprung. Beim Spiegeln des Graphen von f am Ursprung wird eine Tangente im Punkt $A(x|f(x))$ auf eine Tangente im Punkt $A'(-x|-f(x))$ abgebildet. Die Steigung einer Geraden ändert sich bei einer Punktspiegelung (einer Drehung um 180°) nicht. Beide Tangenten haben die gleiche Steigung, also $f'(-x) = f'(x)$. Der Graph von f′ ist achsensymmetrisch zur y-Achse.

Seite 100 | Aufgabe 5

$f'(x) = nx^{n-1}$

n ungerade ⇒ $(n-1)$ gerade ⇒ f′ positiv für $x < 0$ und $x > 0$, f′ null für $x = 0$.

n gerade ⇒ $(n-1)$ ungerade ⇒ f′ negativ für $x < 0$, f′ null für $x = 0$, f′ positiv für $x > 0$.

Seite 101 | Aufgabe 6

a) $f'(x) = -4 \cdot x^{-5}$
b) $f'(x) = -x^{-2}$
c) $g'(x) = -2 \cdot x^{-3}$
d) $h'(x) = \frac{1}{2} \cdot x^{-\frac{1}{2}}$
e) $g'(x) = \frac{1}{3} \cdot x^{-\frac{2}{3}}$

Seite 101 | Aufgabe 7

a) $f(x) = x^{-2}$; $f'(x) = -2 \cdot x^{-3} = -\frac{2}{x^3}$
b) $f(x) = x^{-5}$; $f'(x) = -5 \cdot x^{-6} = -\frac{5}{x^6}$
c) $f(x) = x^{-1}$; $f'(x) = -x^{-2} = -\frac{1}{x^2}$
d) $f(x) = x^{-7}$; $f'(x) = -7 \cdot x^{-8} = -\frac{7}{x^8}$
e) $g(x) = x^{-9}$; $f'(x) = -9 \cdot x^{-10} = -\frac{9}{x^{10}}$

Seite 101 | Aufgabe 8

a) $f(x) = x^{\frac{1}{2}}$; $f'(x) = \frac{1}{2} \cdot x^{-\frac{1}{2}} = \frac{1}{2\sqrt{x}}$
b) $f(x) = x^{\frac{1}{3}}$; $f'(x) = \frac{1}{3} \cdot x^{-\frac{2}{3}} = \frac{1}{3\sqrt[3]{x^2}}$
c) $f(x) = x^{\frac{1}{4}}$; $f'(x) = \frac{1}{4} \cdot x^{-\frac{3}{4}} = \frac{1}{4\sqrt[4]{x^3}}$
d) $f(x) = x^{\frac{2}{3}}$; $f'(x) = \frac{2}{3} \cdot x^{-\frac{1}{3}} = \frac{2}{3\sqrt[3]{x}}$
e) $f(x) = x^{-\frac{1}{2}}$; $f'(x) = -\frac{1}{2} \cdot x^{-\frac{3}{2}} = -\frac{1}{2\sqrt[2]{x^3}}$

Seite 101 | Aufgabe 9

a) $f'(-2) = -4 \cdot (-2)^{-5} = \frac{1}{8}$
b) $f'(2) = \frac{1}{2} \cdot (2)^{-\frac{1}{2}} = \frac{1}{2\sqrt{2}}$
c) $h'\left(\frac{1}{2}\right) = -\left(\frac{1}{2}\right)^{-2} = -4$
d) $g'(-1) = -6 \cdot (-1)^{-7} = 6$
e) $f'(16) = \frac{3}{4} \cdot (16)^{-\frac{1}{4}} = \frac{3}{8}$
f) $f'(1) = -\frac{1}{4} \cdot (1)^{-\frac{5}{4}} = -\frac{1}{4}$

Seite 101 | Aufgabe 10

Die Gerade zu $f(x) = 1 \cdot x$ hat die Steigung 1. Diese erhält man auch, wenn man die Steigung mithilfe der Ableitung bildet:
$f'(x) = 1 \cdot x^0 = 1$

Seite 101 | Aufgabe 11

Der Exponent wurde beim Ableiten nicht um 1 verringert, sondern um 1 erhöht. Richtig ist:
$f'(x) = -5 \cdot x^{-6} = -\frac{5}{x^6}$

Seite 101 | Aufgabe 12

$$f'(x) = \lim_{h\to 0}\left(\frac{\frac{1}{(x+h)^2}-\frac{1}{x^2}}{h}\right) = \lim_{h\to 0}\left(\frac{\frac{x^2-(x+h)^2}{x^2(x+h)^2}}{h}\right) = \lim_{h\to 0}\left(\frac{-2xh-h^2}{x^2(x+h)^2h}\right) = \lim_{h\to 0}\left(\frac{-2x-h}{x^2(x+h)^2}\right) = \frac{-2x}{x^4} = -2x^{-3}$$

Gleiches Resultat mithilfe der Potenzregel: $f'(x) = [x^{-2}]' = -2x^{-3}$

Seite 102 | Aufgabe 13

a) Der Graph von $f(x) = x^n$ ist dann achsensymmetrisch zur y-Achse, wenn n gerade ist. Damit ist der Exponent der Ableitung $f'(x) = n \cdot x^{n-1}$ ungerade, damit ist der Graph von f′ punktsymmetrisch zum Ursprung.
Der Graph von $f(x) = x^n$ ist dann punktsymmetrisch zum Ursprung, wenn n ungerade ist. Damit ist der der Exponent der Ableitung $f'(x) = n \cdot x^{n-1}$ gerade, damit ist der Graph von f′ achsensymmetrisch zur y-Achse.

b) Eine waagerechte Tangente liegt vor, wenn die Ableitung an dieser Stelle 0 wird. Die Funktion $f'(x) = n \cdot x^{n-1}$ ist für $n \geq 2$ an genau einer Stelle null, nämlich für $x = 0$.

c) Für ungerade n ist der Exponent der Ableitungsfunktion $f'(x) = n \cdot x^{n-1}$ gerade. Die Gleichung $m = f'(x)$ hat also immer zwei Lösungen. Dazu gehören zwei Tangenten mit der gleichen Steigung, also zwei zueinander parallele Tangenten.
Für $n = 1$ ist die Steigung überall 1, alle Tangenten fallen also zusammen und sind damit auch zueinander parallel.

Seite 102 | Aufgabe 14

a) $f'(x) = -x^{-2} = -1$ gilt für $x = 1$ und für $x = -1$.

b) $g'(x) = -2x^{-3} = -2$ gilt nur für $x = 1$.

c) $f'(x) = -x^{-2} = a$ mit $a < 0$ gilt für $x = \pm\sqrt{-\frac{1}{a}}$. Die Wurzel existiert für negative a.

d) $g'(x) = -2x^{-3} = a$ mit $a \neq 0$ gilt für $x^3 = -\frac{2}{a}$. Die Gleichung hat für alle a ungleich null genau eine Lösung.

e) Individuelle Lösungen.

Seite 102 | Aufgabe 15

a) $f'(x) = \frac{1}{2} \cdot x^{-\frac{1}{2}} = \frac{1}{2\sqrt{x}}$. Für positive x ist $\sqrt{x}$ und damit die Ableitung positiv.

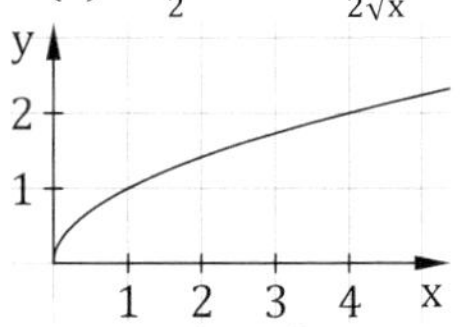

b) $f'(x) = \frac{1}{2\sqrt{x}} = \frac{1}{4} \Rightarrow x = 4$, die Tangente geht also durch P(4|2). Tangentengleichung: $y = \frac{1}{4}x + 1$.

c) $f'(x) = \frac{1}{2\sqrt{x}} > \frac{1}{6} \Rightarrow x < 9$

d) Die Wurzelfunktion ist bei $x = 0$ definiert, $f(x) = \sqrt{0} = 0$. Die Ableitung ist allerdings bei $x = 0$ nicht definiert, da hier $\sqrt{x}$ im Nenner steht.

Seite 102 | Aufgabe 16

a) $f'(x) = -2x^{-3} = -\frac{2}{x^3}$
B(1|1)
Steigung in B: $m = -2$
Gleichung der Tangente in B: $y = -2x + 3$
Sie schneidet die x-Achse in D(1,5|0) und die y-Achse in S(0|3).
Fläche des Dreiecks CDS: $A = 2 \cdot \frac{1{,}5 \cdot 3}{2} = 4{,}5$
Fläche des Dreiecks ABS: $A = 2 \cdot \frac{1 \cdot (3-1)}{2} = 2$

b) $B\left(\frac{1}{2}|4\right)$
Steigung in B: $m = -16$
Gleichung der Tangente in B: $y = -16x + 12$
Sie schneidet die x-Achse in D(0,75|0) und die y-Achse in S(0|12).
Fläche des Dreiecks CDS: $A = 2 \cdot \frac{0{,}75 \cdot 12}{2} = 9$
Fläche des Dreiecks ABS: $A = 2 \cdot \frac{\frac{1}{2} \cdot (12-4)}{2} = 4$

c) $a = 1$: $\frac{A_{CDS}}{A_{ABS}} = \frac{4{,}5}{2} = \frac{9}{4}$
$a = \frac{1}{2}$: $\frac{A_{CDS}}{A_{ABS}} = \frac{9}{4}$

d) $B\left(a\middle|\frac{1}{a^2}\right)$
Steigung in B: $m = -\frac{2}{a^3}$
Gleichung der Tangente in B: $y = -\frac{2}{a^3} \cdot x + \frac{3}{a^2}$
Sie schneidet die x-Achse in $D\left(\frac{3}{2}a\middle|0\right)$ und die y-Achse in $S\left(0\middle|\frac{3}{a^2}\right)$.
Fläche des Dreiecks CDS: $A = 2 \cdot \frac{\frac{3}{2}a \cdot \frac{3}{a^2}}{2} = \frac{9}{2a}$
Fläche des Dreiecks ABS: $A = 2 \cdot \frac{a \cdot \left(\frac{3}{a^2} - \frac{1}{a^2}\right)}{2} = \frac{2}{a}$
$\frac{A_{CDS}}{A_{ABS}} = \frac{\frac{9}{2a}}{\frac{2}{a}} = \frac{9}{4}$

Seite 102 | Aufgabe 17

a) $(...) = (6x^2 + 4xh + h^2)$
Da in allen verbliebenen Summanden h mindestens in der zweiten Potenz vorkommt, kann man h^2 ausklammern.
b) $\lim\limits_{h\to 0} \frac{(x+h)^4 - x^4}{h} = \lim\limits_{h\to 0} \frac{x^4 + 4x^3h + h^2 \cdot (...) - x^4}{h} = \lim\limits_{h\to 0} \frac{4x^3h + h^2 \cdot (...)}{h} = \lim\limits_{h\to 0}(4x^3 + h \cdot (...)) = 4x^3$
In den ersten drei Schritten wurde der Nenner mit den in a) erläuterten Schritten umgeformt. Da alle Summenden, in denen h in mindestens der zweiten Potenz vorkommt, im Grenzübergang verschwinden, muss man sie nicht einzeln aufführen.
c) $\lim\limits_{h\to 0} \frac{(x+h)^n - x^n}{h} = \lim\limits_{h\to 0} \frac{x^n + nx^{n-1}h + h^2 \cdot (...) - x^n}{h} = \lim\limits_{h\to 0} \frac{nx^{n-1}h + h^2 \cdot (...)}{h} = \lim\limits_{h\to 0}(nx^{n-1} + h \cdot (...)) = nx^{n-1}$

Seite 102 | Aufgabe 18

Nachweis für B, der Nachweis für A ergibt sich analog aus der Achsensymmetrie.
$f_1(1) = \frac{1}{1^2} = 1$; $f_2(1) = -1^2 + 2 = 1 \Rightarrow$ Beide Graphen verlaufen durch B.
$f_1{}'(x) = -2 \cdot x^{-3}$; $f_1{}'(1) = -2$
Ableitung von f_2:

	Funktion	Ableitung
Normalparabel	x^2	$2x$
Spiegeln an der x-Achse	$-x^2$	$-2x$
Verschieben um 2 Einheiten nach oben	$-x^2 + 1$	$-2x$

$f_2{}'(x) = -2x$; $f_2{}'(1) = -2 = f_1{}'(1)$
In beiden Anschlusspunkten sind die Ableitungen beider Funktionen gleich, sodass sich die Graphen der Funktionen jeweils ohne Knick aneinander anschließen.

3.6 Weitere Ableitungsregeln

Seite 103 | Einstieg

Multipliziert man die Funktion mit einem konstanten Faktor, so muss man auch die Ableitung mit diesem Faktor multiplizieren.
Addiert man in der Funktion einen konstanten Term, bleibt die Ableitung gleich.
Besteht die Funktion aus mehreren Summanden, so kann man jeden einzeln ableiten.

Seite 104 | Aufgabe 1

a) $f'(x) = 12x^3$
b) $f'(x) = \frac{1}{\sqrt{x}}$
c) $f'(x) = 5 \cdot \cos(x)$
d) $f'(x) = -\frac{1}{2}\sin(x)$
e) $f'(x) = -x^2$
f) $f'(x) = \frac{2}{x^2}$

Seite 104 | Aufgabe 2

a) $f(x) = \frac{1}{2}x^4$; $f'(x) = 2x^3$
b) $f(x) = 7 \cdot \frac{1}{x}$; $f'(x) = -\frac{7}{x^2}$
c) $f(x) = -3 \cdot \frac{1}{x^2}$; $f'(x) = \frac{6}{x^3}$
d) $f(x) = \frac{1}{2} \cdot \cos(x)$; $f'(x) = -\frac{1}{2}\sin(x)$
e) $f(x) = 27x^3$; $f'(x) = 81x^2$
f) $f(x) = 3 \cdot \sqrt{x}$; $f'(x) = \frac{3}{2\sqrt{x}}$

Seite 104 | Aufgabe 3

a) $f'(-3) = -8 \cdot (-3)^1 = 24$
b) $f'\left(\frac{\pi}{2}\right) = 3 \cdot \cos\left(\frac{\pi}{2}\right) = 0$
c) $f'(6) = -3 \cdot (6)^{-2} = -\frac{1}{12}$
d) $f'(2) = -\frac{1}{3} \cdot (2)^{-2} = -\frac{1}{12}$
e) $f'(2) = 0$
f) $f'(-9) = 5 \cdot (-9)^0 = 5$

Seite 104 | Aufgabe 4

a) $f'(x) = 2ax$
b) $g'(y) = -6y^2$
c) $h'(t) = v$
d) $f'(a) = 5b$
e) $f'(x) = 0$
f) $s'(t) = -\frac{3}{2a\sqrt{t^3}}$

Seite 104 | Aufgabe 5

a) $6x^2 = 6 \Leftrightarrow x = \pm 1$
b) $6x^3 = 48 \Leftrightarrow x = 2$
c) $\frac{4}{x^2} = \frac{1}{9} \Leftrightarrow x = \pm 6$
d) $\frac{2}{5}x = 10 \Leftrightarrow x = 25$
e) $3 = 3$ für alle $x \in \mathbb{R}$
f) $5 = 3$ unerfüllbar
g) $\frac{3}{2\sqrt{x}} = 6 \Leftrightarrow x = \frac{1}{16}$
h) $2 \cdot \cos(x) = -2 \Leftrightarrow x = \pi$

Seite 104 | Aufgabe 6

$f'(x) = \lim\limits_{h \to 0} \frac{6(x+h)^2 - 6x^2}{h} = \lim\limits_{h \to 0} \frac{6x^2 + 12xh + 6h^2 - 6x^2}{h} = \lim\limits_{h \to 0}(12x + 6h) = 12x$

Faktorregel: $f'(x) = 6 \cdot [x^2]' = 6 \cdot 2x = 12x$

Seite 105 | Aufgabe 7

a) $f'(x) = 3x^2 + 2x^2$
b) $f'(x) = 4x^3 - 3x^2$
c) $f'(x) = 1 - \sin(x)$
d) $f'(x) = 2x + \frac{1}{x^2}$
e) $f'(x) = 1 + \frac{1}{2\sqrt{x}}$
f) $f'(x) = \cos(x) - \frac{2}{x^3}$

Seite 105 | Aufgabe 8

a) $f'(x) = 21x^2 - 10x + 9$
Potenz-, Faktor- und Summenregel
b) $f'(x) = -18x^2$
Potenz-, Faktor- und Summenregel
c) $f'(x) = 3\cos(x) + \sin(x)$
Faktor- und Summenregel
d) $f'(x) = \frac{1}{2}x^3 - \frac{1}{2}x^2 + \frac{5}{2\sqrt{x}}$
Potenz-, Faktor- und Summenregel
e) $f'(x) = \frac{3}{4}x^2 - \frac{1}{3}x$
Potenz-, Faktor- und Summenregel
f) $f'(x) = -\frac{4}{x^2} - \frac{6}{x^3}$
Potenz-, Faktor- und Summenregel

Seite 105 | Aufgabe 9

a) $f'(-1) = 12(-1)^3 - 6(-1)^2 = -18$
b) $f'(8) = 2 \cdot 8^0 = 2$
c) $f'(2) = -\frac{3}{2^2} + 4 \cdot 2 = 7\frac{1}{4}$
d) $f'(0) = 3 - 2\cos(0) = 1$
e) $f'(4) = \frac{6}{4} \cdot 4 - \frac{1}{\sqrt{4}} = 5{,}5$
f) $f'(1) = \frac{3}{4}(3 \cdot 1^2 - 1) = \frac{3}{2}$

Seite 105 | Aufgabe 10

a) $f'(s) = 2s - 3y$
b) $f'(x) = 3ax^2 + 2bx$
c) $f'(t) = -1$
d) $t'(x) = m$
e) $s'(t) = gt - 0{,}3$
f) $f'(x) = 4ax^3 + 3bx^2 + 2cx + d$

Seite 105 | Aufgabe 11

a) $f(x) = x^3 - 3x; f'(x) = 3x^2 - 3$
b) $f(x) = x^2 + 2x - 8; f'(x) = 2x + 2$
c) $f(x) = x^2 - 9; f'(x) = 2x$
d) $f(x) = 2x^2 - 36x + 162; f'(x) = 4x - 36$
e) $f(x) = 4x^6 + 4x^4 - 4x^2 - 4; f'(x) = 24x^5 + 16x^3 - 8x$
f) $f(x) = \frac{1}{4}\sin(x); f'(x) = \frac{1}{4}\cos(x)$

Seite 105 | Aufgabe 12

A-②; B-⑥; C-⑤; D-①; E-⑦; F-③; G-④

Ungewöhnlich ist Term E. Zeichnet man die Funktion $y = (\sin(x))^2 + (\cos(x))^2$, so stellt man fest, dass eine Gerade $y = 1$ entsteht. Die Terme addieren sich für jedes x zu 1, die Ableitung ist also 0.

Seite 106 | Aufgabe 13

$g'(x) = 3;\ k'(x) = 4;\ f(x) = g(x) + k(x) = 7x - 3;\ f'(x) = 7 = g'(x) + k'(x)$

Seite 106 | Aufgabe 14

Ausmultipliziert ist $f(x) = x^5$ und damit $f'(x) = 5x^4$.
Leitet man die Faktoren einzeln ab, so erhält man $2x \cdot 3x^2 = 6x^3$, also nicht das richtige Ergebnis.

Seite 106 | Aufgabe 15

a) $f'(x) = \frac{3}{10}(21x^6 - 10x)$
Nach der Faktorregel werden Summen-, Faktor- und Potenzregel angewendet.
b) $f'(x) = \frac{1}{3}(3x^2 + 2x)$
Nach dem Ausklammern werden Faktorregel und danach Summen-, Faktor- und Potenzregel angewendet.
c) $f(x) = \frac{3}{x} - 2 + 2x - x^2;\ f'(x) = -\frac{3}{x^2} + 2 - 2x$
Der Funktionsterm wird in Summanden zerlegt und danach werden Faktor -, Summen - und Potenzregel angewendet.
d) $f(x) = \frac{1}{3}x - \frac{5}{3} + \frac{1}{3x} - \frac{1}{3x^2};\ f'(x) = \frac{1}{3} - \frac{1}{3x^2} + \frac{2}{3x^3}$
Der Funktionsterm wird in Summanden zerlegt und danach werden Faktor -, Summen - und Potenzregel angewendet.

Seite 106 | Aufgabe 16

a) Die Konstante hat die Ableitung 0. $f'(x) = 2x$
b) Bei der Ableitung nach x ist a^2 eine Konstante. $f'(x) = 1$
c) Faktoren dürfen nicht einzeln abgeleitet werden. $f(x) = 3x^3 - x^2;\ f'(x) = 9x^2 - 2x$

Seite 106 | Aufgabe 17

Wenn $f(x) = g(x) + k$, dann unterscheiden sich f(x) und g(x) um den konstanten Summanden k.
Gleiche Ableitungsfunktion: $f'(x) = [g(x) + k]' = g'(x) + [k]' = g'(x)$

Seite 106 | Aufgabe 18

a) Falsch. Auch die Ableitung wird mit dem Faktor a in y-Richtung gestreckt. (Faktorregel)
b) Richtig, eine Verschiebung in y-Richtung ändert nichts an der Steigung an einer Stelle x. (siehe Aufgabe 17)
c) Richtig, das gilt mit der Summenregel.
d) Richtig, das ergibt sich aus der Ableitungsregel für Potenzen.
e) Richtig ist, dass die Ableitung einer quadratischen Funktion eine Gerade ist. Die Steigung ist allerdings doppelt so groß wie der Vorfaktor von x^2.

Seite 106 | Aufgabe 19

a) $f'(x) = 3x^2 - 6x; f'\left(-\frac{1}{2}\right) = 3{,}75$

Auf der Tangente liegt der Punkt $A\left(-\frac{1}{2}\middle|3\frac{1}{8}\right)$. Damit gilt für die Tangente g_1: $y = 3{,}75x + 5$

b) B ist der Punkt, an dem f(x) die Steigung −3 hat. Es ist B(1|2). B liegt auf der Tangente g_2, für die damit gilt: $y = -3x + 5$

c) $N_1\left(-\frac{4}{3}\middle|0\right); N_2\left(\frac{5}{3}\middle|0\right)$

d) S(0|5)

Flächeninhalt des Dreiecks N_1N_2S: $\frac{1}{2}\cdot\left(\frac{5}{3}-\left(-\frac{4}{3}\right)\right)\cdot 5 = 7{,}5$

Seite 106 | Aufgabe 20

a) $f(1) = 35; f(2) = 40; f(3) = 45$

b) $f'(t) = 15t^2 - 60t + 60; f'(1) = 15$

Die Stärke des Regens entspricht 15 mm pro Tag.

c) $f'(2) = 15\cdot 2^2 - 60\cdot 2 + 60 = 0$

d) Der Regen ist am stärksten bei t = 0: $f'(0) = 60$

Seite 107 | Aufgabe 21

a) $h'(x) = -\frac{6}{5}x^2 + \frac{12}{5}x - \frac{359}{250}; s'(x) = -\frac{25}{8}x^4 + 3x^3 + \frac{3}{2}x^2 - \frac{3}{2}$

$h'(0{,}8) = -0{,}284; s'(0{,}8) = -0{,}284$. Beide Steigungen sind gleich.

b) Tangente t an den Graphen von s in H:

$s'(1) = -\frac{1}{8}; y = -\frac{1}{8}x + 0{,}45$

c) Wegen s(1) = 0,325 = f(1) verlaufen beide Graphen durch H(1 | 0,325).

$f'(x) = -\frac{6}{5}x + \frac{43}{40}; f'(1) = -0{,}125; s'(1) = -0{,}125$

Die Steigungen von f und s sind im Punkt H gleich, also schließen die Graphen der Funktionen knickfrei aneinander an.

d) $s'(0{,}5) = \tan(\alpha) = -0{,}945, \Rightarrow \alpha \approx -43{,}4°$

e) Die Flugbahn trifft bei x ≈ 1,59 auf den Hang.

$h'(1{,}59) = \tan(\beta) = -0{,}654 \Rightarrow \beta \approx -33°$

Seite 107 | Aufgabe 22

a) $f'(x) = 0{,}5 + 0{,}5\cdot\cos(x)$

Größte Steigungen: Im Intervall $0 \le x \le 2\pi$ ist cos(x) = 1 für 0 und für 2π.

Die Steigung ist dann also $f'(0) = f'(2\pi) = 0{,}5 + 0{,}5\cdot 1 = 1$.

Kleinste Steigung: Im Intervall $0 \le x \le 2\pi$ ist cos(x) = −1 für π, die Steigung dann also $f'(\pi) = 0{,}5 + 0{,}5\cdot(-1) = 0$

b) $f'\left(\frac{3}{2}\pi\right) = 0{,}5 + 0{,}5\cdot\cos\left(\frac{3}{2}\pi\right) = 0{,}5; A\left(\frac{3}{2}\pi\middle|\frac{3}{4}\pi - 0{,}5\right)$

Gleichung der Geraden: $y = 0{,}5x - 0{,}8$

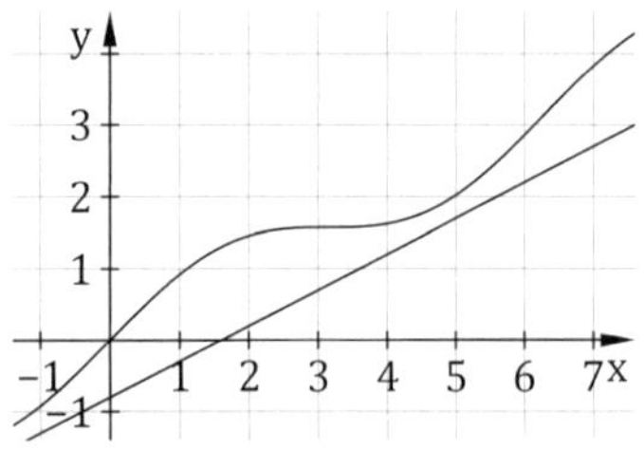

Seite 107 | Aufgabe 23

Die Steigung der Tangente ist $f'(x_0)$, für die Steigungen von Tangente und Normale gilt $m_T\cdot m_N = -1$

a)	Tangente: $y = x + 4$	Normale: $y = -x + 6$
b)	Tangente: $y = -2x - 8$	Normale: $y = \frac{1}{2}x - 3$
c)	Tangente: $y = -10x - 4$	Normale: $y = 0{,}1x + 1{,}05$

Seite 107 | Aufgabe 24

a)	$f'(x) = 12x^3 - 6x^2 + 2x - 5$	$f''(x) = 36x^2 - 12x + 2$	$f'''(x) = 72x - 12$
b)	$f'(x) = 2x - 3$	$f''(x) = 2$	$f'''(x) = 0$
c)	$f'(x) = \cos(x)$	$f''(x) = -\sin(x)$	$f'''(x) = -\cos(x)$
d)	$f'(x) = -\frac{1}{x^2}$	$f''(x) = \frac{2}{x^3}$	$f'''(x) = -\frac{6}{x^4}$

Seite 107 | Aufgabe 23

a) Individuelle Lösungen mit dem GTR.

b) Mögliche Regel: $f'(x) = r'(x)\cdot s(x) + r(x)\cdot s'(x)$ mit und $s(x) = \sin(x)$.

Überprüfung am Beispiel von Aufgabe 14:

$r(x) = x^2 \quad r'(x) = 2x \quad s(x) = x^3 \quad s'(x) = 3x^2$

$f'(x) = 2x\cdot x^3 + x^2\cdot 3x^2 = 2x^4 + 3x^4 = 5x^4$

Das entspricht dem Resultat, wenn die Potenzregel angewendet wird: $f'(x) = [x^5]' = 5x^4$

3.7 Vermischte Aufgaben

Seite 108 | Aufgabe 1

Streckenabschnitt	Kilometer	Durchschnittsgeschwindigkeit ICE	Durchschnittsgeschwindigkeit IC
1	167	189,1 km/h	159,0 km/h
2	74	138,7 km/h	134,5 km/h
3	110	134,7 km/h	120 km/h
4	67	154,6 km/h	129,7 km/h
5	31	109,4 km/h	84,5 km/h
6	18	108 km/h	120 km/h
7	15	90 km/h	100 km/h

a) ICE: 135,8 km/h; IC: 122,0 km/h
b) ICE:
Höchste Durchschnittsgeschwindigkeit auf dem Abschnitt 1: 3,15 km/min = 189,1 km/h.
Kleinste Durchschnittsgeschwindigkeit auf dem Abschnitt 7: 1,5 km/min = 90 km/h.
IC:
Höchste Durchschnittsgeschwindigkeit auf dem Abschnitt 1: 2,65 km/min = 159,0 km/h.
Kleinste Durchschnittsgeschwindigkeit auf dem Abschnitt 5: 1,4 km/min = 84,5 km/h.
c) Das gilt nicht immer, z. B. nicht bei den Abschnitten 2 und 3 oder 2 und 4.
d) Auf den Abschnitten 6 und 7 ist der IC schneller als der ICE.
e) Zeit ICE: 3 Stunden 33 Minuten oder 213 Minuten. Ein Auto muss also mit einer Durchschnittsgeschwindigkeit von 144,2 km/h fahren, um in der gleichen Zeit anzukommen.
Zeit IC: 3 Stunden 57 Minuten oder 237 Minuten. Ein Auto muss also mit einer Durchschnittsgeschwindigkeit von 129,6 km/h fahren, um in der gleichen Zeit anzukommen.

Seite 108 | Aufgabe 2

a) Die Bahn hat bis zum Zugspitzplatt waagerecht eine Entfernung von 19 km und eine Höhe von 1883 m zurückgelegt.
$m = \frac{1883\text{ m}}{19\,000\text{ m}} = 0{,}09910 = 9{,}91\ \%$
b) Die Bahn hat zwischen Grainau und Zugspitzplatt waagerecht eine Entfernung von 11,5 km und eine Höhe von 1837 m zurückgelegt.
$m = \frac{1837\text{ m}}{11\,500\text{ m}} = 0{,}1597 = 15{,}97\ \%$
c) $m = 0{,}25 = \frac{1883\text{ m}}{x\text{ m}} \Rightarrow x = 7532$ m: Die Strecke wäre dann nur ca.7,5 km statt 19 km lang.

Seite 108 | Aufgabe 3

a) $f'(x) = 2x$ $\quad g'(x) = \frac{1}{2\sqrt{x}}$
$f'(x) = 50 \Rightarrow x = 25$ $\quad g'(x) = 50 \Rightarrow x = \frac{1}{10\,000}$
$f'(x) = 500 \Rightarrow x = 250$ $\quad g'(x) = 500 \Rightarrow x = \frac{1}{1\,000\,000}$
b) Wird x beliebig groß, so wird auch die Ableitung f'(x) beliebig groß.
Nähert sich x beliebig nah an 0 an, wird der Betrag von $x > 0$ also beliebig klein, so wird die Ableitung g'(x) beliebig groß.
Wird der Wert der Ableitung f'(x) immer größer, so wird x immer größer.
Wird der Wert der Ableitung g'(x) immer größer, so wird x immer kleiner.

Seite 109 | Aufgabe 4

a) Beispiele:

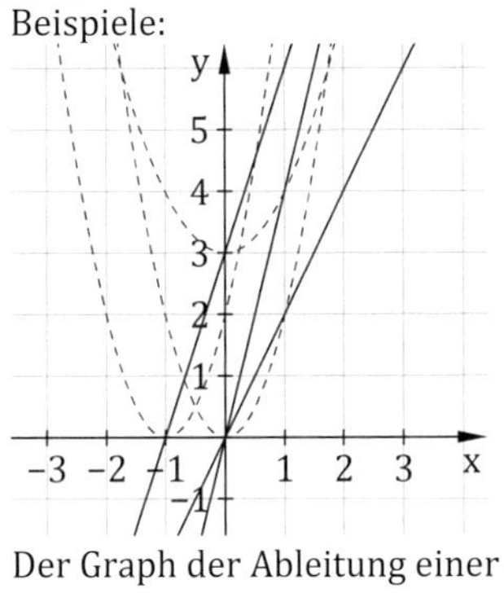

Der Graph der Ableitung einer quadratischen Funktion ist stets eine Gerade. An der Stelle des Hoch- oder Tiefpunktes des Graphen der quadratischen Funktion schneidet die Ableitung die x-Achse.
Die Steigung der Ableitung entspricht dem doppelten Vorfaktor von x^2.
b) Allgemeine Form: $f(x) = ax^2 + bx + c$
Ableitung: $f'(x) = 2ax + b$
Die Steigung der Ableitung entspricht 2a.

Seite 109 | Aufgabe 5

$f(x) = \frac{1}{4}x^3 - \frac{1}{2}x^2 + 1; f'(x) = \frac{3}{4}x^2 - x; g(x) = \frac{1}{4}x^3 + x^2 + x; g'(x) = \frac{3}{4}x^2 + 2x + 1$

Gelbe Blüte:

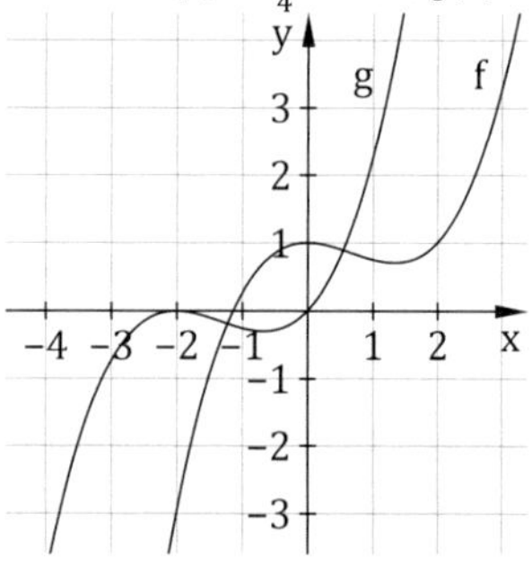

Hochpunkt von f: $H_f(0|1)$

Tiefpunkt von f: $T_f\left(\frac{4}{3}\middle|0{,}7\right)$

Hochpunkt von g: $H_g(-2|0)$

Tiefpunkt von g: $T_g\left(-\frac{2}{3}\middle|-0{,}3\right)$

Die Steigung an den Hoch- bzw. Tiefpunkten ist jeweils null.

Blaue Blüte: $f(x+2) - 1 = \frac{1}{4}(x+2)^3 - \frac{1}{2}(x+2)^2 + 1 - 1$

$= \frac{1}{4}(x^3 + 6x^2 + 12x + 8) - \frac{1}{2}(x^2 + 4x + 4)$

$= \frac{1}{4}x^3 + x^2 + x$

$= g(x)$

Grüne Blüte: f: $\frac{3}{4}x^2 - x = 1 \Leftrightarrow x_1 = 2;\ x_2 = -\frac{2}{3}$

Der Graph von f hat in den Punkten $P_1(2|1)$ und $P_2\left(-\frac{2}{3}\middle|0{,}7\right)$ die Steigung 1.

g: $\frac{3}{4}x^2 + 2x + 1 = 1 \Leftrightarrow x_3 = 0;\ x_4 = -\frac{8}{3}$

Der Graph von g hat in den Punkten $P_3(0|0)$ und $P_4\left(-\frac{8}{3}\middle|-0{,}3\right)$ die Steigung 1.

Rote Blüte:

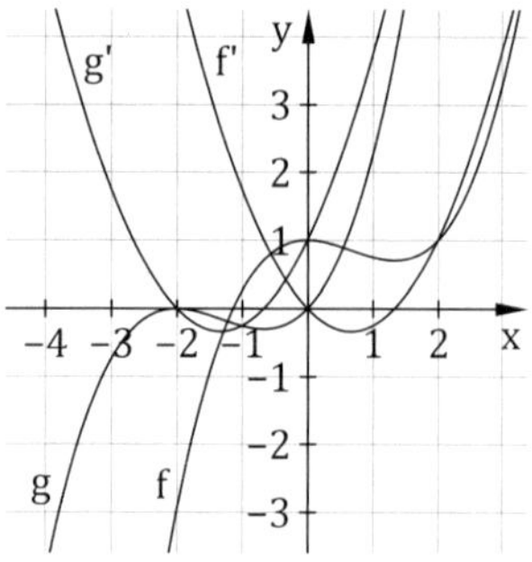

Der Graph von f'ist gegenüber dem von g' um 2 Einheiten nach links verschoben:

$f'(x+2) = \frac{3}{4}(x+2)^2 - (x+2) = \frac{3}{4}(x^2 + 4x + 4) - x - 2 = \frac{3}{4}x^2 + 2x + 1 = g'(x)$

Seite 109 | Aufgabe 6

Aus der Steigung kann man den Punkt bestimmen, an dem die Tangente am Graphen von f liegt: $f'(x) = 2x = 4 \Rightarrow x = 2$

$2x = 4 \Leftrightarrow x = 2 \Rightarrow P(2|4)$

$4 = 4 \cdot 2 + b \Rightarrow b = -4$

Seite 109 | Aufgabe 7

$f'(x) = 3x^2 + 1; g(x) = -x^3 + 12x^2 - 49x + 68;\ g'(x) = -3x^2 + 24x - 49$

Steigungen in den Punkten B und C: -

$f'(0) = 1; g'(4) = -1$

Geraden, entlang derer die Bälle ab B bzw. C rollen:

Erster Spieler ab B: $y = x$; zweiter Spieler ab C: $y = -x + 4$.

Der Punkt $A(1{,}9|1{,}9)$ liegt auf der Geraden $y = x$, der erste Spieler wird das Loch also treffen.

$-1{,}9 + 4 = 2{,}1 \neq 1{,}9$

Der zweite Spieler trifft das Loch nicht.

Seite 109 | Aufgabe 8

$f'(x) = \frac{-n}{x^{n+1}}$

n gerade: x^{n+1} ist für positive x positiv, für negative x negativ. Damit ist die Ableitung für positive x negativ, für negative x positiv.

n ungerade: x^{n+1} ist für alle x positiv, damit ist die Ableitung für alle x negativ.

Seite 109 | Aufgabe 9

Wenn $f'(x) = g'(x)$ für alle x aus dem Definitionsbereich gilt, dann gilt für die Ableitung der Differenzfunktion d mit $d(x) = f(x) - g(x)$: $d'(x) = f'(x) - g'(x) = 0$

Also ist die Steigung des Graphen der Funktion d an jeder Stelle null und es kann sich nur um eine Gerade parallel zur x-Achse oder die x-Achse selbst handeln. Damit hat die Funktionsgleichung von d die Form $d(x) = c$ mit $c \in \mathbb{R}$ (und damit $f(x) = g(x) + c$).

Seite 109 | Aufgabe 10

a) 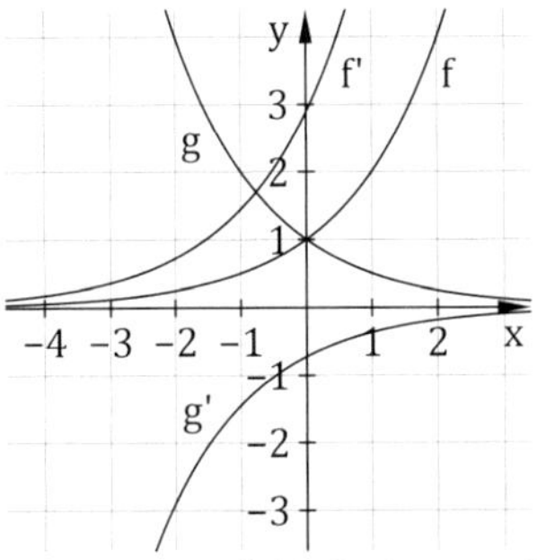

Für $a > 1$ wird die Steigung mit wachsendem x immer größer, sodass sich die Graphen von Ableitung und Funktion ähneln.

Für $a < 1$ wird die Steigung mit wachsendem x immer kleiner, sodass der Graph der Ableitung dem an der x-Achse gespiegelten und gestauchten (oder gestreckten) Funktionsgraphen ähnelt.

b) $\frac{a^{x+h} - a^x}{h} = \frac{a^x \cdot a^h - a^x}{h} = a^x \cdot \frac{a^h - 1}{h}$

Der Differenzenkoeffizient besteht aus der Funktion f(x) und einem Faktor, der nicht mehr von x, sondern nur noch von h abhängt. Im Grenzübergang wird der zweite Faktor zu einer Konstante.

c) Das Bevölkerungswachstum ist proportional zum aktuellen Bestand der Bevölkerung.

4. Funktionen mithilfe der Ableitung untersuchen

4.1 Monotonie

Seite 116 | Einstieg

a) Die Funktion f steigt für $x < 0$ und für $x > 2$. Sie fällt für $0 < x < 2$.

b) Wenn die Funktion steigt, hat die Ableitungsfunktion f' positive Werte. Sie sind negativ, wenn die Funktion fällt.

Seite 117 | Aufgabe 1

Es können keine Aussagen getroffen werden, wie die Graphen außerhalb der dargestellten Bereiche verlaufen. Offene Intervalle beschränken sich auf die dargestellten Bereiche.

a) f ist streng monoton steigend für $x > 3$; f ist streng monoton fallend für $x < 3$.

b) f ist streng monoton steigend für $-1 < x < 1$ und für $x > 3$; f ist streng monoton fallend für $x < -1$, $1 < x < 3$.

c) f ist streng monoton steigend für $x < -\frac{3\pi}{4}$, für $-\frac{\pi}{4} < x < \frac{\pi}{4}$ und für $x > \frac{3\pi}{4}$; f ist streng monoton fallend für $-\frac{3\pi}{4} < x < -\frac{\pi}{4}$ und für $\frac{\pi}{4} < x < \frac{3\pi}{4}$.

Seite 117 | Aufgabe 2

Beispiele:

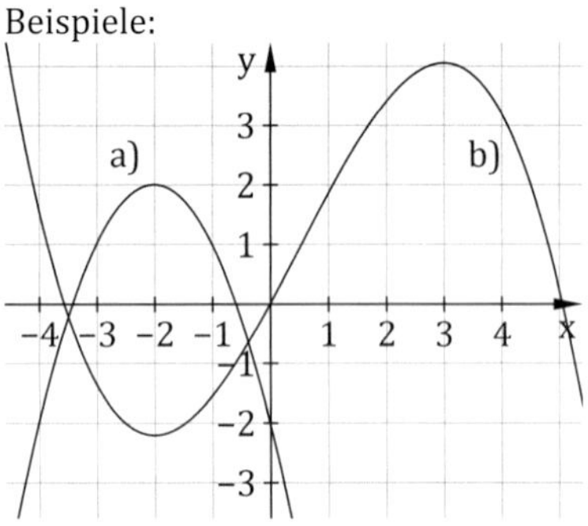

Seite 117 | Aufgabe 3

a) ① f ist streng monoton steigend für $x > 3$, streng monoton fallend für $x < 3$.
② f ist streng monoton steigend für $1 < x < 3$, streng monoton fallend für $x < 1$ und für $x > 3$.
③ f ist streng monoton steigend für $-1 < x < 1$ und für $x > 4$, streng monoton fallend für $x < -1$ und für $1 < x < 4$.

b) Beispiele:

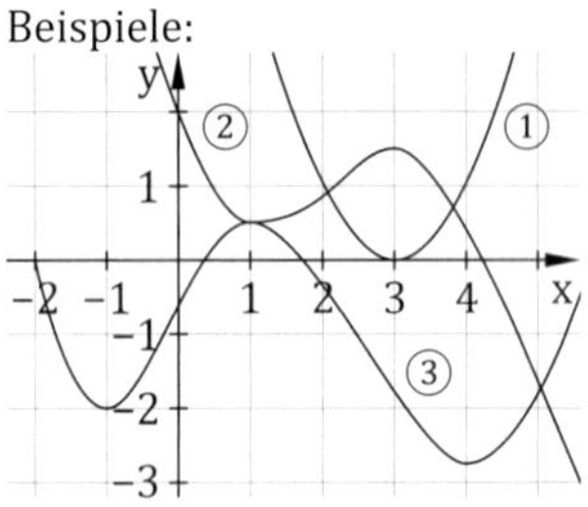

Seite 117 | Aufgabe 4

a) f ist streng monoton fallend für $x < -4$ und für $0 < x < 2$; f ist streng monoton steigend für $-4 < x < 0$ und für $x > 2$. f' hat Nullstellen bei $x = -4$, $x = 0$ und bei $x = 2$.

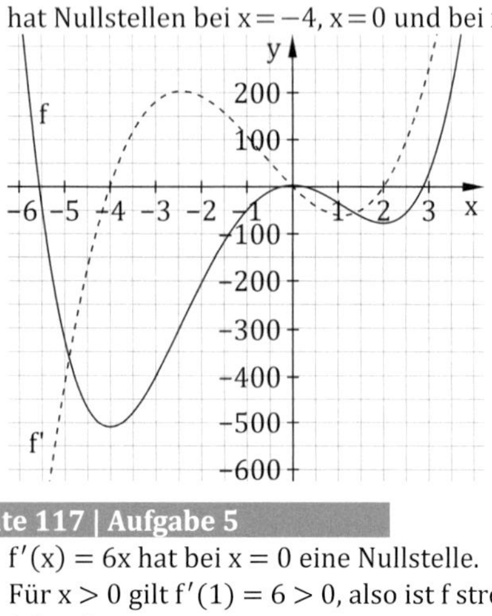

b) f ist streng monoton fallend für $x < 0$ und für $0 < x < 1{,}56$; f ist streng monoton steigend für $x > 1{,}56$. f' hat Nullstellen bei $x = 0$ und bei $x \approx 1{,}56$.

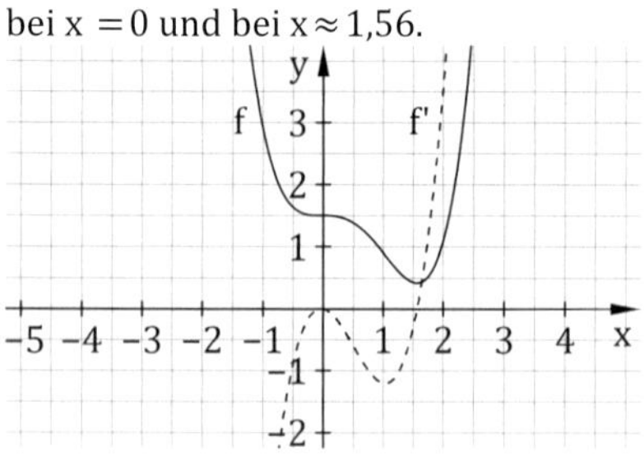

Seite 117 | Aufgabe 5

a) $f'(x) = 6x$ hat bei $x = 0$ eine Nullstelle.
Für $x > 0$ gilt $f'(1) = 6 > 0$, also ist f streng monoton steigend; für $x < 0$ gilt $f'(-1) = -6 < 0$, also ist f streng monoton fallend.

b) $f'(x) = 3x^2 - 6x - 24$ hat bei $x = 4$ und $x = -2$ Nullstellen.
Für $x < -2$ gilt $f'(-3) = 27 + 18 - 24 > 0$, also ist f streng monoton steigend.
Für $-2 < x < 4$ gilt $f'(1) = 3 - 6 - 24 < 0$, also ist f streng monoton fallend.
Für $x > 4$ gilt $f'(5) = 75 - 30 - 24 < 0$, also ist f streng monoton steigend.

c) $f'(x) = 3x^2 + 2$ hat keine Nullstelle, also gibt es nur ein Monotonieintervall.
$f'(0) = 2 > 0$: Die Funktion steigt für alle x.

d) $f'(x) = -5$ hat keine Nullstelle, also gibt es nur ein Monotonieintervall.
$f'(x) = -5 < 0$: Die Funktion fällt für alle x.

e) $f'(x) = -3x^2 + 6$ hat Nullstellen bei $x = \sqrt{2}$ und $x = -\sqrt{2}$.
Für $x < -\sqrt{2}$ gilt $f'(-2) = -12 + 6 < 0$, also ist f streng monoton fallend.
Für $-\sqrt{2} < x < \sqrt{2}$ gilt $f'(1) = -3 + 6 > 0$, also ist f streng monoton steigend.
Für $x > \sqrt{2}$ gilt $f'(2) = -12 + 6 < 0$, also ist f streng monoton fallend.

f) $f'(x) = \frac{1}{3}x^2 - \frac{2}{3}x - \frac{8}{3}$ hat Nullstellen bei $x = 4$ und bei $x = -2$.
Für $x < -2$ gilt $f'(-3) = 3 + 2 + \frac{8}{3} > 0$, also ist f streng monoton steigend.
Für $-2 < x < 4$ gilt $f'(1) = \frac{1}{3} - \frac{2}{3} - \frac{8}{3} < 0$, also ist f streng monoton fallend.
Für $x > 4$ gilt $f'(5) = \frac{25}{3} - \frac{10}{3} - \frac{8}{3} > 0$, also ist f streng monoton steigend.

Seite 117 | Aufgabe 6

Beispiele:

a) $f(x) = x^2 - 6x$

b) $f(x) = -x^2 - 2x$

Seite 117 | Aufgabe 7

Beispiel:

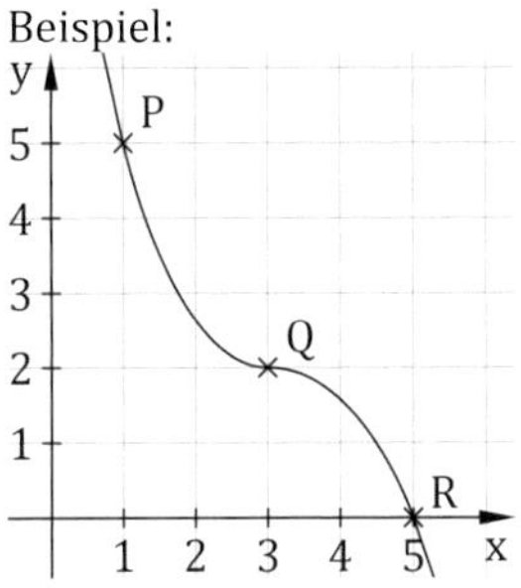

Seite 117 | Aufgabe 8

Beispiel:

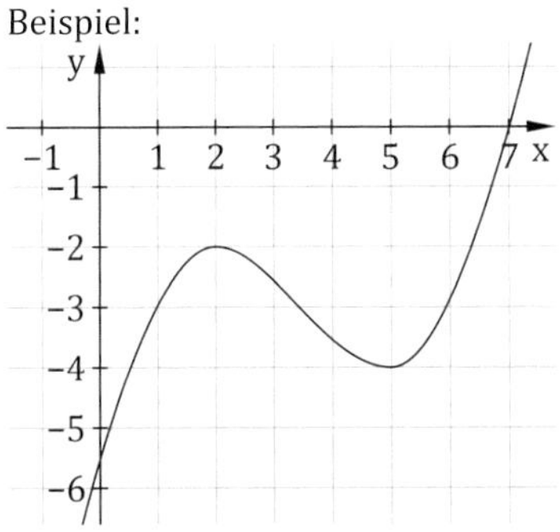

Seite 118 | Aufgabe 9

a) Falsch, denn die Ableitung ist negativ.
b) Wahr, denn die Ableitung ist positiv.
c) Nicht entscheidbar.
d) Wahr, die Ableitung ist im Intervall negativ.
e) Wahr.
f) Nicht entscheidbar.

Seite 118 | Aufgabe 10

Die Aussage ist falsch; sie wäre richtig, wenn das Bild den Verlauf von f, nicht f′ zeigen würde. Aus diesem Bild kann man ablesen, dass f für $x < -1$ und $x > 1$ steigt und für $-1 < x < 1$ fällt.

Seite 118 | Aufgabe 11

a) Wenn die Funktion nach der (eventuell vorhandenen) Nullstelle streng monoton steigend ist, können die Funktionswerte nur immer größer werden und deshalb nicht erneut den Wert null annehmen.
Wenn die Funktion vor der (eventuell vorhandenen) Nullstelle streng monoton fallend ist, können die Funktionswerte nur immer kleiner werden und deshalb nicht erneut den Wert null annehmen.

b) Beispiel: $f(x) = 2^x + 1$

Seite 118 | Aufgabe 12

a) Die ersten beiden Zeilen geben das Vorzeichen der Faktoren der Ableitung an, die dritte das sich daraus ergebende Vorzeichen der gesamten Ableitung. Die Funktion steigt streng monoton, wenn die Ableitung positiv ist, sie fällt streng monoton, wenn die Ableitung negativ ist.

b) $g'(x) = (x + 1)(x - 2)$

	$x < -1$	$-1 < x < 2$	$x > 2$
$x + 1$	–	+	+
$x - 2$	–	–	+
g'	+	–	+
g	streng monoton steigend	streng monoton fallend	streng monoton steigend

$h'(x) = (x - 4)(x - 6)^2(x - 8)$

	$x < 4$	$4 < x < 6$	$6 < x < 8$	$x > 8$
$x - 4$	–	+	+	+
$(x - 6)^2$	+	+	+	+
$x - 8$	–	–	–	+
h'	+	–	–	+
h	streng monoton steigend	streng monoton fallend	streng monoton fallend	streng monoton steigend

Seite 118 | Aufgabe 13

$f'(x) = 0{,}006\,x^2 - 0{,}18\,x + 1{,}35$

a) $f'(0) = 1{,}35$, d.h., 135 m Höhengewinn auf einer horizontalen Strecke von 1000 m sind eine Steigung von 13,5 %.

b) $f'(x) = 0$ gilt für $x = 15$.
$x < 15$: $f'(10) = 0{,}6 - 1{,}8 + 1{,}35 > 0$, also geht es in diesem Bereich bergauf.
$x > 15$: $f'(20) = 2{,}4 - 3{,}6 + 1{,}35 > 0$, also geht es in diesem Bereich bergauf.

c) Höhe bei $x = 10$: $f(10) = 14{,}15$; Steigung bei $x = 10$: $f'(10) = 0{,}15$, Gleichung der Tangente: $t(x) = 0{,}15x + 12{,}65$
Am Ende der Strecke, also bei $x = 24$, hätte man so eine Höhe von $t(24) = 16{,}25$ erreicht. Das sind 1625 m über dem Meeresspiegel.

Seite 118 | Aufgabe 14

$f'(x) = -\left(\frac{1}{x^2}\right)$

Sowohl f(x) als auch f'(x) sind bei $x = 0$ nicht definiert. Deswegen ist f(x) zwar für $x < 0$ und für $x > 0$ streng monoton fallend, nicht jedoch in $\mathbb{R}$.

4.2 Hoch- und Tiefpunkte

Seite 119 | Einstieg

a)

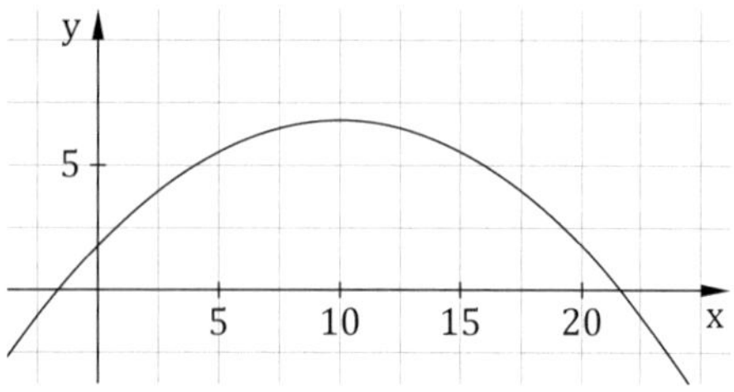

Der höchste Punkt des Graphen ist H(10|6,8).

b) Das Monotonieverhalten ändert sich im höchsten Punkt von steigend zu fallend, die Ableitung also von positiv zu negativ. Im höchsten Punkt selbst ist die Ableitung also null.

Seite 121 | Aufgabe 1

a) Hochpunkt H(2|5), f'(x) wechselt das Vorzeichen von + nach –.

b) Hochpunkte $H_1(-1|2)$ und $H_2(1|2)$, Tiefpunkt T(0|1), f'(x) wechselt um H_1 das Vorzeichen von + nach –, um H_2 von + nach – und um T von – nach +.

c) Hochpunkt H(1|4), f'(x) wechselt das Vorzeichen von + nach –.
Tiefpunkt T(3|2), f'(x) wechselt das Vorzeichen von – nach +.

Seite 121 | Aufgabe 2

a) f ist streng monoton steigend für $x < 1$ und für $x > 4$ sowie streng monoton fallend für $1 < x < 4$.

b) f ist streng monoton steigend für $2 < x < 5$ und streng monoton fallend für $x < 2$ und für $x > 5$.

c) f ist streng monoton steigend für $x < -2$ und für $1 < x < 4$ sowie streng monoton fallend für $-2 < x < 1$ und für $x > 4$.

Skizzen:

a)

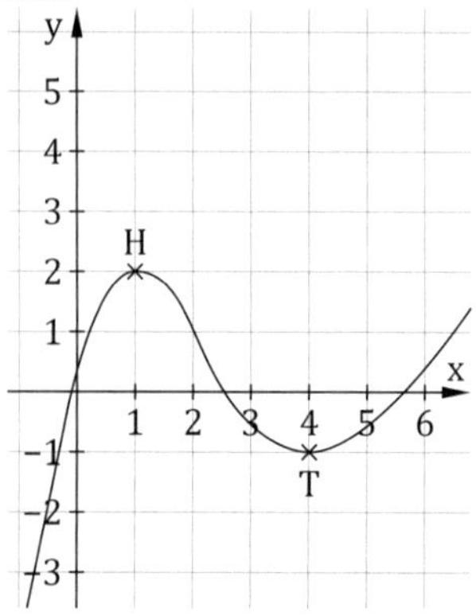

b)

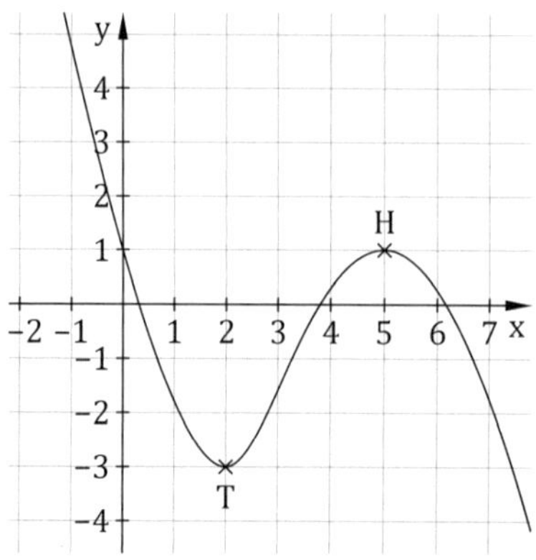

c)

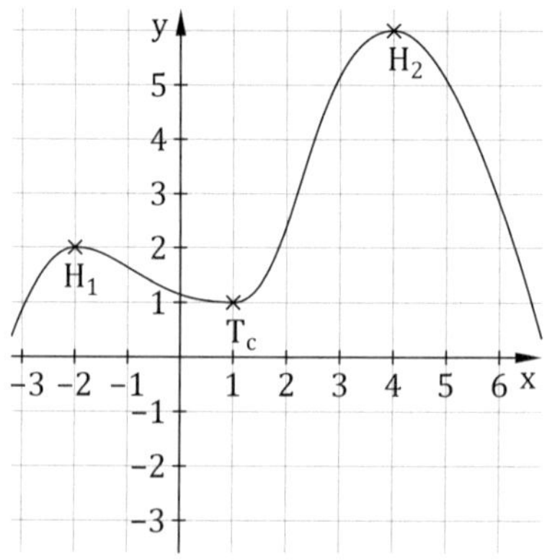

Seite 121 | Aufgabe 3

a) $x_H = 1; x_T = 4$
b) $x_T = 4$
c) $x_{T_1} = 1; x_H = 2; x_{T_2} = 3$

Seite 121 | Aufgabe 4

a) $f'(x) = 2x - 8$; $0 = 2x - 8$ gilt für $x = 4$.
$f'(3{,}5) = -1$; $f'(4{,}5) = 1$: f besitzt an der Stelle $x = 4{,}5$ ein lokales Minimum.
b) $f'(x) = 6x^2 - 6x - 12$ gilt für $x_1 = 2$ oder für $x_2 = -1$.
$f'(1) = -12$; $f'(3) = 24$: f besitzt an der Stelle $x = 2$ ein lokales Minimum.
$f'(-2) = 24$; $f'(0) = -12$: f besitzt an der Stelle $x = -1$ ein lokales Maximum.

Seite 121 | Aufgabe 5

a) $f'(x) = 6x$; $f'(x) = 0$ gilt für $x = 0$; $f'(-1) = -6 < 0$; $f'(1) = 6 > 0$: T(0|2) ist Tiefpunkt.
b) $f'(x) = 12x^2 - 12x$; $f'(x) = 0$ gilt für $x_1 = 0$ und für $x_2 = 1$.
$f'(-0{,}5) = 9 > 0$; $f'(0{,}5) = -3 < 0$: H(0|5) ist Hochpunkt.
$f'(0{,}5) = -3 < 0$; $f'(1{,}5) = 9 > 0$: T(1|3) ist Tiefpunkt.
c) $f'(x) = 3x^2 - 18x + 24$; $f'(x) = 0$ gilt für $x_1 = 2$ und für $x_2 = 4$.
$f'(1) = 9 > 0$; $f'(3) = -3 < 0$: H(2|4) ist Hochpunkt.
$f'(3) = -3 < 0$; $f'(5) = 9 > 0$: T(4|0) ist Tiefpunkt.
d) $f'(x) = -1{,}5x^2 + 12x - \frac{45}{2}$; $f'(x) = 0$ gilt für $x_1 = 3$ und für $x_2 = 5$.
$f'(2) = -4{,}5 < 0$: $f'(4) = 1{,}5 > 0$: T(3|−2) ist Tiefpunkt.
$f'(4) = 1{,}5 > 0$; $f'(6) = -4{,}5 < 0$: H(5|0) ist Hochpunkt.
Individuelle Lösungen beim Zeichnen der Graphen mit dem GTR.

Seite 121 | Aufgabe 6

a) $f'(x) = 4x^3 - 9x$

x	-2	$-1{,}5$	-1	0	1	$1{,}5$	2
$f'(x)$	-14	0	5	0	-5	0	14
	↘	→	↗	→	↘	→	↗
		Minimalstelle Minimum: $-\frac{33}{16}$		Maximalstelle Maximum: 3		Minimalstelle Minimum: $-\frac{33}{16}$	

b) $f'(x) = -3x^2 - 2x + 1$

x	-2	-1	0	$\frac{1}{3}$	1
$f'(x)$	-7	0	1	0	-4
	↘	→	↗	→	↘
		Minimalstelle Minimum: 0		Maximalstelle Maximum: $\frac{32}{27}$	

c) $f'(x) = \frac{4}{9}x^3 - 4x^2 + 8x$

x	-3	0	1	3	5	6	9
$f'(x)$	-72	0	$\frac{40}{9}$	0	$-\frac{40}{9}$	0	72
	↘	→	↗	→	↘	→	↗
		Minimalstelle Minimum: -4		Maximalstelle Maximum: 5		Minimalstelle Minimum: -4	

d) $f'(x) = 1 - \frac{1}{2\sqrt{x}}$

x	$0{,}1$	$\frac{1}{4}$	1
$f'(x)$	$-0{,}58$	0	$\frac{1}{2}$
	↘	→	↗
		Minimalstelle Minimum: $-\frac{1}{4}$	

Individuelle Lösungen beim Zeichnen der Graphen mit dem GTR.

Seite 121 | Aufgabe 7

a) $f'(x) = 2x$

x	-1	0	1
$f'(x)$	-2	0	2
	↘	→	↗
		Minimalstelle	

b) $f'(x) = -3x + 3$

x	0	1	2
f'(x)	3	0	−3
	↗	→	↘
		Maximalstelle	

c) $f'(x) = 3x^2 + 6x$

x	−3	−2	−1	0	1
f'(x)	9	0	−3	0	9
	↗	→	↘	→	↗
		Maximalstelle		Minimalstelle	

d) $f'(x) = 6x^2 - 36x$

x	−1	0	1	6	7
f'(x)	42	0	−30	0	42
	↗	→	↘	→	↗
		Maximalstelle		Minimalstelle	

e) $f'(t) = 4t^3 - 4t$

t	−2	−1	−0,5	0	0,5	1	2
f'(t)	−24	0	1,5	0	−1,5	0	24
	↘	→	↗	→	↘	→	↗
		Minimalstelle		Maximalstelle		Minimalstelle	

f) $f'(a) = -3a^2 + 5a$

a	−1	0	1	$\frac{5}{3}$	2
f'(a)	−8	0	2	0	−2
	↘	→	↗	→	↘
		Minimalstelle		Maximalstelle	

g) $f'(x) = 5x^4 - 45x^2$

x	−4	−3	−1	0	1	3	4
f'(x)	560	0	−40	0	−40	0	560
	↗	→	↘	→	↘	→	↗
		Maximalstelle		Sattelstelle		Minimalstelle	

h) $f'(x) = -12x^3 + 12x^2$

x	−1	0	0,5	1	2
f'(x)	24	0	1,5	0	−48
	↗	→	↗	→	↘
		Sattelstelle		Maximalstelle	

Seite 122 | Aufgabe 8

a) $f'(x) = 2x + 24$

x	−13	−12	−11
f'(x)	−2	0	2
	↘	→	↗
		Tiefpunkt: T(−12|0)	

b) $f'(x) = 6x^2 - 12x + 6$

x	0	1	2
f'(x)	6	0	6
	↗	→	↗
		Sattelpunkt: S(1|6)	

c) $f'(x) = 3x^2 - 12x + 9$

x	0	1	2	3	4
f'(x)	9	0	−3	0	9
	↗	→	↘	→	↗
		Hochpunkt: H(1|0)		Tiefpunkt: T(3|−4)	

d) $f'(x) = 20x^3 - 80x$

x	−3	−2	−1	0	1	2	3
f′(x)	−300	0	60	0	−60	0	300
	↘	→	↗	→	↘	→	↗
		Tiefpunkt: $T_1(-2\|-65)$		Hochpunkt: $H(0\|15)$		Tiefpunkt: $T_2(2\|-65)$	

e) $f'(x) = 0{,}75x^2 + 15$

f′ hat keine Nullstellen, daher hat der Graph von f weder Hoch-, Tief- noch Sattelpunkte.

f) $f'(x) = 6x^2 - 30x - 84$

x	−3	−2	0	7	8
f′(x)	60	0	−84	0	60
	↗	→	↘	→	↗
		Hochpunkt: $H(-2\|92)$		Tiefpunkt: $T(7\|-637)$	

Seite 122 | Aufgabe 9

a) weder notwendig noch hinreichend

b) notwendig und hinreichend

c) weder notwendig noch hinreichend

d) notwendig, aber nicht hinreichend

Seite 122 | Aufgabe 10

a) notwendig, aber nicht hinreichend

b) notwendig und hinreichend

c) hinreichend, aber nicht notwendig

d) notwendig, aber nicht hinreichend

e) weder notwendig noch hinreichend

f) hinreichend, aber nicht notwendig

g) hinreichende Bedingung, aber nicht notwendig

h) notwendige Bedingung, aber nicht hinreichend

Seite 122 | Aufgabe 11

a) $g(5) = -20 \cdot 125 + 240 \cdot 25 - 420 \cdot 5 - 760 = 640$

Geht man von einem Monat mit 30 Tagen aus, ergibt sich ein Gewinn von 640 € · 30 = 19 200 €; bei 22 Arbeitstagen sind es 640 € · 22 = 14 080 €.

b) $g'(x) = -60x^2 + 480x - 420$; $g'x) = 0$ gilt für $x_1 = 7$ und für $x_2 = 1$.

$g(7) = 1200$; $g(1) = -960$; den maximalen Gewinn erzielt das Unternehmen also bei einer Stückzahl von 7.

Seite 122 | Aufgabe 12

a) Der Graph von f hat einen Tiefpunkt bei $x = 4$.

b) Der Graph von f hat einen Tiefpunkt bei $x = 1$ und einen Hochpunkt bei $x = 5$.

c) Der Graph von f hat einen Tiefpunkt bei $x = 0$ und Sattelpunkt bei $x = 3$.

Beispiele für mögliche Graphen von f:

a)

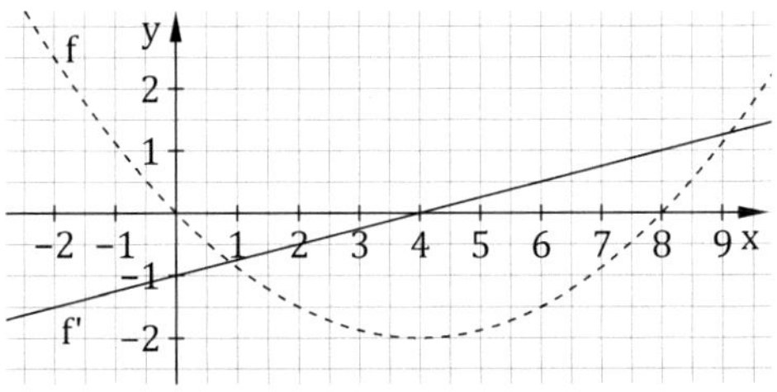

b)

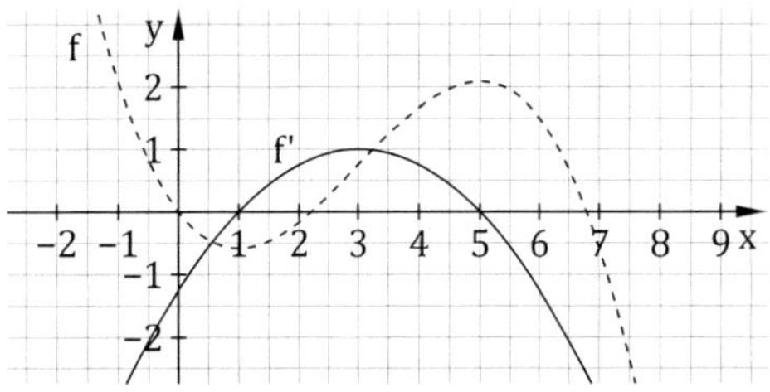

c)

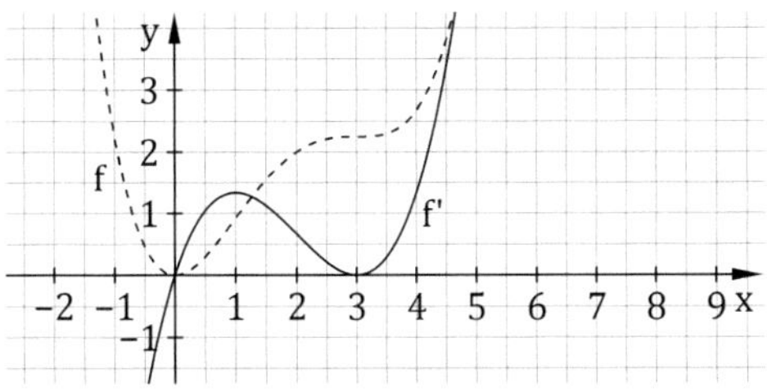

Seite 122 | Aufgabe 13

	links	rechts
Hochpunkt	steigend	fallend
Tiefpunkt	fallend	steigend
Sattelpunkt	steigend	steigend
	fallend	fallend

Seite 122 | Aufgabe 14

$f'(x) = 2\cos(x) + 1$

$f'(x) = 0$ gilt im Intervall $-2\pi \leq x \leq 2\pi$ für $x_1 = -\frac{4}{3}\pi$, für $x_2 = -\frac{2}{3}\pi$, für $x_3 = \frac{2}{3}\pi$ und für $x_4 = \frac{4}{3}\pi$.

x_1 und x_3 sind Maximalstellen, x_2 und x_4 sind Minimalstellen.

Seite 122 | Aufgabe 15

a) „Interessante" Punkte:
Anfangspunkt der Querschnittslinie: A (0 | 1500)
Endpunkt der Querschnittslinie: E (40 | 940)
Hoch- und Tiefpunkte innerhalb der Querschnittslinie:
$g'(x) = -0{,}24x^2 + 10x - 86$; $g'(x) = 0$ gilt für $x_1 \approx 12{,}13$; $x_2 \approx 29{,}53$.
Tiefpunkt (gerundete Koordinaten): T (12,13 | 1049,72)
Hochpunkt (gerundete Koordinaten): H (29,53 | 1260,46)
(Es ist zu beachten, dass der höchste Punkt der gesamten Querschnittslinie nicht Punkt H, sondern der Anfangspunkt A ist. Ebenso liegt der Endpunkt E tiefer als Punkt T.)

b) Eine Einheit auf der x-Achse könnte 10 m, eine Einheit auf der y-Achse 1 km entsprechen.

Seite 123 | Aufgabe 16

a) Falsch, es kann sich auch um einen Sattelpunkt handeln. Gegenbeispiel: $f(x) = x^3$ an der Stelle $x = 0$.
b) Wahr, da dort die Steigung null ist.
c) Wahr, da dort die Steigung null ist.
d) Falsch, die Ableitung ist auch an Sattelpunkten null. Gegenbeispiel: $f(x) = x^3, f'(x) = 3x^2, f'(0) = 0$,aber f besitzt keine Extremstellen.
e) Falsch, der Graph hat dort Extrem- oder Sattelpunkte. Ein Extrempunkt liegt nur bei Vorzeichenwechsel der Ableitung vor. Gegenbeispiel: Der Graph zu $f(x) = x^2$ hat im Punkt T (0|0) eine waagerechte Tangente, aber T ist kein Sattelpunkt.
f) Wahr, da dort die Steigung null ist.
g) Wahr, bei Vorzeichenwechsel liegt ein Hoch- oder Tiefpunkt vor.

Seite 123 | Aufgabe 17

a) $k(0) = 400$: Wird nichts hergestellt, so betragen die Kosten immer noch 400 €, dies sind die Fixkosten.
b) $0 \leq x \leq 200$
c) $e(x) = 50x$
d) $g(x) = e(x) - k(x) = 50x - \frac{1}{1250}x^3 + \frac{2}{125}x^2 - \frac{6}{125}x - 400 = -\frac{1}{1250}x^3 + \frac{2}{125}x^2 + 49\frac{119}{125}x - 400$
e) $g(x) = 0$ gilt für $x_1 \approx 7$ und für $x_2 \approx 256$. Das Unternehmen macht also bei einer Produktion von ca. 1600 bis 51 200 Stück Gewinn.
$g'(x) = -\frac{3}{1250}x^2 + \frac{4}{125}x + 49\frac{119}{125}$; $g'(x) = 0$ gilt für $x_1 \approx 151$ und für $x_2 \approx -138$. (Der negative Wert ist im Sachzusammenhang nicht sinnvoll.)
Der Gewinn ist maximal bei ca. 30 200 Stück.

Seite 123 | Aufgabe 18

a) 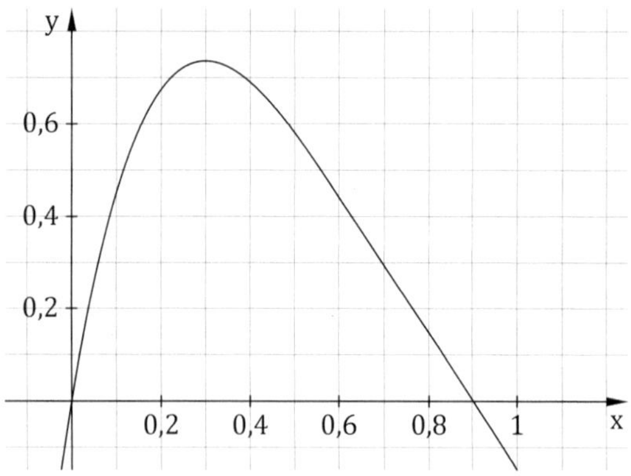

Der Hochpunkt liegt ungefähr bei H(0,3|0,74).

b) $f'(x) = -18{,}4x^3 + 41{,}25x^2 - 30{,}4x + 5{,}9$; $f'(0{,}3) = -0{,}0043$
Der Wert ist nicht exakt null, da an der Grafik nur ein Näherungswert abgelesen werden konnte.

Seite 123 | Aufgabe 19

a) Schnittpunkte: $2x^3 - 4x^2 + x + 8 = 2x^3 - x^2 - 2x + 2$ gilt für $x_1 = 2$ und für $x_2 = -1$.
Die Schnittpunkte sind $S_1(2|10)$ und $S_2(-1|1)$.
b) Abstand zwischen den Graphen: $a(x) = f(x) - g(x) = -3x^2 + 3x + 6$
$a'(x) = -6x + 3$; $a'(x) = 0$ für $x = 0{,}5$.
Der vertikale Abstand der Graphen ist am größten für $x = 0{,}5$.

Seite 123 | Aufgabe 20

a) Lösung unter der Annahme, dass die x-Achse in Höhe des Erdbodens verläuft:
$f'(x) = -0{,}6x + \frac{8}{3}$; $f'(x) = 0$ gilt für $x = \frac{40}{9}$.
$f\left(\frac{40}{9}\right) = \frac{160}{27} \approx 5{,}93$: Das Gewächshaus ist bei $x = \frac{40}{9}$ knapp 6 m hoch.

b) Schnittpunkte mit dem Erdboden: $0 = -0{,}3x^2 + \frac{8}{3}x$ gilt für $x_1 = 0$ und für $x_2 = \frac{80}{9}$.
$f'(0) = \tan(\alpha) = \frac{8}{3}$, also $\alpha \approx 69{,}44°$
$f'\left(\frac{80}{9}\right) = \tan(\alpha) = -2\frac{2}{3}$, also $\alpha \approx -69{,}44°$
Die Stahlbögen schließen mit dem Erdboden einen Winkel von knapp 70° ein.

Seite 124 | Aufgabe 21

a) Die Ableitung hat dann den Grad $(n-1)$, hat also höchstens $(n-1)$ Nullstellen.
b) Eine Funktion n-ten Grades hat höchstens n Nullstellen. Nach Teilaufgabe a) hat sie höchstens $(n-1)$ lokale Extremstellen, also hat sie höchstens eine Nullstelle mehr als lokale Extremstellen.

Seite 124 | Aufgabe 22

Die Aussage ist richtig. Eine ganzrationale Funktion, deren Graph achsensymmetrisch zur x-Achse ist, hat nur gerade Exponenten. Damit hat er bei $x = 0$ einen Hoch- oder Tiefpunkt.
Alternative Begründung: Aufgrund der Symmetrie ändert sich das Monotonieverhalten von f an der Stelle 0, also hat f an der Stelle 0 ein Extremum.

Seite 124 | Aufgabe 23

a) $f'(x) = 3x^2 - 12$; $f'(x) = 0$ gilt für $x_1 = -2$ und für $x_2 = 2$.
An der Stelle $x_1 = -2$ beträgt das lokale Maximum 23, an der Stelle $x_2 = 2$ beträgt das lokale Minimum -9.
b) $f(-3) = 16$; $f(5) = 72$
Globales Maximum in $[-3; 5]$ ist 72, globales Minimum in $[-3; 5]$ ist -9.

Seite 124 | Aufgabe 24

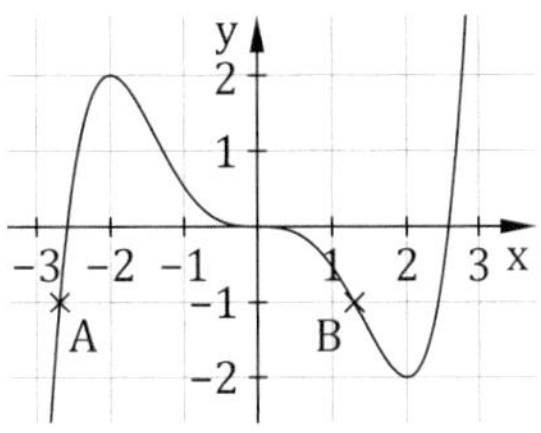

a) $[-3;3]$ b) $[x_a; x_b]$ c) $[-2{,}5;2{,}5]$ d) $[-2{,}5;3]$

Seite 124 | Aufgabe 25

Die Länge der Latten beträgt $l(x) = f(x) - g(x)$.
$l(x) = 0{,}5x^3 + 3x^2 - 7{,}5x + 5$; $l'(x) = 1{,}5x^2 + 6x - 7{,}5$
$l'(x) = 0$ gilt für $x_1 = -5$ und für $x_2 = 1$. x_1 liegt außerhalb des betrachteten Bereichs.
$l(1)=1$
Randwerte: $l(0) = 5$; $l(1{,}5) = 2{,}1875$
Die kürzeste Latte liegt bei $x = 1$ und ist 1 m lang. Die längste Latte liegt bei $x = 0$ und ist 5 m lang.

Seite 124 | Aufgabe 26

a) $f'(x) = 3x^2 + 6x - b$
① $x = 1$: $0 = 3 + 6 - b \Rightarrow b = 9$
$x = -3$: $0 = 27 - 18 - b \Rightarrow b = 9$
② Tiefpunkt bei $x = 1$: $f(1) = 1 + 3 - 9 + c = -8 \Rightarrow c = -3$
③ $f'(x) = 0$ bedeutet $x^2 + 2x - \frac{b}{3} = 0$, dies hat keine Lösung für $1 + \frac{b}{3} < 0$, also für $b < -3$.
b) ① $f(x) = \frac{1}{4}x^4 + \frac{2}{3}x^3 + \frac{1}{2}x^2$
$f'(x) = x^3 + 2x^2 + x$
$f'(x) = 0$ gilt für $x_1 = 0$ und für $x_2 = -1$; Tiefpunkt $T(0|0)$; Sattelpunkt $S\left(-1\middle|\frac{1}{12}\right)$.
② $f'(x) = x^3 - ax^2 + x = x(x^2 - ax + 1)$
Für $|a| < 2$ hat die zweite Klammer keine Nullstelle. Damit gilt $f'(x) = 0$ und $x = 0$ ist die einzige Extremstelle.
③ Für $a < -2$ und für $a > 2$ hat die zweite Klammer zwei Nullstellen. $f'(x) = 0$ gilt dann für 3 Werte von x und f hat drei Extremstellen.

4.3 Krümmung

Seite 125 | Einstieg

Aus der Zeichnung kann man entnehmen, dass der Wechsel von der Linkskurve zur Rechtskurve zwischen $x = 2$ und $x = 4$ erfolgt.

x	0,00	0,50	1,00	1,50	2,00	2,50	2,75	**3,00**	3,25	3,50	4,00	4,50	5,00	5,50
f'(x)	−0,85	−0,44	−0,10	0,16	0,35	0,46	0,49	**0,50**	0,49	0,46	0,35	0,16	−0,10	−0,44

Aus den Beispielwerten der Tabelle wird ersichtlich, dass in der Linkskurve die Steigungen immer weiter anwachsen und in der Rechtskurve immer weiter abnehmen. Der Wechsel von der Linkskurve zur Rechtskurve erfolgt an der Stelle $x = 3$. Dies ist die Stelle mit der höchsten Steigung, die Ableitungsfunktion hat hier ein Maximum.

Seite 126 | Aufgabe 1

Unter der Annahme, dass sich das Krümmungsverhalten des Funktionsgraphens außerhalb des dargestellten Bereichs nicht ändert, gilt:

a) Der Graph von f ist rechtsgekrümmt auf $\mathbb{R}$.
b) Der Graph von f ist linksgekrümmt für $x < 4$; rechtsgekrümmt für $x > 4$.
c) Der Graph von f ist linksgekrümmt für $x < 1$, rechtsgekrümmt für $1 < x < 3$, linksgekrümmt für $x > 3$.

Seite 126 | Aufgabe 2

Beispiel:

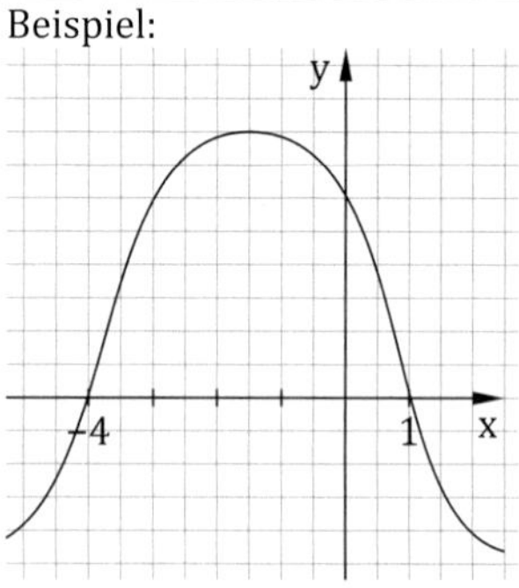

Seite 126 | Aufgabe 3

Unter der Annahme, dass sich das Krümmungsverhalten des Funktionsgraphens außerhalb des dargestellten Bereichs nicht ändert, gilt:

a) Der Graph von f ist linksgekrümmt für $x < 2$, rechtsgekrümmt für $x > 2$.
b) Der Graph von f ist rechtsgekrümmt für $x < -1$, linksgekrümmt für $-1 < x < 4$ und für $x > 4$.
c) Der Graph von f ist rechtsgekrümmt für $x < -1$, linksgekrümmt für $-1 < x < 1$, rechtsgekrümmt für $1 < x < 3$ und linksgekrümmt für $x > 3$.

Seite 126 | Aufgabe 4

Ist $f''(x) > 0$, so ist $f'(x)$ monoton steigend und der Graph von f linksgekrümmt. Dies ist in den Intervallen $x < 1$ und $x > 3$ der Fall.
Ist $f''(x) < 0$, so ist $f'(x)$ monoton fallend und der Graph von f rechtsgekrümmt. Dies ist im Intervall $1 < x < 3$ der Fall.

Seite 126 | Aufgabe 5

a) $f'(x) = 3x^2 - 4x - 5$; $f''(x) = 6x - 4$
b) $f'(x) = -4x^3 - 6x^2 + 8$; $f''(x) = -12x^2 - 6x$
c) $f'(x) = -\frac{1}{x^2}$; $f''(x) = \frac{2}{x^3}$

Seite 126 | Aufgabe 6

a) $f'(x) = 1{,}5x^2 - 6x + 3$; $f''(x) = 3x - 6$: Nullstelle: $f''(x) = 0$ für $x = 2$.
$f''(1) = -3$; $f''(3) = 3$, also ist der Graph von f für $x < 2$ rechtsgekrümmt, für $x > 2$ linksgekrümmt.
b) $f'(x) = -x + 7$; $f''(x) = -1$; der Graph von f ist überall rechtsgekrümmt.
c) $f'(x) = \frac{4}{3}x^3 - 4x + 4$; $f''(x) = 4x^2 - 4$; Nullstellen: $f''(x) = 0$ für $x_1 = 1$ und für $x_2 = -1$.
$f''(2) = f''(-2) = 12$; $f''(0) = -4$, also ist der Graph von f für $-1 < x < 1$ rechtsgekrümmt, sonst linksgekrümmt.
d) $f'(x) = 1{,}25x^4 + 10$; $f''(x) = 5x^3$; Nullstelle: $f''(x) = 0$ für $x = 0$.
$f''(-1) = -5$; $f''(1) = 5$, also ist der Graph von f für $x < 0$ rechtsgekrümmt, für $x > 0$ linksgekrümmt.
e) $f'(x) = 4x^3 - 6$; $f'(x) = 12x^2$: Nullstelle: $f''(x) = 0$ für $x = 0$.
$f''(1) = f''(-1) = 12$, also ist der Graph von f überall linksgekrümmt.
f) $f'(x) = x^2 - 4x - 5$; $f''(x) = 2x - 4$; Nullstelle: $f''(x) = 0$ für $x = 2$.
$f''(0) = -4$, $f''(3) = 2$, also ist der Graph von f für $x < 2$ rechtsgekrümmt, für $x > 2$ linksgekrümmt.

Individuelle Kontrolle der Ergebnisse mithilfe des GTR.

Seite 126 | Aufgabe 7

a) $f'(x) = -2x + 2$; $f''(x) = -2$: Der Graph von f ist immer rechtsgekrümmt.
b) $f'(x) = 3x^2 - 14x + 15$; $f''(x) = 6x - 14$; Nullstelle: $f''(x) = 0$ für $x = \frac{7}{3}$.
$f''(2) = -2$; $f''(3) = 4$: Der Graph von f ist für $x < \frac{7}{3}$ rechtsgekrümmt und für $x > \frac{7}{3}$ linksgekrümmt.
c) $f'(x) = -\frac{1}{3}x^3 + x^2 + 1$; $f''(x) = -x^2 + 2x$; Nullstellen: $f''(x) = 0$ für $x_1 = 0$ und für $x_2 = 2$.
$f''(-1) = -3$; $f''(1) = 1$; $f''(3) = -3$: Der Graph von f ist für $x < 0$ rechtsgekrümmt, für $0 < x < 2$ linksgekrümmt und für $x > 2$ rechtsgekrümmt.
d) $f'(x) = -\frac{1}{3}x^3 - x^2 - 2x$; $f''(x) = -x^2 - 2x - 2$: keine Nullstellen, $f''(x) < 0$: Der Graph von f ist überall rechtsgekrümmt.

e) $f'(x) = 4x^3 + 9x^2 + 6x + 1$; $f''(x) = 12x^2 + 18x + 6$; Nullstellen: $f''(x) = 0$ für $x_1 = -0{,}5$ und für $x_2 = -1$.
$f''(-2) = 18$; $f''(-0{,}75) = -0{,}75$; $f''(0) = 6$: Der Graph von f ist für $x < -1$ linksgekrümmt, für $-1 < x < -0{,}5$ rechtsgekrümmt und für $x > -0{,}5$ linksgekrümmt.

f) $f'(x) = x^3 - 2x^2 + x$; $f''(x) = 3x^2 - 4x + 1$; Nullstellen: $f''(x) = 0$ für $x_1 = 1$ und für $x_2 = \frac{1}{3}$.
$f''(0) = 1$; $f''(0{,}5) = -0{,}25$; $f''(2) = 5$: Der Graph von f ist für $x < \frac{1}{3}$ linksgekrümmt, für $\frac{1}{3} < x < 1$ rechtsgekrümmt und für $x > 1$ linksgekrümmt.

Seite 126 | Aufgabe 8

a) Der Graph von f ist rechtsgekrümmt.
b) Der Graph von f ist für $x < 3$ rechtsgekrümmt und für $x > 3$ linksgekrümmt.
c) Der Graph von f ist rechtsgekrümmt.
Individuelle Kontrolle der Ergebnisse mithilfe des GTR.

Seite 127 | Aufgabe 9

a) $f'(x) = -8x + 8$; $f''(x) = -8$; $f'(x) = 0$ gilt für $x = 1$.
$f''(1) = -8 < 0 \Rightarrow$ Hochpunkt $H(1|4)$
b) $f'(x) = \frac{3}{8}x^2 - 1{,}5x$; $f''(x) = 0{,}75x - 1{,}5$; $f'(x) = 0$ gilt für $x_1 = 0$ und für $x_2 = 4$.
$f''(0) = -1{,}5 < 0 \Rightarrow$ Hochpunkt $H(0|2)$
$f'(4) = 1{,}5 > 0 \Rightarrow$ Tiefpunkt $T(4|-2)$
c) $f'(x) = 0{,}3x^2 - 0{,}6x$; $f''(x) = 0{,}6x - 0{,}6$; $f'(x) = 0$ gilt für $x_1 = 0$ und für $x_2 = 2$.
$f''(0) = -0{,}6 < 0 \Rightarrow$ Hochpunkt $H(0|2{,}4)$
$f''(2) = 0{,}6 > 0 \Rightarrow$ Tiefpunkt $T(2|2)$
d) $f'(x) = \frac{3}{8}x^2 - 3x + 4{,}5$; $f''(x) = 0{,}75x - 3$; $f'(x) = 0$ gilt für $x_1 = 6$ und für $x_2 = 2$.
$f''(2) = -1{,}5 < 0 \Rightarrow$ Hochpunkt $H(2|4)$
$f''(6) = 1{,}5 > 0 \Rightarrow$ Tiefpunkt $T(6|0)$
e) $f'(x) = \frac{1}{3}x^2 - \frac{2}{3}x - \frac{8}{3}$; $f''(x) = \frac{2}{3}x - \frac{2}{3}$; $f'(x) = 0$ gilt für $x_1 = 4$ und für $x_2 = -2$.
$f''(-2) = -2 < 0 \Rightarrow$ Hochpunkt $H(-2|6)$
$f''(4) = 2 > 0 \Rightarrow$ Tiefpunkt $T(4|-6)$
f) $f'(x) = x^3 - 4x$; $f''(x) = 3x^2 - 4$; $f'(x) = 0$ gilt für $x_1 = 0$, für $x_2 = 2$ und für $x_3 = -2$.
$f''(0) = -4 < 0 \Rightarrow$ Hochpunkt $H(0|0)$
$f''(2) = f''(-2) = 8 > 0 \Rightarrow$ Tiefpunkte $T_1(2|-4)$; $T_2(-2|-4)$

Seite 127 | Aufgabe 10

Individuelle Zeichnungen mithilfe des GTR.
$f(x) = x^3$; $f'(x) = 3x^2$; $f''(x) = 6x$
$g(x) = \frac{1}{4}x^4 - x^3 + 4x$; $g'(x) = x^3 - 3x^2 + 4$; $g''(x) = 3x^2 - 6x$
$h(x) = -\frac{1}{2}x^3 + 3x^2 - 6x$; $h'(x) = -\frac{3}{2}x^2 + 6x - 6$; $h''(x) = -3x + 6$
a) f: Sattelpunkt bei $S_f(0|0)$; g: Sattelpunkt bei $S_g(2|4)$; h: Sattelpunkt bei $S_h(2|-4)$
b) Die Graphen von f', g', h' haben an den Sattelstellen einen Extrempunkt.
Die Graphen von f'', g'', h'' schneiden an den Sattelstellen die x-Achse.

Seite 128 | Aufgabe 11

a) An den beiden Extremstellen der zum grünen Graphen gehörenden Funktion hat die zum roten Graphen gehörende Funktion Nullstellen, daher kann $(f_{\textcircled{3}})' = f_{\textcircled{2}}$ gelten. An den drei Extrempunkten des roten Graphen hat die zum blauen Graph gehörende Funktion Nullstellen, daher kann $(f_{\textcircled{2}})' = f_{\textcircled{1}}$ gelten. An der Stelle $x = 0$ hat der grüne Graph einen Sattelpunkt, der rote Graph einen Hochpunkt und der blaue Graph schneidet die x-Achse. Daher gilt:
③ grün – f ② rot – f' ① blau – f''
b) An der Extremstelle der zum grünen Graphen gehörenden Funktion hat die zum blauen Graphen gehörende Funktion eine Nullstelle, daher kann $(f_{\textcircled{3}})' = f_{\textcircled{1}}$ gelten. An den vier Extrempunkten des blauen Graphen hat die zum roten Graphen gehörende Funktion Nullstellen, daher kann $(f_{\textcircled{1}})' = f_{\textcircled{2}}$ gelten. Daher gilt:
③ grün – f ① blau – f' ② rot – f

Seite 128 | Aufgabe 12

a)
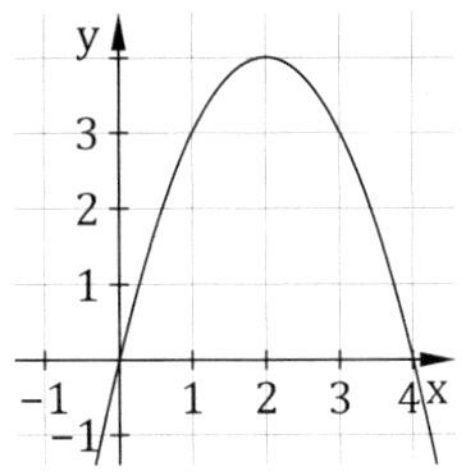

b)
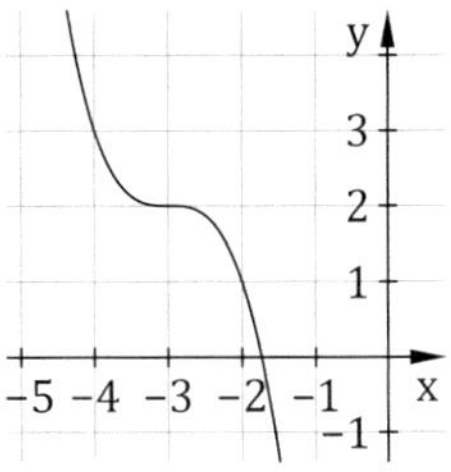

c)
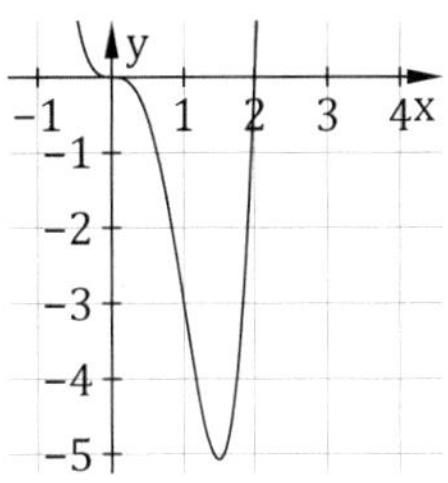

d) 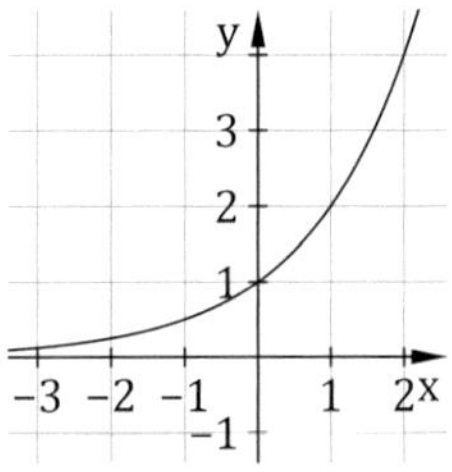

e) 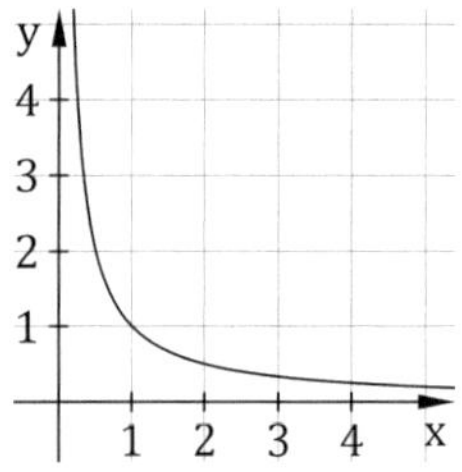

Seite 128 | Aufgabe 13

a) $h(5) = 22{,}75$ cm; $h(15) = 105{,}25$ cm

b) $h'(t) = -0{,}09t^2 + 1{,}8t$; $h''(t) = -0{,}18t + 1{,}8$
$h''(0) = 1{,}8$; $h''(10) = 0$
$h''(t)$ ist für $0 < x < 10$ positiv, damit nimmt die Wachstumsgeschwindigkeit $h'(t)$ zu.

c) Ab $t = 10$ verlangsamt sich die Wachstumsgeschwindigkeit; der Graph von h beschreibt eine Rechtskurve.

d) $h'(t) = 0 \Rightarrow -0{,}09t^2 + 1{,}8t = 0 \Rightarrow t(t-20) = 0$
$h''(0) = 1{,}8 > 0$; $h''(20) = -1{,}8 < 0$
Die Extremstellen liegen also bei $t = 0$ (Tiefpunkt) und $t = 20$ (Hochpunkt), also zu Beginn und Ende des Beobachtungsintervalls.

Seite 128 | Aufgabe 14

a) Eine positive Beschleunigung bedeutet eine Geschwindigkeitsvergrößerung, eine negative, dass sich die Geschwindigkeit verringert, also eine Bremsung.

b) Der rote Graph beschreibt die momentane Auslenkung s aus der Ruhelage; bei maximaler Auslenkung ist die Geschwindigkeit 0 und bei Durchgang durch die Nulllage ist die Geschwindigkeit maximal. Der grüne Graph beschreibt die momentane Geschwindigkeit v; bei maximaler Auslenkung ist die Beschleunigung a ebenfalls maximal in entgegengesetzter Richtung. Der blaue Graph beschreibt die momentane Beschleunigung; es gilt $s'' = v' = a$.

Seite 128 | Aufgabe 15

Ist auch die zweite Ableitung null, so bedeutet dies nicht, dass es sich um keine Extremstelle handelt. Es bedeutet lediglich, dass man dies mit diesem Kriterien nicht entscheiden kann. Da die erste Ableitung bei $x = 2$ das Vorzeichen wechselt, handelt es sich um eine Extremstelle, genauer einen Tiefpunkt.

Seite 129 | Aufgabe 16

„Die notwendige Bedingung ist nicht hinreichend."
Beispiel: Es gilt $g'(0) = 0$. Im Punkt $(0|0)$ hat der Graph von g aber keinen Extrempunkt.
Ist die notwendige Bedingung erfüllt, kann man nicht mit Sicherheit sagen, dass ein Extrempunkt vorliegt (sie ist nicht hinreichend).
„Die hinreichende Bedingung ist nicht notwendig."
Beispiel: Der Punkt $(0|0)$ ist ein Extrempunkt des Graphen von h. Dennoch gilt $h''(0) = 0$.
Ist die hinreichende Bedingung erfüllt, kann man mit Sicherheit sagen, dass ein Extrempunkt vorliegt. Es gibt aber Extrempunkte, an denen die hinreichende Bedingung nicht erfüllt ist (sie ist also nicht notwendig).

Seite 129 | Aufgabe 17

a) $f'(x) = x^3 + 3x^2$; $f''(x) = 3x^2 + 6x$
$f'(x) = 0$ gilt für $x_1 = 0$ und für $x_2 = -3$.
$f''(0) = 0$, kein Vorzeichenwechsel von $f'(x)$ bei $x = 0$: Sattelpunkt $S(0|-2{,}75)$
$f''(-3) = 9 > 0$: Tiefpunkt $T(-3|-9{,}5)$

b) $f'(x) = 15x^4 - 15x^2$; $f''(x) = 60x^3 - 30x$
$f'(x) = 0$ gilt für $x_1 = 0$, für $x_2 = -1$ und für $x_3 = 1$.
$f''(0) = 0$, kein Vorzeichenwechsel von $f'(x)$ bei $x = 0$: Sattelpunkt $S(0|0)$
$f''(1) = 30$, Tiefpunkt $T(1|-2)$
$f''(-1) = -30$, Hochpunkt $H(-1|2)$

Seite 129 | Aufgabe 18

a) $f(x) = x^4 - 4x^3 + 4x^2$; $f'(x) = 4x^3 - 12x^2 + 8x$; $f''(x) = 12x^2 - 24x + 8$
waagerechte Tangente bei $x_1 = 0$; $x_2 = 1$; $x_3 = 2$
$f''(0) = 8 > 0$: Tiefpunkt $T_1(0|0)$
$f''(1) = -4 < 0$: Hochpunkt $H(1|1)$
$f''(2) = 8 > 0$: Tiefpunkt $T_2(2|0)$

b) $f(x) = \frac{1}{4}x^3 - \frac{3}{2}x^2 + 8$; $f'(x) = \frac{3}{4}x^2 - 3x$; $f''(x) = \frac{3}{2}x - 3$
waagerechte Tangente bei $x_1 = 0$; $x_2 = 4$
$f''(0) = -3 < 0$: Hochpunkt $T_1(0|8)$
$f''(4) = 3 > 0$: Tiefpunkt $H(4|0)$

c) $f(x) = -\frac{1}{8}x^3 + \frac{3}{2}x$; $f'(x) = -\frac{3}{8}x^2 + \frac{3}{2}$; $f''(x) = -\frac{3}{4}x$
waagrechte Tangente bei $x_1 = 2$; $x_2 = -2$
$f''(2) = -1{,}5 < 0$: Hochpunkt $H(2|2)$
$f''(-2) = 1{,}5 > 0$: Tiefpunkt $T(-2|-2)$

d) $f(x) = 3x^3 - 27x^2 + 81x - 84$; $f'(x) = 9x^2 - 54x + 81$; $f''(x) = 18x - 54$
waagerechte Tangente bei $x = 3$
$f''(3) = 0$: kein Vorzeichenwechsel; Sattelpunkt $S(3|-3)$

e) $f(x) = \frac{3}{8}x^5 - \frac{5}{4}x^3 + \frac{15}{8}x$; $f'(x) = \frac{15}{8}x^4 - \frac{15}{4}x^2 + \frac{15}{8}$; $f''(x) = \frac{15}{2}x^3 - \frac{15}{2}x$
waagrechte Tangente bei $x_1 = 1$; $x_2 = -1$
$f''(1) = 0$: kein Vorzeichenwechsel, Sattelpunkt $S_1(1|1)$
$f''(-1) = 0$: kein Vorzeichenwechsel, Sattelpunkt $S_2(-1|-1)$

f) $f(x) = -\frac{3}{8}x^4 + 2x^3 - 3x^2$; $f'(x) = -\frac{3}{2}x^3 + 6x^2 - 6x$; $f''(x) = -\frac{9}{2}x^2 + 12x - 6$
waagerechte Tangente bei $x_1 = 0$; $x_2 = 2$
$f''(0) = -6 < 0$: Hochpunkt $H(0|0)$
$f''(2) = 0$, kein Vorzeichenwechsel: Sattelpunkt $S(2|-2)$

Seite 129 | Aufgabe 19

Individuelle Lösungen beim Vergleich der Verfahren.
$f(x)$: $H_1\left(-1\middle|4\frac{1}{12}\right)$; $H_2\left(4\middle|-6\frac{1}{3}\right)$
$g(x)$: $S\left(2\middle|2\frac{2}{3}\right)$;
$h(x)$: $T_1(-1|-0{,}5)$; $H(0|0)$; $T_2(1|-0{,}5)$

Seite 129 | Aufgabe 20

An der Stelle $x = 0$ gilt $f(0) = 2$ und für die Gerade $y = 2$: Steigung der Geraden: 0; Krümmung der Geraden: 0
An der Stelle $x = 4$ gilt $f(4) = 1$ und für die Gerade $y = 1$: Steigung der Geraden: -2; Krümmung der Geraden: 0

a) $f(x) = -\frac{3}{32}x^3 + \frac{5}{16}x^2 + 2$; $f'(x) = -\frac{9}{32}x^2 + \frac{5}{8}x$; $f''(x) = -\frac{18}{32}x + \frac{5}{8} = -\frac{9}{16}x + \frac{5}{8}$
$f'(0) = 0$; $f''(0) = \frac{5}{8}$
$f'(4) = -2$; $f''(4) = -1\frac{5}{8}$

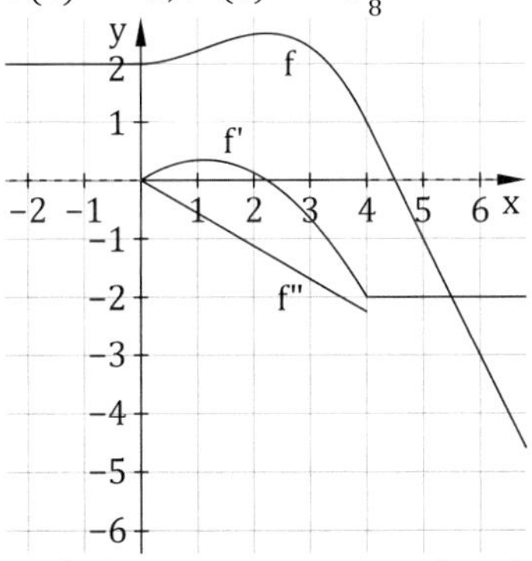

Beide Steigungen stimmen überein, die Krümmungen nicht.

b) $g(x) = -\frac{5}{256}x^4 + \frac{1}{16}x^3 + 2$; $g'(x) = -\frac{20}{256}x^3 + \frac{3}{16}x^2 = -\frac{5}{64}x^3 + \frac{3}{16}x^2$; $g''(x) = -\frac{15}{64}x^2 + \frac{6}{16}x = -\frac{15}{64}x^2 + \frac{3}{8}x$
$g'(0) = 0$; $g''(0) = 0$
$g'(4) = -2$; $g''(4) = -2{,}25$

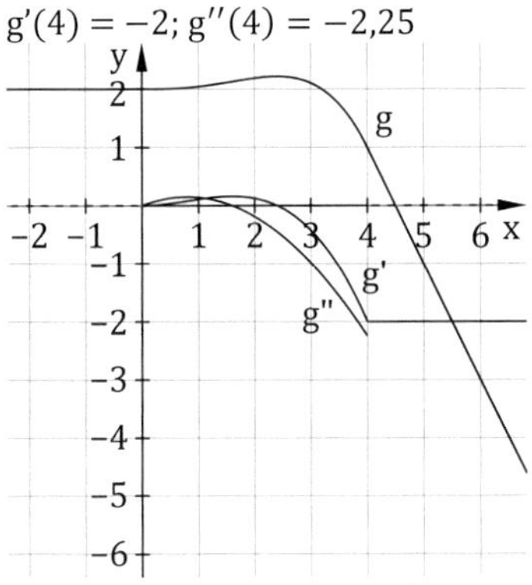

Die Steigungen stimmen überein, die Krümmungen nur bei $x = 0$.

$h(x) = \frac{9}{512}x^5 - \frac{41}{256}x^4 + \frac{11}{32}x^3 + 2; h'(x) = \frac{45}{512}x^4 - \frac{164}{256}x^3 + \frac{33}{32}x^2; h''(x) = -\frac{180}{256}x^3 - \frac{492}{256}x^2 + \frac{66}{32}x$

$h'(0) = 0; h''(0) = 0$

$h'(4) = -2; h''(4) = 0$

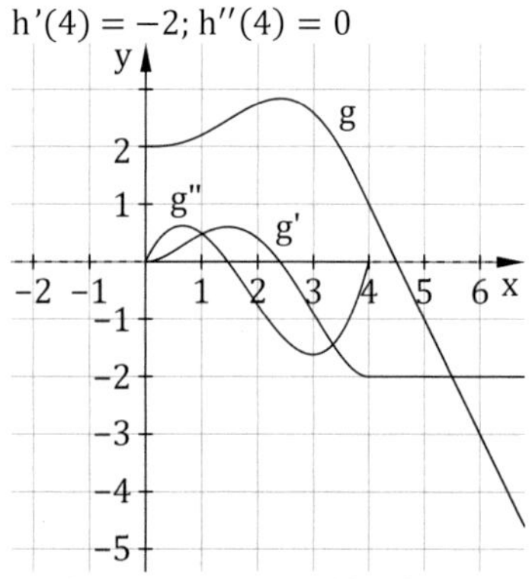

Beide Steigungen und beide Krümmungen stimmen überein.

Seite 129 | Aufgabe 21

a)

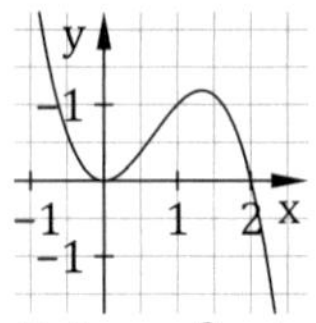

b) $f(x) = ax^3 + bx^2 + cx + d; a, b, c, d \in \mathbb{R}$

$f(0) = 0 \Rightarrow d = 0$

$f'(x) = 3ax^2 + 2bx + c$

$f'(0) = 0 \Rightarrow c = 0 \Rightarrow f(x) = ax^3 + bx^2; f'(x) = 3ax^2 + 2bx; f''(x) = 6ax + 2b; f'''(x) = 6a$

In einer Linkskurve nimmt die Steigung stetig zu, nach dem Übergang in eine Rechtskurve nimmt sie stetig ab, an der Stelle $x = 1$ ist die Steigung also lokal maximal.

$f''(1) = 6a \cdot 1 + 2b = 0 \Rightarrow b = -3a$

Damit die Steigung maximal wird, muss ihre Ableitung negativ sein, also $f'''(1) < 0$ und damit $6a < 0$ bzw. $a < 0$.

Allgemeine Funktionsgleichung für alle Lösungen: $f(x) = ax^3 - 3ax^2$ für $a < 0$

4.4 Wendepunkte

Seite 130 | Einstieg

Die Stelle $x = 3$ ist im Höhenprofil die Stelle des steilsten Anstiegs und in der Draufsicht die Stelle, an der eine Linkskurve in eine Rechtskurve übergeht. Da die Stelle des größten Anstiegs eines Graphen von f eine Extremstelle von f' ist, muss sie eine Nullstelle der zweiten Ableitungsfunktion f'' sein.

Seite 131 | Aufgabe 1

a) $W(2|-1)$, kein Sattelpunkt
b) $W(2|3)$, kein Sattelpunkt; $S(4|2)$, Sattelpunkt
c) $W_1(0|0)$, kein Sattelpunkt; $S(\pi|\pi)$, Sattelpunkt; $W_2(2\pi|2\pi)$, kein Sattelpunkt

Seite 131 | Aufgabe 2

Beispiele:

a)

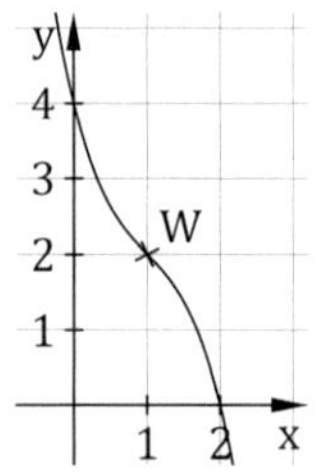

b)

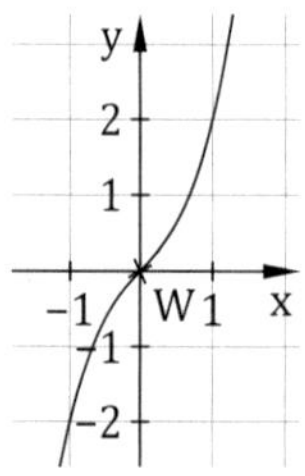

c)

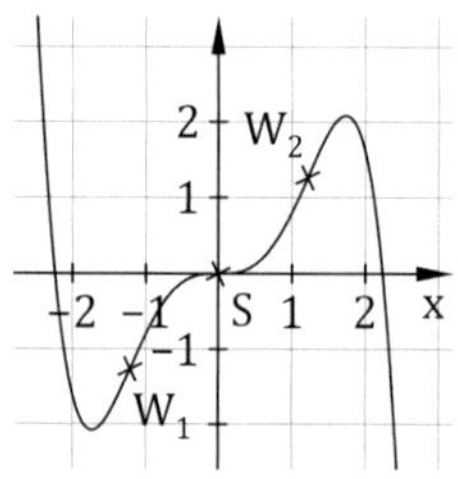

d)

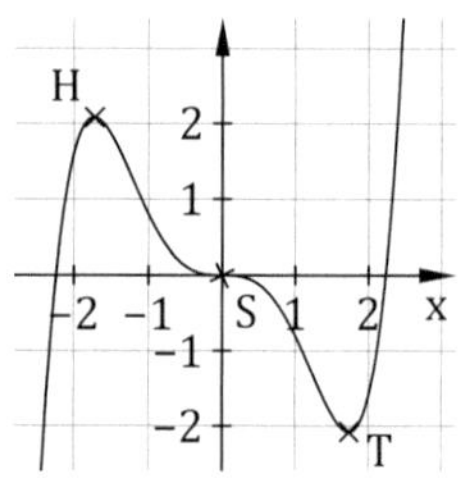

Seite 131 | Aufgabe 3

a) und b)

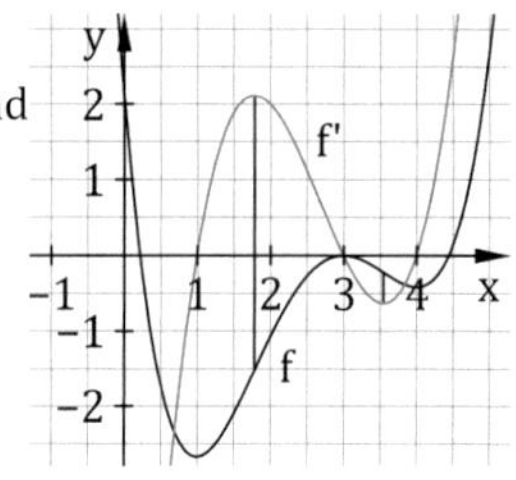

Extremstellen von f': $x_H \approx 1{,}7$; $x_T \approx 3{,}55$

b) Wendepunkte des Graphen von f sind (gerundet) $W_1(1{,}78|-1{,}53)$ und $W_2(3{,}55|-0{,}22)$.

Seite 131 | Aufgabe 4

a) $W(1|0)$ ist kein Sattelpunkt.
b) $S(2|1)$ ist ein Sattelpunkt.
c) $W_1(-2|1)$ und $W_2(2|1)$ sind keine Sattelpunkte.
d) $W(2|0)$ ist kein Sattelpunkt und $S(-1|2)$ ist ein Sattelpunkt.

Seite 131 | Aufgabe 5

a) Wendestelle bei $x = 3$, Krümmung von links nach rechts.
b) Wendestelle bei $x = 2$, Krümmung von links nach rechts; Wendestelle bei $x = 4$, Krümmung von rechts nach links.
c) Wendestelle bei $x = 0$, Krümmung von links nach rechts, Wendestelle bei $x = \frac{\pi}{2}$, Krümmung von rechts nach links, Wendestelle bei $x = \pi$, Krümmung von links nach rechts.

Seite 131 | Aufgabe 6

Beide Aussagen sind richtig.

Seite 131 | Aufgabe 7

Notwendige Bedingung für einen Sattelpunkt: $f'(x) = 0$ und $f''(x) = 0$.

Seite 131 | Aufgabe 8

$f(x) = x^6$; $f'(x) = 6x^5$; $f''(x) = 30x^4$. Für $x = 0$ ist die notwendige Bedingung für Sattelpunkte erfüllt, denn es gilt $f'(0) = 0$ und $f''(0) = 0$, allerdings hat f'' an der Stelle $x = 0$ keinen Vorzeichenwechsel, sodass kein Wendepunkt und damit auch kein Sattelpunkt vorliegt. $x = 0$ ist vielmehr ein Tiefpunkt des Graphen von f. Die notwendige Bedingung für Sattelpunkte ist also nicht hinreichend.

Seite 132 | Aufgabe 9

a) $f''(x)$ ist nirgends null, es existieren keine Wendestellen. Der Graph von f ist überall linksgekrümmt.
b) $f''(x) = 0$ für $x = 2$ mit Vorzeichenwechsel von + nach −. Der Graph von f hat somit an der Stelle an der $x = 2$ einen Wendepunkt und ist vor dem Wendepunkt linksgekrümmt und nach dem Wendepunkt rechtsgekrümmt.
c) $f''(x)$ hat die Nullstellen $x = -2$ und $x = 6$. An der Stelle $x = -2$ wechselt das Vorzeichen von f'' von - nach + und an der Stelle $x = 6$ von + nach −. Der Graph von f hat somit an den Stellen $x = -2$ und $x = 6$ je einen Wendepunkt und ist für $-2 < x < 6$ linksgekrümmt und für $x < -2$ und $x > 6$ rechtsgekrümmt.
d) $f''(x) = 0$ für $x = 2$, allerdings ohne Vorzeichenwechsel, keine Wendestelle. Der Graph von f hat somit keinen Wendepunkt und ist überall rechtsgekrümmt.

Seite 133 | Aufgabe 10

a) $x = 1$
b) $x_1 = 2$; $x_2 = -2$
c) keine Wendestellen
d) $x_1 = 1$; $x_2 = -2$
e) $x_1 = \sqrt{2}$; $x_2 = -\sqrt{2}$
Wendestellen $W_1(2|-24)$ und $W_2(-2|-24)$.
f) $x_1 = 0$; $x_2 = 1$; $x_3 = 0{,}5$

Seite 133 | Aufgabe 11

	f	g	h			k
a)	(2|10)	(−1|−1)	(−0,5|0,5)	(0|0)	(1|−6)	keine Wendepunkte
b)	Sattelpunkt			Sattelpunkt		
c)		minimal	minimal		minimal	

Seite 133 | Aufgabe 12

a) $f'(t) = -0{,}96t^2 + 9{,}6t$; $f''(t) = -1{,}92t + 9{,}6$
Gesucht ist der Hochpunkt von $f'(t)$. $f''(t) = 0$ gilt für $t = 5$.
$f'''(5) = -1{,}92 < 0$
Die Temperatur ändert sich am stärksten nach 5 Minuten.
b) Die Temperatur beträgt nach 5 Minuten 98,4 °C und ändert sich mit 24 Grad pro Minute.
c) Zwischen 0 min und 5 min steigt der Zuwachs der Temperatur an, nach 5 Minuten steigt zwar noch die Temperatur, der Temperaturzuwachs jedoch fällt.

Seite 133 | Aufgabe 13

$f(x) = 5x^7 - 7x^5 + 2$; $f'(x) = 35x^6 - 35x^4$; $f''(x) = 210x^5 - 140x^3$; $f'''(x) = 1050x^4 - 420x^2$
$x = 0$ ist potenzielle Wendestelle und es gilt $f'''(0) = 0$. Somit ist hier nur mittels Untersuchung des Vorzeichenwechsel zu entscheiden, ob eine Wendestelle vorliegt. $S(0|2)$ ist Sattelpunkt, also auch ein Wendepunkt.

Seite 133 | Aufgabe 14

Es muss gelten $f'(x) = 0$, $f''(x) = 0$, $f'''(x) \neq 0$ oder $f'(x) = 0$, $f''(x) = 0$ und f'' hat an der Stelle x einen VZW.

Seite 133 | Aufgabe 15

Für einen Vorzeichenwechsel von f'' von + nach - geht der Graph von f an der Stelle x_w von einer Links- in eine Rechtskurve über. Hier gilt $f'''(x_w) < 0$.
Für einen Vorzeichenwechsel von f'' von − nach + geht der Graph von f an der Stelle x_w von einer Rechts- in eine Linkskurve über. Hier gilt $f'''(x_w) > 0$.

Seite 133 | Aufgabe 16

a) $t(x) = -3x$
b) $t(x) = 4x + 2$
c) $t(x) = 4x + 2$
d) $t(x) = -4$

Seite 134 | Aufgabe 17

a)
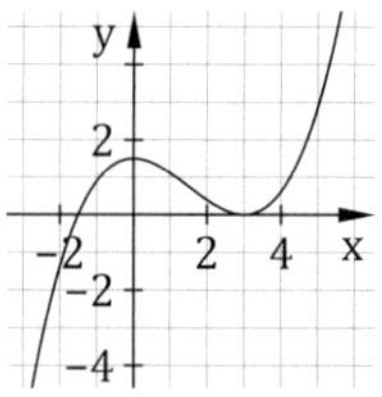

Größtes Gefälle bei $x = 1{,}5$.
b) $W(1{,}5|0{,}75)$; $m = f'(1{,}5) = -0{,}75$; $0{,}75 = -0{,}75 \cdot 1{,}5 + b$: $b = 1{,}875$; $t(x) = -0{,}75\,x + 1{,}875$
c) $m = \tan(\alpha) = -0{,}75$; das entspricht einem Gefälle von ca. 36,9°.

Seite 134 | Aufgabe 18

a) Nullstellen: $x = -3$; $x = 0$; $H(-3|0)$; $T(-1|-4)$; $W(-2|-2)$
b) Nullstelle: $x = 0$; $T(0|0)$; $W(1|11)$; $S(3|27)$
c) Nullstelle: $x = 0$; $T(0|0)$; $W\left(\frac{2}{3}\middle|\frac{176}{27}\right)$; $S(2|16)$
d) Nullstellen: $x = -3$; $x = 0$; $H(-2|4)$; $T(0|0)$; $W(-1|2)$
e) Nullstelle: $x = 0$; $T(0|0)$; $W\left(-1\middle|\frac{11}{4}\right)$; $S\left(-3\middle|\frac{27}{4}\right)$
f) Nullstelle: $x = 0$; $H(0|0)$; $W\left(\frac{2}{3}\middle|-\frac{22}{27}\right)$; $S(2|-2)$

Seite 134 | Aufgabe 19

Alle Aussagen sind richtig.

Seite 134 | Aufgabe 20

a) Tiefpunkt: $T(0|0)$
b) Sattelpunkt: $S(0|0)$ mit Wendetangente $t(x) = 0$
c) Tiefpunkt: $T(3|-3{,}75)$; Wendepunkt: $W(2|-1)$ mit Wendetangente $t(x) = -4x + 7$; Sattelpunkt: $S(0|3)$ mit Wendetangente $t(x) = 0$
d) Sattelpunkt: $S_1(-2|-4)$ mit Wendetangente $t(x) = 0$; Wendepunkt: $W(-1|-2)$ mit Wendetangente $t(x)= 3{,}75x + 1{,}75$; Sattelpunkt: $S_2(0|0)$ mit Wendetangente $t(x) = 0$

Seite 134 | Aufgabe 21

Die größte Zuwachsrate der Besucher verursacht den größten Andrang, deshalb ist die Wendestelle der gesuchte Wert. Sie liegt bei $t = 20$, also ist 15 min vor Filmbeginn der Andrang am größten.

Seite 134 | Aufgabe 22

a) $S(10) = \frac{320}{3}$
Bis 10 Uhr wurden 106,7 Liter Sauerstoff produziert.
b) $s'(t) = -t^2 + 28t - 132$; $s''(t) = -2t + 28$; $s''(t) = 0$ gilt für $t = 14$.
Der meiste Sauerstoff wird um 14 Uhr produziert.
c) $S(6) = 0$; $S(20) = \frac{1960}{3}$; in den 14 Stunden wird also im Durchschnitt $46\frac{2}{3}$ Sauerstoff pro Stunde produziert.
d) Der Graph ist zwischen $t = 6$ und $t = 10$ linksgekrümmt. Zwischen 6 und 10 Uhr steigt die Sauerstoffproduktion immer schneller an.

Seite 135 | Aufgabe 23

a) $r(2) = 2{,}5$; $r(4) = \frac{124}{15}$; $r(8) = 22{,}4$
Bis 2 Uhr sind 2,5 $\frac{mm}{m^2}$ Regen gefallen, bis 4 Uhr 8,27 $\frac{mm}{m^2}$ und bis 8 Uhr 22,4 $\frac{mm}{m^2}$.
b) Die Wendestelle ist bei $x = 6$. Der Regen war um 6 Uhr morgens am stärksten.
c) $r(1) = 0{,}685$, $r'(1) = 1{,}308$, damit gilt für die Tangente in $x = 1$: $y(x) = 1{,}308x - 0{,}623$
$y(6) = 7{,}225$: Bis 6 Uhr wären dann ca. 7,2 $\frac{mm}{m^2}$ Regen gefallen.

Seite 135 | Aufgabe 24

Eine ganzrationale Funktion n-ten Gerades hat höchstens $(n - 2)$ Wendestellen.

Seite 135 | Aufgabe 25

a) $f(x) = ax^5 + bx^3 + cx$; $f'(x) = 5ax^4 + 3bx^2 + c$; $f''(x) = 20ax^3 + 6bx = x(20ax^2 + 6b)$.
Es ist $f''(0) = 0$. $f'''(0) = 60a \cdot 0^2 + 6b = 6b \neq 0$. Der Graph von f hat den Wendepunkt $W(0\,|\,0)$.
b) Alle ungeraden ganzrationalen Funktionen n-ten Grades haben bei $x = 0$ einen Wendepunkt.

Seite 135 | Aufgabe 26

a) $f'(x) = \frac{1}{3}x^2 - 2x + \frac{8}{3}$; $f''(x) = \frac{2}{3}x - 2$; $f'(x) = 0$ gilt für $x_1 = 4$ und für $x_2 = 2$.
$f''(4) = \frac{2}{3} > 0$: $T\left(4\middle|1\frac{7}{9}\right)$
$f''(2) = -\frac{2}{3} < 0$: $H\left(2\middle|2\frac{2}{9}\right)$
Auf der 2 km langen Luftlinienentfernung zwischen dem Start bei (0|0) und dem Hochpunkt H(2|2,22) werden 220 Höhenmeter überwunden, das ist eine durchschnittliche Steigung von 11,1 % und und entspricht 6,3°.

b) $f''(x) = 0$ gilt für $x = 3$, $f'''(3) > 0$: Die Steigung hat bei $x = 3$ einen Tiefpunkt.
Die größte Steigung im Intervall [0;2] ist daher am Rand bei $x = 0$.
$f'(0) = \frac{8}{3} \approx \frac{267\text{ m}}{1\text{ km}} = 0{,}267$. $\frac{0{,}267}{0{,}111} = 2{,}41$, also ist die größte Steigung um 141% größer als die durchschnittliche Steigung.

c) Die Strecke verläuft zwischen Hoch- und Tiefpunkt bergab, also zwischen Kilometer 2 und 4, auf einer Strecke von 2 km.

d) $2\frac{2}{9} - 1\frac{7}{9} = \frac{4}{9}$, der Höhenunterschied beträgt 44,44 m.

e) W(3|2) ist der Punkt mit lokal minimaler Steigung, also geht es nach 3 km am steilsten bergab.

f) Die Steigung beschreibt eine nach oben geöffnete Parabel, ist also an den Rändern des Intervalls am größten.
$f'(0) = f'(6) = \frac{8}{3}$, die Steigung beträgt zu Beginn und Ende der Tour 26,67 %.

Seite 135 | Aufgabe 27

Da f eine ganzrationale Funktion 3. Grades sein soll, ist $a \neq 0$.

a) $f'(x) = 3ax^2 + 2bx + c$; $f''(x) = 6ax + 2b$
$f''(x) = 0 \Rightarrow 6ax + 2b = 0$. Diese Gleichung hat genau eine Lösung $x = -\frac{b}{3a}$.
$f'''(x) = 6a$ ist immer ungleich 0, sodass immer genau ein Wendepunkt vorliegt.

b) f'(x) ist eine ganzrationale Funktion zweiten Grades (Parabel) und hat folgende Nullstelle(n):
$3ax^2 + 2bx + c = 0 \Leftrightarrow x_{1,2} = -\frac{b}{3a} \pm \frac{\sqrt{b^2-3ac}}{3a}$
1. Fall: Für $b^2 - 3ac = 0$ gibt es genau eine Nullstelle: $x = -\frac{b}{3a}$
In Aufgabe a) wurde gezeigt, dass dies eine Wendestelle ist, also keine Extremstelle vorliegt.
2. Fall: Für $b^2 - 3ac < 0$ gibt es keine Nullstelle und damit auch keine Extremstelle.
3. Fall: Für $b^2 - 3ac > 0$ gibt es zwei Nullstellen, eingesetzt in f'':
$6a \cdot \left(-\frac{b}{3a} \pm \frac{\sqrt{b^2-3ac}}{3a}\right) + 2b = -2b \pm 2\sqrt{b^2-3ac} + 2b = \pm 2\sqrt{b^2-3ac} \neq 0$
In diesem Fall gibt es genau zwei Extremstellen.

Seite 135 | Aufgabe 28

a) $f'(x) = 3x^2 + 6ax + b$; $f''(x) = 6x + 6a$; $f''(x) = 0$ gilt für $x = -a$.
$W(-a|c - ab + 2a^3)$

b) $m = f'(-a) = 3a^2 - 6a^2 + b = b - 3a^2$

Seite 135 | Aufgabe 29

a)
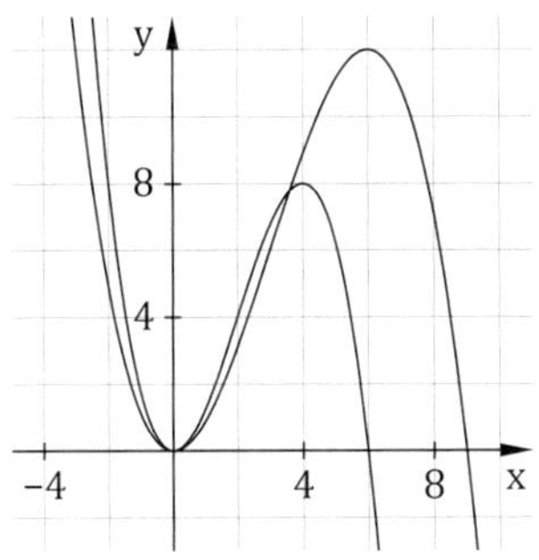

b) Nullstellen sind $x = 0$ und $x = 3a$.

c) $f'(x) = -\frac{3}{a^2}x^2 + \frac{6}{a}x$; $f''(x) = -\frac{6}{a^2}x + \frac{6}{a}$; $f'''(x) = -\frac{6}{a^2}$

d) T(0|0), H(2a|4a), W(a|2a)

e) Die Punkte $W_a(a|2a)$ liegen auf der Geraden $y = 2x$.

4.5 Optimierungsprobleme

Seite 136 | Einstieg

a) $V(x) = x \cdot (21 - 2x) \cdot (29{,}7 - 2x) = 4x^3 - 101{,}4x^2 + 623{,}7x$

b) $V'(x) = 12x^2 - 202{,}8x + 623{,}7$; $V''(x) = 24x - 202{,}8$
$V'(x) = 0$ gilt für $x_1 \approx 4{,}04$ und für $x_2 \approx 12{,}86$.
$V''(4{,}04) < 0$; $V''(12{,}86) > 0$
Wenn die Schachtel ca. 4,04 cm hoch ist, wird das Volumen der Schachtel maximal.

Seite 137 | Aufgabe 1

a) Für die Seitenlängen x und y (in cm), den Flächeninhalt A (in cm^2) und den Umfang U (in cm) gilt: $A = x \cdot y$
Nebenbedingung: $U = 2x + 2y = 28 \Rightarrow y = 14 - x$
$A(x) = x \cdot (14 - x)$

b) Für die Seitenlängen x und y und den Flächeninhalt A gilt:
$A = x \cdot y$
Nebenbedingung: $x = 2y \Rightarrow y = \frac{x}{2}$
$A(x) = x \cdot \frac{x}{2} = \frac{1}{2}x^2$

c) Für die Kantenlänge x des Würfels gilt:
$K = 12x \Rightarrow x = \frac{K}{12}$ (Nebenbedingung)
$V = x^3$
$V(K) = \left(\frac{K}{12}\right)^3 \Rightarrow K(V) = 12 \cdot \sqrt[3]{V}$

d) $V = a \cdot b \cdot c$
$a = 2b$; $b = 2c$
$V(a) = a \cdot \frac{a}{2} \cdot \frac{a}{4} = \frac{a^3}{8}$; $V(b) = 2b \cdot b \cdot \frac{b}{2} = b^3$; $V(c) = 4c \cdot 2c \cdot c = 8c^3$

Seite 137 | Aufgabe 2

a) 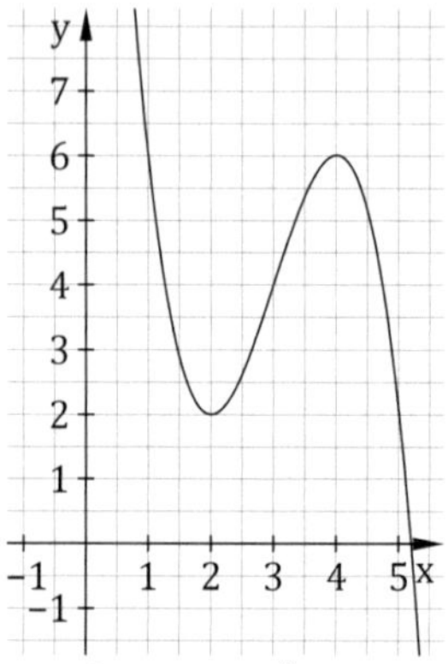

Mit $f'(x) = -3x^2 + 18x - 24 = -3(x-2)(x-4)$ und $f''(x) = -6x + 18$ erhält man für den Graphen von f den Tiefpunkt T(2|2) und den Hochpunkt H(4|6).

b)

	Globale Minima:	Globale Maxima:	Lokale Minima:	Lokale Maxima:
①	$f(6) = -14$	$f(0) = 22$	$f(2) = 2$	$f(4) = 6$
②	$f(6) = -14$	$f(1) = f(4) = 6$	$f(2) = 2$	$f(4) = 6$
③	$f(2) = 2$	$f(4) = 6$	$f(2) = 2$	$f(4) = 6$
④	$f(2{,}5) = 2{,}625$	$f(3{,}5) = 5{,}375$	–	–

Seite 137 | Aufgabe 3

a) $a \cdot b$
b) $a + b = 20$; $a = 20 - b$
c) $P(b) = (20 - b) \cdot b = 20b - b^2$: Definitionsbereich: $0 \leq b \leq 20$
d) $P'(b) = 20 - 2b$; $P'(b) = 0$ für $b = 10$; $P''(10) = -2 < 0$, also ist $P(10) = 100$ lokales Maximum von P.
e) $P(0) = 0$; $P(20) = 0$: Das globale Maximum ist auch das lokale Maximum.
f) Beide gesuchten Zahlen haben den Wert 10, der Wert des maximalen Produkts ist 100.

Seite 137 | Aufgabe 4

Für den Flächeninhalt A des Rechtecks mit den Seitenlängen a und b (in m) gilt: $A = a \cdot b$
Nebenbedingung: $2a + 2b = 1 \Rightarrow a = 0{,}5 - b$
$A(b) = 0{,}5b - b^2$ $(0 \leq b \leq 0{,}5)$
$A'(b) = -2b + 0{,}5$; $A'(b) = 0$ für $b = 0{,}25$; $A''(0{,}25) = -2 < 0$, also ist $A(0{,}25) = 0{,}0625$ lokales Maximum und wegen $A(0) = A(0{,}5) = 0$ ist dies auch das globale Maximum.
Den größten Flächeninhalt hat das Rechteck mit den Seitenlängen 0,25 m und 0,25 m.

Seite 137 | Aufgabe 5

Für den Flächeninhalt A des Rechtecks mit den Seitenlängen a und b (in m) gilt:

a) $A = a \cdot b$; Nebenbedingung: $U = 200 = 2a + b \Rightarrow b = 200 - 2a$
$A(a) = (200 - 2a) \cdot a = -2a^2 + 200a$ $(0 \leq a \leq 100)$

b) $A'(a) = -4a + 200$; $A'(a) = 0$ für $a = 50$; $A''(50) = -4 < 0$, also ist $A(50) = 5000$ lokales Maximum und wegen $A(0) = A(100) = 0$ ist dies auch das globale Maximum.

c) A hat die Nullstellen 0 und 100, die nach unten geöffnete Parabel hat also den Scheitelpunkt S(50 | 5000), dieser liefert also auch das globale Maximum.

d) Individuelle Lösungen. Der Rechenaufwand ist bei dieser - recht einfachen - Zielfunktion in etwa gleich.

e) Die kurzen Zaunseiten sind je 50 m lang und die lange Zaunseite 100 m.

Seite 137 | Aufgabe 6

Bei einer quadratischen Funktion auf ℝ ist das lokale Maximum (Minimum) auch globales Maximum (Minimum). Bei Einschränkung auf einen kleineren Definitionsbereich bleibt das so, falls die zugehörige Extremstelle im Definitionsbereich liegt.

Seite 138 | Aufgabe 7

a) Mit $b = 2a - 4$ erhält man $G(a) = 2a^2(2a - 4) + 20 = 4a^3 - 8a^2 + 20$.

b) $G'(a) = 12a^2 - 16$ hat die Nullstellen 0 und $\frac{4}{3}$.
An der Stelle 0 liegt wegen $G''(0) = -16 < 0$ ein lokales Maximum vor mit $G(0) = 20$.
An der Stelle $\frac{4}{3}$ liegt wegen $G''\left(\frac{4}{3}\right) = 32 > 0$ ein lokales Minimum vor mit $G\left(\frac{4}{3}\right) \approx 15{,}26$.

c) $G(0) = 20$; $G(1) = 16$
Im Intervall [0;1] ist 20 das globale Maximum und 16 das globale Minimum.

Seite 138 | Aufgabe 8

Für das Volumen V des Quaders mit den Kantenlängen a, b und c (in m) gilt:

a) $V = a \cdot a \cdot b = a^2b$; Nebenbedingung: $8a + 4b = 36 \Rightarrow b = 9 - 2a$
$V(a) = a^2(9 - 2a) = -2a^3 + 9a^2$ $(0 \leq a \leq 4{,}5)$
$V'(a) = -6a^2 + 18a$; $V''(a) = -12a + 18$
$V'(a) = 0$ für $a_1 = 0$ und für $a_2 = 3$.
$V''(0) = 18 > 0 \Rightarrow$ lokales Minimum; $V''(3) = -18 < 0 \Rightarrow$ lokales Maximum
$V(0) = V(4{,}5) = 0$
Der Quader mit dem größten Volumen ist ein Würfel mit der Kantenlänge 3 m. (Sein Volumen beträgt 27 m^3.)

b) Die Einschränkung der Kantenlänge der Grundfläche auf 2,5 m liefert den neuen Definitionsbereich $(0 \leq a \leq 2{,}5)$. Da keine Nullstelle von V' in diesem Bereich liegt, kommen nur die Randwerte $V(0) = 0$ und $V(2{,}5) = 25$ in Betracht.
Der gesuchte Körper ist eine quadratische Säule, die quadratische Grundfläche hat die Kantenlänge 2,5 m, die Höhe beträgt 4 m und das Volumen $V = 25$ m^3.

c) Die Einschränkung der Höhe auf 2 m liefert den neuen Definitionsbereich $(3{,}5 \leq a \leq 4{,}5)$. Da keine Nullstelle von V' in diesem Bereich liegt, kommen nur die Randwerte $V(3{,}5) = 24{,}5$ und $V(4{,}5) = 0$ in Betracht.
Der gesuchte Körper ist eine quadratische Säule, die quadratische Grundfläche hat die Kantenlänge 3,5 m, die Höhe beträgt 2 m und das Volumen $V = 24{,}5$ m^3.

Seite 138 | Aufgabe 9

Für den Umfang U des Rechtecks mit den Seitenlängen a und b (in m) gilt:
$U = 2a + 2b$
Nebenbedingung: $A = a \cdot b = 1 \Rightarrow b = \frac{1}{a}$
$U(a) = 2a + \frac{2}{a}$ $(0 < x < 1)$
$U'(a) = 2 - \frac{2}{a^2}$ hat die nicht im Definitionsbereich liegende Nullstelle -1 und die Nullstelle 1.
$U''(a) = -\frac{4}{a^3}$; $U''(1) = -4 < 0$
Wegen $\lim\limits_{a \to 0} U(x) = \lim\limits_{a \to \infty} U(x) = \infty$ ist das gesuchte Rechteck ein Quadrat mit der Seitenlänge 1 m (und dem Umfang 4 m).

Seite 138 | Aufgabe 10

Für den Flächeninhalt A des Dreiecks mit den Längen von Grundseite g und Höhe h gilt:
$A = \frac{1}{2} \cdot g \cdot h$
Nebenbedingung: $g = 2x$; $h = f(x) = -\frac{1}{2}x^2 + 6$
$A(x) = \frac{1}{2} \cdot 2x \cdot \left(-\frac{1}{2}x^2 + 6\right) = -\frac{1}{2}x^3 + 6x$ $\left(0 \leq x \leq 2\sqrt{3}\right)$
$A'(x) = -\frac{3}{2}x^2 + 6$ besitzt im Definitionsbereich nur die Nullstelle 2 mit $A(2) = 8$.
$A''(x) = -3x$; $A''(2) = -6 < 0$
Die Randwerte sind $A(0) = A(2\sqrt{3}) = 0$.
Der maximale Flächeninhalt des Dreiecks beträgt 8 FE.

Seite 138 | Aufgabe 11

Für den Flächeninhalt A des Rechtecks mit den Längen g und h gilt:
$A = g \cdot h$
Nebenbedingung: $g = 2x$; $h = f(x) = -\frac{1}{2}x^2 + 6$
$A(x) = 2x \cdot \left(-\frac{1}{2}x^2 + 6\right) = -x^3 + 12x$ $\left(0 \leq x \leq 2\sqrt{3}\right)$
$A'(x) = -3x^2 + 12$ besitzt im Definitionsbereich nur die Nullstelle 2 mit $A(2) = 16$.
$A''(x) = -6x$; $A''(2) = -12 < 0$
Die Randwerte sind $A(0) = A(2\sqrt{3}) = 0$.
Der maximale Flächeninhalt des Rechtecks beträgt 16 FE.

Seite 138 | Aufgabe 12

Für den Flächeninhalt A des Trapezes mit den Längen der parallelen Seiten a und c und der Höhe h gilt:
$A = \frac{a+c}{2} \cdot h$

Nebenbedingung: $a = 2x$; $c = 4$; $h = f(x) = -\frac{1}{2}x^2 + 2$

$A(x) = \frac{2x+4}{2} \cdot \left(-\frac{1}{2}x^2 + 2\right) = -\frac{1}{2}x^3 - x^2 + 2x + 4 \ (0 \leq x \leq 2)$

$A'(x) = -\frac{3}{2}x^2 - 2x + 2$ besitzt im Definitionsbereich nur die Nullstelle $\frac{2}{3}$ mit $A\left(\frac{2}{3}\right) = \frac{128}{7} \approx 4{,}74$.

$A''(x) = -3x - 2$; $A''\left(\frac{2}{3}\right) = -4 < 0$

Die Randwerte sind $A(0) = 4$ und $A(2) = 0$.

Das Trapez hat für $x = \frac{2}{3}$ den maximalen Flächeninhalt von ca. 4,74 FE.

Seite 138 | Aufgabe 13

a) Für den Flächeninhalt A des Dreiecks ABC gilt:
$A = \frac{1}{2} \cdot p(u) \cdot (u + 1)$
Nebenbedingung: $p(u) = -u^2 + \frac{1}{4}u + \frac{5}{4}$
$A(u) = \frac{1}{2} \cdot \left(-u^2 + \frac{1}{4}u + \frac{5}{4}\right) \cdot (u + 1) = -\frac{1}{2}u^3 - \frac{3}{8}u^2 + \frac{3}{4}u + \frac{5}{8}$

b) p besitzt die Nullstellen -1 und $\frac{5}{4}$. Definitionsbereich von A: $-1 \leq x \leq \frac{5}{4}$

c) $A'(u) = -\frac{3}{2}u^2 - \frac{3}{4}u + \frac{3}{4}$ hat im Inneren des Definitionsbereichs die Nullstelle $\frac{1}{2}$ mit $A\left(\frac{1}{2}\right) = \frac{27}{32} = 0{,}84375$.
$A''(x) = -3u - \frac{3}{4}$
$A''\left(\frac{1}{2}\right) = -2{,}25 < 0$
Die Randwerte sind $A(-1) = A(1,25) = 0$.
Das Dreieck hat für $x = \frac{1}{2}$ den maximalen Flächeninhalt von ca. 0,84 FE.

Seite 139 | Aufgabe 14

Den Zusammenhang zwischen b und h kann man mit dem Satz des Pythagoras aufstellen:
Der rechteckige Querschnitt liegt in einem Umkreis mit dem Durchmesser 30, daher gilt $b^2 + h^2 = 30^2 \Leftrightarrow h^2 = 900 - b^2$.
Zielfunktion: $T(b) = b \cdot (900 - b^2) = -b^3 + 900b$ mit $0 \leq b \leq 30$.
$T'(b) = -3b^2 + 900$ hat im Inneren des Definitionsbereichs nur die Nullstelle $\sqrt{300}$ mit $T(\sqrt{300}) \approx 10\,392$, die Randwerte sind $T(0) = T(30) = 0$.
$T''(\sqrt{300}) = -6\sqrt{300} < 0$
Für die Höhe ergibt sich $h = \sqrt{600}$.
Die optimalen Maße für den Querschnitt sind also eine Breite von ca. 17,3 cm und eine Höhe von ca. 24,5 cm.

Seite 139 | Aufgabe 15

Für die Dosenhöhe h und den Grundflächenradius r (in cm) gilt:

a) $O = 2\pi(hr + r^2)$
Nebenbedingung: $V = 750 = \pi r^2 h \Rightarrow h = \frac{750}{\pi r^2}$
$O(r) = 2\pi\left(\frac{750}{\pi r} + r^2\right) = \frac{1500}{r} + 2\pi r^2$ mit $r > 0$
$O'(r) = -\frac{1500}{r^2} + 4\pi r$ besitzt genau eine Nullstelle für $r = \sqrt[3]{\frac{1500}{4\pi}}$.
$O''\left(\sqrt[3]{\frac{1500}{4\pi}}\right) = \frac{3000}{\left(\sqrt[3]{\frac{1500}{4\pi}}\right)^3} + 4\pi = 12\pi > 0$
Wegen $\lim\limits_{r\to 0} O(r) = \lim\limits_{r\to\infty} O(r) = \infty$ liegt hier das globale Maximum vor.
Die gesuchte Dose hat einen Radius von ca. 4,9 cm und eine Höhe von ca. 9,8 cm.

b) Beispiele für mögliche Gründe: Maschinenbreiten, Größe der Bleche, aus denen die Dosen gestanzt werden, erhöhter Materialverbrauch für den Verschluss.

Seite 139 | Aufgabe 16

a) $V = \pi r^2 h$; Tom setzt mit der Skizze für h (in cm) den Term $(20 - 2r)$ ein.
$V'(r) = -6\pi r^2 + 40\pi r$ hat die Nullstellen 0 und $\frac{20}{3}$.
$V''\left(\frac{20}{3}\right) = -12\pi \cdot \frac{20}{3} + 40\pi < 0 \Rightarrow$ Maximum an der Stelle $x = \frac{20}{3} \approx 6{,}67$.

b) Tom hat nicht beachtet, dass bei seinem Ansatz maximal 15 cm für den Umfang der Dose zur Verfügung stehen:
$2\pi r < 15 \Rightarrow r < \frac{15}{2\pi} \approx 2{,}39$

c) Mit dem Ergebnis aus b) erhält man ein maximales Volumen von ca. 272,6 cm^3.
Geht man allerdings davon aus, dass die Höhe 15 cm beträgt, also die gesamte kürzere der beiden Seiten des Blechstücks einnimmt, dann gilt für die 20 cm der anderen Seite: $20 = 2r + 2\pi r \Rightarrow r = \frac{10}{1+\pi} \approx 2{,}41 \Rightarrow V \approx 274{,}73$
Das Volumen wird bei dieser Anordnung mit 274,73 cm^3 maximal.

Seite 139 | Aufgabe 17

a) Preis 10,00 €: 10 000 kg Absatz, Gewinn von 4,50 € pro kg, Gesamtgewinn 45 000 €
Preis 9,50 €: 14 000 kg Absatz, Gewinn von 4,00 € pro kg, Gesamtgewinn 56 000 €
Preis 6,00 €: 42 000 kg Absatz, Gewinn von 0,5 € pro kg, Gesamtgewinn 21 000 €

b) $G(p) = \big(10\,000 + (10-p)\cdot 4\cdot 2000\big)\cdot(p-5{,}5) = -8000p^2 + 134\,000p - 495\,000$
$G'(p) = -16\,000p + 134\,000$ hat die Nullstelle $p = 8{,}375$.
$G''(8{,}375) = -16\,000 < 0$
Den größten Gewinn erzielt die Firma bei einem Preis von 8,37 € oder 8,38 €.

c) Individuelle Lösungen. Es ist nicht anzunehmen, dass der Zusammenhang zwischen Preissenkung und Umsatzsteigerung linear ist.

Seite 139 | Aufgabe 18

a) $\frac{K(x)}{x} = \frac{2x^3-16x^2+48x+100}{x} = 2x^2 - 16x + 48 + \frac{100}{x}$

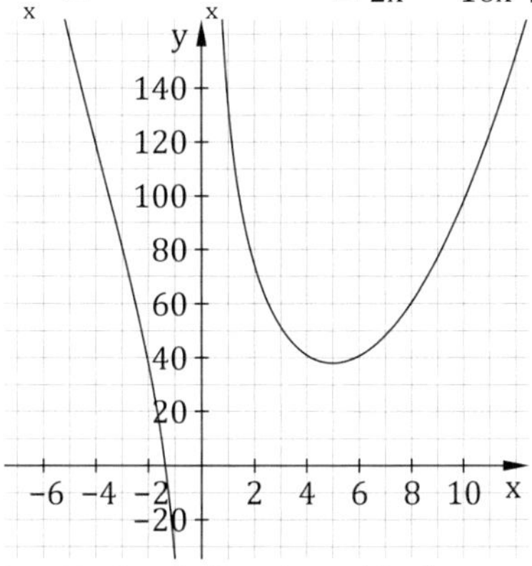

Der Tiefpunkt liegt bei T(5|38).

b) $E(x) = 118x$
$G(x) = 118x - 2x^3 + 16x^2 - 48x - 100 = -2x^3 + 16x^2 + 70x - 100$
$G'(x) = -6x^2 + 32x + 70$ hat 7 als einzige Nullstelle im Definitionsbereich.
$G''(7) = -12\cdot 7 + 31 < 0$
Der Gewinn ist bei einer Produktion von 7000 Stück mit 488 € am höchsten.

Seite 139 | Aufgabe 19

Abstand: $D = d^2 = (x - x_Q)^2 + (f(x) - y_Q)^2$

a) $D(x) = (x-0)^2 + (-0{,}5x + 3 - 0)^2 = 1{,}25x^2 - 3x + 9$
$D'(x) = 2{,}5x - 3$; $D'(x) = 0$ bei $x = 1{,}2$
$D''(1{,}2) = 2{,}5 > 0$
Minimalen Abstand von Q hat Punkt P(1,2|2,4) des Graphen von f.

b) $D(x) = (x-4)^2 + (-0{,}5x + 3 - 3)^2 = 1{,}25x^2 - 8x + 16$
$D'(x) = 2{,}5x - 8$; $D'(x) = 0$ bei $x = 3{,}2$
$D''(3{,}2) = 2{,}5 > 0$
Minimalen Abstand von Q hat Punkt P (3,2|1,4) des Graphen von f.

c) $D(x) = (x-1)^2 + (2x-0)^2 = 5x^2 - 2x + 1$
$D'(x) = 10x - 2$; $D'(x) = 0$ bei $x = 0{,}2$
$D''(0{,}2) = 10 > 0$
Minimalen Abstand von Q hat Punkt P (0,2|0,4) des Graphen von f.

4.6 Vermischte Aufgaben

Seite 140 | Aufgabe 1

a) $f'(x) = 3x^2 - 2{,}5$; $f''(x) = 6x$; $f'(x) = 0$ für $x_1 = \sqrt{\frac{5}{6}}$ und $x_2 = -\sqrt{\frac{5}{6}}$.
$f''\left(\sqrt{\frac{5}{6}}\right) > 0 \Rightarrow$ An der Stelle $x = \sqrt{\frac{5}{6}} \approx 0{,}91$ hat f das lokale Minimum $5 - \sqrt{\frac{125}{54}} \approx 3{,}48$.
$f''\left(-\sqrt{\frac{5}{6}}\right) > 0 \Rightarrow$ An der Stelle $x = -\sqrt{\frac{5}{6}} \approx -0{,}91$ hat f das lokale Maximum $5 + \sqrt{\frac{125}{54}} \approx 6{,}52$.

b) $f(-1) = 6{,}5$; $f(2) = 8$
Das Minimum aus a) ist global, das Maximum nicht.

c) Im Intervall $[-1; 2]$ hat f an der Stelle $x = \sqrt{\frac{5}{6}} \approx 0{,}91$ das globale Minimum $5 - \sqrt{\frac{125}{54}} \approx 3{,}48$ und an der Stelle $x = 2$ das globale Maximum 8.

Seite 140 | Aufgabe 2

Gelbe Blüte: $f(0) = g(0) = 300$; $f(12) = g(12) = 408$
Individuelle Lösungen bei der Darstellung mit dem GTR.

Blaue Blüte: $f'(x) = 3x^2 - 36x + 81$; $f''(x) = 6x - 36$; $f'(x) = 0$ für $x_1 = 3$ und für $x_2 = 9$
$f''(3) = -18 < 0$: H(3|408); $f''(9) = 18 > 0$: T(9|300)
Zwischen dem Hoch- und dem Tiefpunkt, also vom Beginn des 3. Monats bis zum Ende des 9. Monats fällt der Index von f.

Grüne Blüte: Individuelle Lösungen. Eine einfache lineare Entwicklung erscheint allerdings eher unwahrscheinlich, da sie Schwankungen im Jahresverlauf nicht abbildet.

Rote Blüte: $f(6) = 354$. Es handelt sich um den Index zur Mitte des Jahres, der in Halbjahresrückblicken o. Ä. wichtig ist. Der Monat Juni ist immer der chronologisch letzte Monat der Datenerhebung.
(Hinweis: Im ersten Druck des Schülerbuchs hätte es heißen müssen: „... Index am Ende des Monats Juni ...")

Lila Blüte: $u(x) = f(x) - g(x)$; $u'(x) = f'(x) - g'(x)$
$u(x) = x^3 - 18x^2 + 72x$; $u'(x) = 3x^2 - 36x + 72$; $u''(x) = 6x - 36$; $u'(x) = 0$ für $x_1 \approx 2{,}54$ und für $x_2 \approx 9{,}46$
$u''(2{,}54) < 0$: H(2,54|83,14); $f''(9{,}46) > 0$: T(9,46|−83,14)
Der Unterschied zwischen beiden Prognosen ist zu den Zeitpunkten $x_1 \approx 2{,}54$ und $x_2 \approx 9{,}46$ am größten.
Da dieser Unterschied der Differenz der beiden Prognosen entspricht, ist die Ableitung gleich der Differenz der Ableitungen. Ist diese Ableitung null, so bedeutet dies, dass die beiden einzelnen Ableitungen, also die Zuwachsraten, gleich groß sind, in diesem Fall 9.

Seite 140 | Aufgabe 3

a) Die Aussage ist wahr, denn am ersten Hochpunkt wechselt bei der Steigung das Vorzeichen von − nach +, ebenso beim zweiten Hochpunkt. Zwischen zwei Hochpunkten findet also bei der Steigung ein Vorzeichenwechsel von − nach + statt, und zwar an einem Tiefpunkt.
b) Die Aussage ist wahr, denn für eine ganzrationale Funktion f zweiten Grades gilt:
$f(x) = ax^2 + bx + c$; $f'(x) = 2ax + b$; $f''(x) = 2a$
f' hat genau eine Lösung $x = -\frac{b}{2a}$ und die zweite Ableitung ist nie null, also gibt es genau einen Extrempunkt.
c) Die Aussage ist falsch.
Gegenbeispiel: Der Graph von $f(x) = x^3 + x^2 + 2x$ hat keine Stelle mit waagerechter Tangente.

Seite 140 | Aufgabe 4

a) 21 Uhr: $f(1) = 0{,}4 \triangleq 40$ Personen; 23 Uhr: $f(3) = 1{,}87 \triangleq 187$ Personen; 1 Uhr: $f(5) = 1{,}73 \triangleq 173$ Personen
b) $f'(x) = -\frac{1}{5}x^2 + \frac{4}{5}x$; $f''(x) = -\frac{2}{5}x + \frac{4}{5}$; $f'(x) = 0$ für $x_1 = 0$ und für $x_2 = 4$
$f''(0) > 0$: $T\left(0\middle|\frac{4}{5}\right)$; $f''(4) < 0$: T(4|2,2)
Die höchste Besucherzahl (220 Personen) ist vier Stunden nach Öffnung (0 Uhr) im Club.
c) f'(3) gibt an, wie sich die Besucherzahl um 23 Uhr verändert.
d) $f''(x) = 0$ für $x = 2$; $f''(2) < 0$
Um 22 Uhr ist der Andrang am größten,
e)

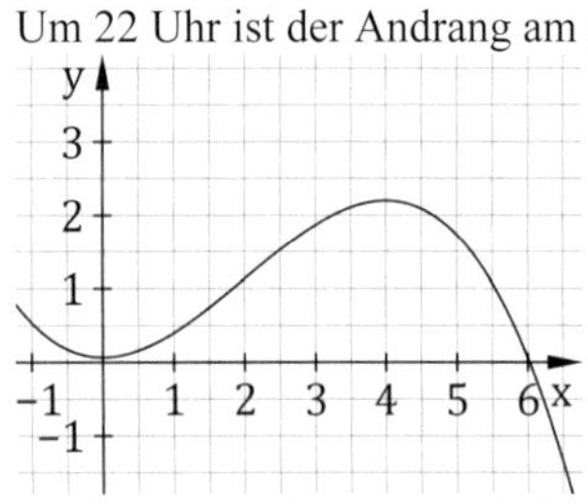

Die Funktion f nimmt zwischen $x \approx 2{,}5$ und $x \approx 5{,}2$ Werte über 1,5 an.
Man benötigt also zwischen ca. 22:30 Uhr und 1:15 Uhr zusätzliches Sicherheitspersonal.

Seite 141 | Aufgabe 5

Individuelle Lösungen. Beispiele:
f ist eine ganzrationale Funktion dritten Grades.
Der Graph von f hat bei $x = 1$ einen Hochpunkt, bei $x = 3$ einen Tiefpunkt und bei $x = 2$ einen Wendepunkt. Der Graph von f ist für $x < 2$ rechtsgekrümmt und für $x > 2$ linksgekrümmt.
g ist eine ganzrationale Funktion vierten Grades.
Der Graph von g hat bei $x = 2$ einen Sattelpunkt, bei $x = 4$ einen Hochpunkt und $x \approx 3{,}3$ einen Wendepunkt. g ist für $x < 2$ rechtsgekrümmt, zwischen $x = 2$ und $x \approx 3{,}3$ linksgekrümmt und für $x > 3{,}3$ rechtsgekrümmt.

Seite 141 | Aufgabe 6

a) $x \cdot y = 100 \Rightarrow \frac{100}{y} = x$
$S(y) = y + x = y + \frac{100}{y}$; $S'(y) = 1 - \frac{100}{y^2}$; $S'(y) = 0$ für $y = 10$ (negative Ergebnisse nicht im Definitionsbereich)
$x = y = 10$
20 ist die kleinste Summe zweier positiver Zahlen, deren Produkt 100 ist.

b) Beispiele für mögliche Begründungen:
Die Ableitung von S hat keine weitere positive Nullstelle.
Betrachtet man die Werte in nachfolgender Tabelle, so erkennt man, dass die Summe unendlich groß wird und daher kein maximaler Wert entsteht:

x	10	20	25	50	100	1000	10 000	100 000	100 000 000
y	10	5	4	2	1	0,1	0,01	0,001	0,000001
x·y	100	100	100	100	100	100	100	100	100
x+y	20	25	29	52	101	1000,1	10 000,01	100 000,001	100 000 000,000001

Seite 141 | Aufgabe 7

$f'(x) = -\frac{1}{6}x^3 - \frac{1}{4}x^2 + \frac{15}{8}x$; $f''(x) = -\frac{1}{2}x^2 - \frac{1}{2}x + \frac{15}{8}$; $f'''(x) = -x - \frac{1}{2}$

a) Die größte Steigung befindet sich am Wendepunkt:
f''(x) hat im in Frage kommenden Bereich eine Nullstelle bei 1,5 mit $f'''(1,5) \neq 0$.
$f'(1,5) \approx 1,69$
Das entspricht einer Steigung von ca. 59,3°. Die Schildkröte kann also die maximale Steigung von f überwinden.

b) $f(1,5) \approx 1,617$; das Wasser muss also mindestens eine Höhe von ca. 1,62 m haben, um die steilste Stelle zu bedecken.

c) $f'(x) = 0$ für $x_1 = 0$; $x_2 \approx -4,19$; $x_3 \approx 2,69$
$f''(-4,19) < 0$: Maximum bei $H_1(-4,19|9,75)$
$f''(0) > 0$: Minimum bei $T(0|0)$
$f''(2,69) < 0$: Maximum bei $H_2(2,69|2,98)$
$9,75 - 2,98 = 6,77$
Der Höhenunterschied beträgt etwa 6,77 m.

Seite 141 | Aufgabe 8

a) Individuelle Lösungen.

b) Man könnte mathematische Untersuchungen auf Extrema, Wendepunkte, Sattelpunkte, Monotonieverhalten und Nullstellen durchführen.

5. Beschreibende Statistik

5.1 Datenerhebungen

Seite 148 | Einstieg

a) Max muss zunächst die Datenbasis für statistische Auswertungen schaffen, also genug Schüler fragen, wie viel Taschengeld sie bekommen. Diese Daten werden in eine sogenannte Urliste eingetragen.
b) Es ist nicht nur die Zahl der Befragten entscheidend. Wichtig ist, dass Max auch versucht, einen repräsentativen Querschnitt zu befragen, also z. B. Jungen und Mädchen, Jugendliche aus verschiedenen Wohngebieten.
Bei einer kleinen Datenbasis – beispielsweise innerhalb eines Kurses – ist die Aussagekraft der ermittelten Werte entsprechend zu relativieren.

Seite 148 | Aufgabe 1

Laura könnte beispielsweise in jeder Klassenstufe einige zufällig ausgewählte Schüler befragen. Diese Stichprobe kann sie dann auf die Gesamtanzahl der Schüler ihrer Schule hochrechnen.

Seite 149 | Aufgabe 2

a) Farben sind qualitative Merkmale. Mögliche Merkmalsausprägungen sind beispielsweise rot, blau, gelb, grün ...
b) Die Beliebtheit ist ein qualitatives Merkmal. Mögliche Merkmalsausprägungen sind beispielsweise „sehr beliebt", „ein bisschen beliebt" oder „gar nicht beliebt".
c) Das Gehalt ist ein quantitatives Merkmal. Mögliche Merkmalsausprägungen sind z. B. 40 000 €, 80 000 € oder 120 000 €.

Seite 149 | Aufgabe 3

a) Da hier jede Stimme zählt, reicht eine Stichprobe nicht aus. Es muss jede Stimme ausgezählt werden.
b) Da es nur um eine Vorhersage geht, genügt eine Stichprobe. Bei der Wahl selber muss jede Stimme gezählt werden.
c) Die Europäer sind eine große Anzahl von Menschen, deshalb ist hier eine Stichprobe sinnvoll.
d) Da Familien nicht allzu groß sind, kann hier jedes Familienmitglied befragt werden. Es ist keine Stichprobe nötig.
e) Eine Stichprobe nötig, da nicht jeder deutsche Haushalt befragt werden kann.
f) Eine Stichprobe nötig, da nicht die ganze Welt befragt werden kann.
g) Eine Stichprobe nötig, da nicht jeder Text, der in deutscher Sprache vorliegt, untersucht werden kann.

Seite 149 | Aufgabe 4

a) Eine typische Klassenbildung ist die Einteilung in die sechs Schulnoten von 1 bis 6.
b) Eine gröbere Möglichkeit wäre eine Einteilung in „gut/mittel/schlecht" mit „gut"(Noten 1 und 2), „mittel" (Noten 3 und 4) sowie „schlecht" (Noten 5 und 6). Eine weitere Möglichkeit wäre, die Noten feiner zu klassifizieren, nämlich durch Notenpunkte von 0 bis 15. Dies ermöglicht eine bessere Differenzierung der Leistung.

Seite 149 | Aufgabe 5

a) Eine Datenerhebung ist in der Praxis in Bezug auf Qualität und Quantität oftmals problematisch: Für eine aussagekräftige, große Datenbasis müsste die Körperlängenmessung in der Regel dem Probanden selbst übertragen werden, ebenso wie die Datenübermittlung. Damit unterliegt die Datenerhebung hinsichtlich der Qualität nicht mehr einer Kontrolle bzw. Qualitätssicherung. Eine Datenerhebung durch Fachpersonal (z. B. Musterung, Gesundheitsuntersuchungen, Hausärzte etc.) ist wegen der verschiedenen messenden Personen auch nicht perfekt, aber erheblich gesicherter.
b) Außer dem unter a) Genannten kommen hier biologische Faktoren wie etwa unterschiedlich früh/spät einsetzende, pubertär bedingte Wachstumsschübe und vor allem die langfristige Verfügbarkeit der Probanden, hier über zwei Jahre, hinzu. Dies ist ein häufig vorkommendes Problem gerade in der Medizin (Langzeitstudien, klinische Studien etc.).

Seite 149 | Aufgabe 6

Bei a) wird nach der Existenz eines Haustieres gefragt, mögliche Antworten sind lediglich „ja" oder „nein". Damit ist diese Frage zumeist für einen Fragebogen oder eine statistische Auswertung direkt geeignet.
Bei b) ist die Fragestellung offener, es kann auch nach der Art oder der Anzahl der Tiere gefragt werden. Daher ist diese Art der Formulierung kaum für einen Fragebogen oder andere Arten der Datenerhebung geeignet.

Seite 149 | Aufgabe 7

a) Dies ist nur eine repräsentative Stichprobe für Familien mit Kindern im Teenager-Alter. Alleinstehende, Rentner oder Studenten werden nicht berücksichtigt.
b) Die Bewohner eines Altersheims sind hierfür ungeeignet, da es sich hierbei um eine Gruppe von Menschen im bereits hohen Alter handelt.
c) Da Haarfarben tendenziell abhängig davon sind, welcher ethnischen Herkunft man abstammt, eignet sich eine Schulklasse allein nicht als Stichprobe. Besser wären mehrere Schulklassen aus verschiedenen Ländern Europas.

Seite 149 | Aufgabe 8

a) Damit man nicht sehr viele verschiedene, unübersichtliche Einzelergebnisse erhält, müsste man beim Fragebogen oder bei der Auswertung Regionen zusammenfassen (z. B. Länder). Die Frage ist nur dann sinnvoll, wenn eine sehr große Stichprobe möglich ist, sodass praktisch "alle denkbaren Orte" auch tatsächlich genannt werden.

b) Die Fragestellung ist prinzipiell realisierbar, wenn der Aufwand keine Rolle spielt. Die Ergebnisse hingegen wären eher weniger sinnvoll, da Menschen aus verschiedenen Regionen auch lieber an verschiedenen Regionen Urlaub machen, unterschiedliche Mittel zur Verfügung haben und auch kulturelle Traditionen eine Rolle spielen. Die Resultate dieser Umfrage wären somit nicht wirklich aussagekräftig.
c) Es könnte eine Liste von Orten zur Auswahl gestellt und mittels Ankreuzen für eine leichte Auswertung abgefragt werden.

Seite 151 Aufgabe 9

a) Die Grundgesamtheit sind alle Schüler dieser Klasse.
b) Das untersuchte Merkmal sind die Notenpunkte. Die Merkmalsausprägungen sind Punkte von 0 bis 15 (oder die Noten von 1 bis 6), weshalb es sich hierbei um ein quantitatives Merkmal handelt.
c) Hierbei werden üblicherweise die Notenverteilung und die Durchschnittsnote ermittelt. Beispiele für übliche Visualisierungen sind Klassenspiegel (Tabelle) , Säulendiagramm, Tortendiagramm.
d) Eine Schulklasse ist eine relativ kleine Stichprobe, sodass sie nicht dem Durchschnitt aller Schüler entsprechen muss. Es ist deshalb nicht immer aussagekräftig, diese Stichprobe zu analysieren.

5.2 Mittelwerte

Seite 150 | Einstieg

Es wird die Summe aus den Produkten von Zensur und Anzahl gebildet und durch die Summe der Anzahlen dividiert. Ergebnis ist hier $3{,}1\overline{3}$.

Seite 150 | Aufgabe 1

a) Das arithmetische Mittel beträgt $\frac{26}{8} \approx 4{,}67$ und der Median beträgt 4.
b) Das arithmetische Mittel beträgt $\frac{52}{11} \approx 4{,}73$ und der Median beträgt 5.

Seite 150 | Aufgabe 2

a) Der Median beträgt 5,5 und das arithmetische Mittel beträgt 4,875.
b) Der Median beträgt 6 und das arithmetische Mittel beträgt 5,2.
c) Der Median beträgt 331,5 g und das arithmetische Mittel beträgt 370,5 g.
d) Der Median beträgt 90 cm und das arithmetische Mittel beträgt 140 cm.
e) Der Median beträgt 344 m und das arithmetische Mittel beträgt 849,71 m.

Seite 151 | Aufgabe 3

Individuelle Lösungen.

Seite 151 | Aufgabe 4

a) ① Das arithmetische Mittel beträgt ca. 6,43 und der Median beträgt 5.
② Das arithmetische Mittel beträgt 9,4 und der Median beträgt 2,5.
b) Beispiel: 0; 1; 1; 1; 42
c) ① Der Modalwert beträgt 5.
② Es gibt drei Modalwerte, nämlich 1, 2 und 3.

Seite 151 | Aufgabe 5

a) Das arithmetische Mittel und der Median betragen beide jeweils 4.
b) Der Median wäre 3 und das arithmetische Mittel ca. 3,86.
c) Beispiel: 1; 1; 2; 3; 3; 5; 6: Das arithmetische Mittel und der Median sind 3.

Seite 151 | Aufgabe 6

a) Individuelle Lösungen.
b) Die Aussagekraft beider Lagemaße ist gering, wie das folgende Beispiel zeigt, in dem sowohl Median als auch arithmetisches Mittel jeweils 3,5 betragen:

1	2	3	4	5	6
12	2	1	1	2	12

1	2	3	4	5	6
1	1	13	13	1	1

Seite 152 | Aufgabe 7

a) 23 Schüler haben mitgeschrieben.
b) Das arithmetische Mittel beträgt 2,3.

Seite 152 | Aufgabe 8

a) $\bar{x} = \frac{1\cdot 2+2\cdot 3+3\cdot 10+4\cdot 11+5\cdot 7+6\cdot 2}{35} = 3{,}69$
b) $\bar{x} = 1\cdot\frac{2}{35} + 2\cdot\frac{3}{35} + 3\cdot\frac{10}{35} + 4\cdot\frac{11}{35} + 5\cdot\frac{7}{35} + 6\cdot\frac{2}{35} = 3{,}69$
Beide Rechenwege sind äquivalent, in b) kann $\frac{1}{35}$ ausgeklammert werden.

Seite 152 | Aufgabe 9

a) Die Grundgesamtheit beträgt 127.
b) Der Median ist der Wert, der in der Mitte einer sortierten Gruppe steht. Bei 127 Nennungen ist das die 64. Zahl. Somit beträgt der Median 1.

Seite 152 | Aufgabe 10

a)
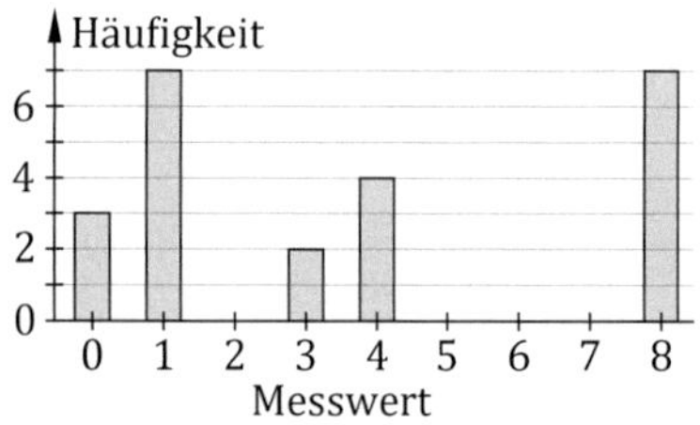

b) Das arithmetische Mittel beträgt ca. 3,70.
c) Der Median beträgt 3.

Seite 153 | Aufgabe 11

Gruppe A: Das arithmetische Mittel ist 55,75 s, der Median ist 55,5 s.
Gruppe B: Das arithmetische Mittel ist 58 s, der Median ist 52 s.
Im Durchschnitt schneidet Gruppe A mit etwa 56 s zwar besser ab als Gruppe B mit 58 s, jedoch hat Gruppe B den schnellsten Teilnehmer. Demnach könnte man der Gruppe A den Preis geben, da sie als gesamte Gruppe die schnellste waren und der Gruppe B, da sie den schnellsten Lauf hatten.

Seite 153 | Aufgabe 12

Die Aussage von Chris muss nicht stimmen, wie man am folgenden Beispiel sieht: drei Schüler haben eine 1, sechs Schüler haben eine 2, ein Schüler (Chris) eine 3, keiner hat eine 4 oder 5 und acht Schüler haben eine 6. Damit ist die Durchschnittsnote 3,67, aber es gibt dennoch mehr Schüler mit einer besseren Note als Chris, als Schüler mit einer schlechteren.

Seite 153 | Aufgabe 13

Eine Münze wird hundert Mal geworfen. Es soll ermittelt werden, wie häufig „Kopf" und „Zahl" durchschnittlich auftreten. Die Ergebnisse werden mit einer 0 für „Kopf" und einer 1 für „Zahl" notiert. Dabei ergibt sich eine Wertesequenz mit 48 mal 1 und 52 mal 0. Der Median ist in diesem Fall 0 und hat keine Aussagekraft.

Seite 153 | Aufgabe 14

a) Das arithmetische Mittel beträgt 1,3.
b)
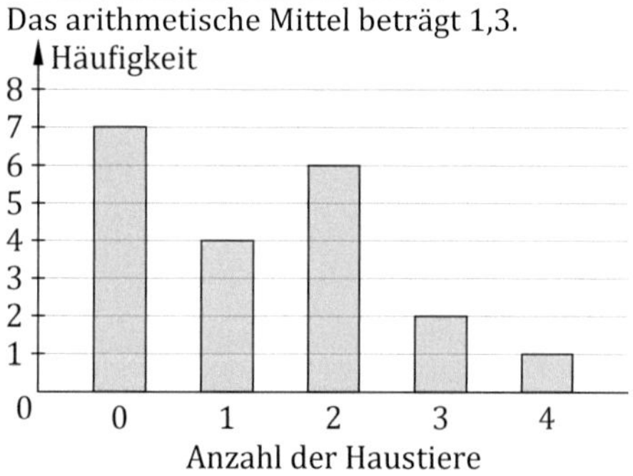

Beim Kreisdiagramm muss man nicht wissen, wie viele Befragungen es gab. Es genügt, an der ersten Kreissequenz den Kreis zu halbieren. Da, wo die Halbierende eintrifft, liegt der Median. Hier ist das 1.

Seite 153 | Aufgabe 15

a) Das neue Durchschnittsgewicht beträgt $\frac{20 \cdot 5\text{ g} + 7\text{ g}}{21} \approx 5{,}095$ g.
b) Die neue Schraube müsste 26 g wiegen.
c) Die neue Schraube müsste 22 g wiegen.

Seite 153 | Aufgabe 16

Für die sieben Zahlen gilt: $10 + 32 + 11 + x + 20 + 10 + 47 = 30 \cdot 7$
Daraus folgt $x = 80$.

Seite 153 | Aufgabe 17

$\overline{x} = 1 \cdot 0{,}02 + 2 \cdot 0{,}1 + 3 \cdot 0{,}45 + 4 \cdot 0{,}25 + 5 \cdot 0{,}18 + 6 \cdot 0 = 3{,}47 \approx 3{,}5$

Seite 153 | Aufgabe 18

Anhand der Klassen lassen sich keine Durchschnittswerte errechnen, da man nicht weiß, ob sich das Gewicht der Kämpferinnen eher am unteren oder eher am oberen Rand der Klassen bewegt. Zudem sind die Klassen unterschiedlich groß, die unterste und oberste Klasse haben sogar jeweils keine untere bzw. obere Grenze. Um dieses Problem zu umgehen, kann man einfach die genauen Körpergewichte der einzelnen Kämpferinnen ermitteln und zur Berechnung des Durchschnitts heranziehen.

Seite 153 | Aufgabe 19

a) Beispiel für eine Klassenbreite von 0,5 m:

gesprungene Weite s (in m)	$2{,}75 \leq s < 3{,}25$	$3{,}25 \leq s < 3{,}75$	$3{,}75 \leq s < 4{,}25$	$4{,}25 \leq s < 4{,}75$	$4{,}75 \leq s < 5{,}25$
absolute Häufigkeit	6	3	11	7	3

b) Am einfachsten sind Histogramme zu zeichnen, wenn die Klassen gleich breit sind. Jede Klasse wird durch einen Balken repräsentiert. Der Flächeninhalt eines Balkens entspricht der relativen Häufigkeit der Klasse. Es gilt:

$$\text{Höhe} \cdot \text{Breite} = \frac{\text{absolute Häufigkeit}}{\text{Gesamtzahl}}$$

Für die Höhen der Balken zu den Sprungweiten ergibt sich damit:

$$\text{Höhe} = \frac{\text{absolute Häufigkeit}}{\text{Gesamtzahl} \cdot \text{Breite}} = \frac{\text{absolute Häufigkeit}}{30 \cdot 0{,}5} = \frac{\text{absolute Häufigkeit}}{15}$$

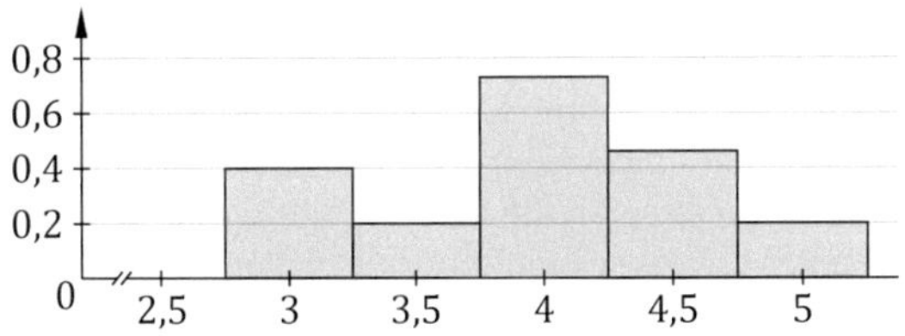

c) In Balken- oder Säulendiagramme haben die Breiten der Säulen in der Regel keine Bedeutung. Relative oder absolute Häufigkeiten werden als y-Werte dargestellt. In Histogrammen entspricht die Säulenbreite der Klassenbreite. Die relative oder absolute Häufigkeit einer Klasse entspricht dem Flächeninhalt ihrer Säule. Dadurch lassen sich relative Anteile der einzelnen Klassen besser erkennen. Wählt man gleiche Klassenbreiten mit Klassenbreite $= \frac{1}{N}$ (N – Gesamtzahl), so ergibt sich ein klassisches Säulendiagramm ohne Lücken zwischen den Säulen.

5.3 Streumaße

Seite 154 | Einstieg

Das arithmetische Mittel der Toranzahl in den letzten 5 Spielen beträgt bei beiden Mannschaften 2,4. Allerdings schoss Mannschaft A in allen Spielen konstant 2 oder 3 Tore, während Mannschaft B schlechte Spiele und sehr gute hatte.

Seite 155 | Aufgabe 1

a) $\bar{x} = 11;\ s^2 \approx 62{,}86;\ s \approx 7{,}93$

b) $\bar{x} \approx 3{,}14$ cm; $s^2 = 3{,}27\ \text{cm}^2$; $s = 1{,}81$ cm

Seite 155 | Aufgabe 2

Individuelle Lösungen.

Seite 155 | Aufgabe 3

a) Kurs 2 hat einen deutlicheren Schwerpunkt um die Note 3 herum und wird daher die kleinere Standardabweichung haben.

b) Kurs 1: $\bar{x} = 3{,}84;\ s^2 \approx 2{,}69;\ s \approx 1{,}64$

Kurs 2: $\bar{x} = 3{,}375;\ s^2 \approx 0{,}90;\ s \approx 0{,}95$

Seite 156 | Aufgabe 4

a Individuelle Lösungen.

b) Eine nennenswerte Änderung ergibt sich zum Beispiel bei „Extremfällen" wie einer 1 oder einer 6, wenn es um Noten geht, bei denen das Mittel dicht um die 3 liegt.

Seite 156 | Aufgabe 5

① $\bar{x} = 2{,}75;\ s^2 \approx 0{,}94;\ s \approx 0{,}97$

② $\bar{x} = 2{,}75;\ s^2 \approx 6{,}19;\ s \approx 2{,}49$

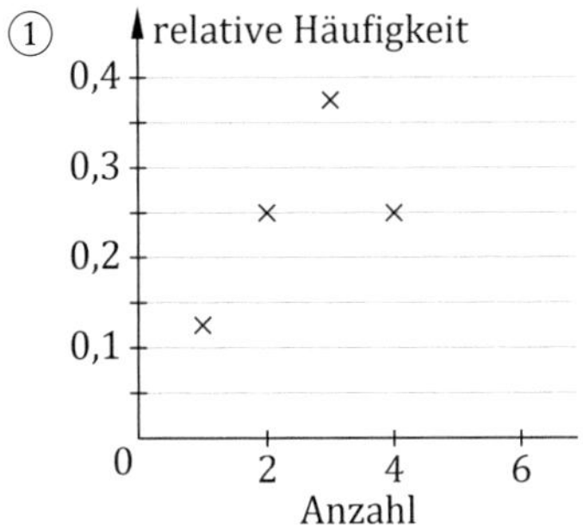

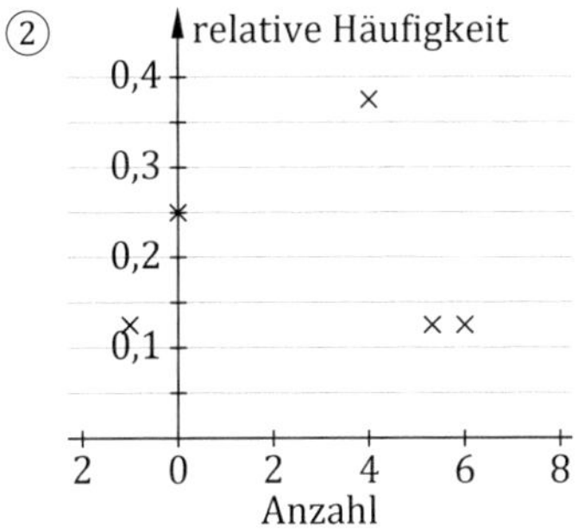

Seite 156 | Aufgabe 6

a) Bei den Mädchen beträgt die Durchschnittsnote 3,2 und die Spannweite 4. Bei den Jungen beträgt die Durchschnittsnote 3,1875 und die Spannweite 5.

b) Die Standardabweichung bei den Mädchen beträgt 0,98 und die Standardabweichung bei den Jungen beträgt 1,70. Die Abweichungen um den Mittelwert sind bei den Jungen größer, was sich auch gut aus dem Diagramm heraus erkennen lässt. Die Noten der Mädchen sind recht kompakt um die Noten 3 und 4 konzentriert. Welcher Kurs nun „besser“ ist, lässt sich nicht klar entscheiden. Zwar gibt es bei den Jungen mehr ausgeprägt schlechte, aber eben auch mehr ausgeprägt gute Noten, während sich die Mädchen im Mittelmaß bewegen. Eine klare Interpretation ist hier kaum möglich.

Seite 156 | Aufgabe 7

a) Sportler A:
Median: 175 kg; arithmetisches Mittel: 171,7 kg; Standardabweichung: 10,27 kg; Spannweite: 30 kg
Sportler B:
Median: 183,5 kg; arithmetisches Mittel: 183,3 kg; Standardabweichung: 2,81 kg; Spannweite: 8 kg
Sportler A hatte eine geringe Anfangsleistung und konnte sie recht schnell steigern. Anfangs gab es einen großen Schub und zum Ende hin stagniert es eher. Dies führt insgesamt zur großen Spannweite und die damit einhergehende große Standardabweichung und Varianz.
Die möglichen Interpretationen sind vielfältig. Die Daten sind dabei genau zu betrachten. Zunächst besonders wichtig ist der fehlende Leistungsstand der beiden Sportler. Handelt es sich um Anfänger oder um Fortgeschrittene, wie oft trainieren sie, mit welcher Zielsetzung, wie ernst nehmen sie den Sport etc.? All dies kann nur rückwirkend aus den Daten ermittelt werden und daher nicht wirklich viel zu ihrer eigentlichen Interpretation beitragen. Ferner spielt die Veranlagung zum Kraftsport, die sportliche Vorgeschichte sowie das Alter eine wichtige Rolle, alles ebenfalls nicht bekannt. Beide Sportler konnten sich deutlich steigern, Sportler A jedoch in erheblicherem Maße, was auf einen Anfängerstatus hindeutet. Sportler B scheint im fortgeschrittenen Gewichtheberstadium zu sein, da sich seine Leistungswerte nur wenig ändern, über einen längeren Zeitraum hinweg gesehen jedoch noch erhebliche Änderungen erfahren (Spannweite).

b) Der professionelle Gewichtheber bewegt sich bereits nahe seines absoluten Maximums. Daher wird er eine sehr kleine Spannweite und eine kleine Streuung um den Mittelwert (Standardabweichung) haben. Der Hobbysportler hingegen wird sich erheblich steigern können, was in einer größeren Spannweite resultiert, ebenso wie in einer größeren Standardabweichung. Das Maximum wird beim Profi selbstverständlich deutlich höher liegen als beim Hobbysportler.

Seite 156 |Aufgabe 8

a) Das arithmetische Mittel beträgt dann $\bar{x} = \frac{29 \cdot 70 + 50}{30} \approx 69{,}3$.

b) Da nicht bekannt ist, wie groß die Standardabweichung zuvor war, kann man dies nicht beurteilen. Für den Extremfall, dass zuvor die Standardabweichung 0 war, also alle Schüler genau 70 kg wogen, so ist sie jetzt größer geworden.

Seite 157 | Aufgabe 9

Wertet man die ungültigen Sprünge nicht aus, so hat Mike Powell eine Standardabweichung von 0,40 m und Carl Lewis eine Standardabweichung von 0,08 m. Zählt man ungültige Sprunge als 0 m, so hat Mike Powell eine Standardabweichung von 3,98 m und Carl Lewis eine Standardabweichung von 3,29 m. Man könnte für Carl Lewis argumentieren, dass er eine konstantere Leistung erbracht hat. Zwar hat Powell den weitesten Sprung gemacht, aber Lewis konnte konstanter weite Sprünge machen. Dies erkennt man daran, dass seine Standardabweichung stets geringer ist..

Seite 157 | Aufgabe 10

Individuelle Lösungen.

Seite 157 | Aufgabe 11

Diese Aussage kann so allgemein nicht gemacht werden. Auch eine große Spannweite muss die Standardabweichung nicht sehr beeinflussen: Wenn sehr viele Daten vorliegen und davon nur jeweils einer sehr klein und einer sehr groß ist, ist zwar die Spannweite groß. Wenn gleichzeitig aber viele andere Werte nahe am Mittelwert sind, so kann die Standardabweichung dennoch klein ausfallen.

Seite 157 | Aufgabe 12

a) $20 + 15 + 12 + 20 + 8 + 6 + 8 + 10 + 12 + 18 = 129$

b) Es handelt sich hierbei um absolute Häufigkeiten. Die absolute Häufigkeit beschreibt, wie oft ein Ereignis tatsächlich aufgetreten ist. Die relative Häufigkeit beschreibt, wie oft ein Ereignis im Verhältnis zum Stichprobenumfang aufgetreten ist.

c) Der Median beträgt 12, das arithmetische Mittel beträgt 12,9 und die Standardabweichung 4,87.

d) ① Dieser Kontext ist realistisch. Wenn vor der Zählstelle eine Ampel steht, kommen Autos in Wellen, wie hier zu sehen.
② Jugendliche sind in der Lage, die Luft wesentlich länger anzuhalten, bis zu einer Minute und darüber. Dies ist kein realistischer Kontext.
③ Katzen wiegen für gewöhnlich zwischen 3 kg und 5 kg. Dies ist deshalb kein realistischer Kontext.
④ 6 m bis 20 m ist eine realistische Gebäudegröße z. B. in Wohngebieten mit Einfamilienhäusern und kleineren Blocks.

Seite 157 | Aufgabe 13

a) Daten (sinnvoll gerundet): 30,5; 30,5; 28; 24,5; 35; 20; 23; 28; 23,5; 21,5; 25,5; 27; 26:
Der Median beträgt 26, die Standardabweichung beträgt 3,95 und die Spannweite beträgt 15.

b) Durch die Visualisierung der Daten sind diese ungenau und man muss den Wert stets abschätzen. Die daraus resultierenden Daten sind demnach auch ungenau. Bei Wurfweiten im Sportunterricht ist dies aber relativ irrelevant, da die Weiten sowieso nicht ganz genau gemessen werden können.

Seite 158 | Aufgabe 14

a) ① Das untere Quartil ist 30 und das obere ist 60. Der Quartilsabstand ist somit 30.
② Das untere Quartil ist 1 und das obere ist 5. Der Quartilsabstand ist somit 4.

b) Individuelle Lösungen.

c) ① $\tilde{x}_{0,25} = x_2 = 30$ und $\tilde{x}_{0,75} = x_6 = 60$
② $\tilde{x}_{0,25} = x_3 = 1$ und $\tilde{x}_{0,75} = x_8 = 5$
Man betrachtet jeweils das Element der Liste, das gerundet an der Stelle eines Viertels bzw. drei Viertels steht.

Seite 158 | Aufgabe 15

a) Das ist nicht ganz richtig. Das untere und obere Quartil liegen in der Mitte der durch den Median geteilten Bereiche, jedoch gehört der Median nicht mit dazu.

b) Diese Aussage ist richtig, wenn die Anzahl der Daten durch 4 teilbar ist. Ansonsten gilt sie näherungsweise.

c) Diese Aussage ist richtig, da das untere und das obere Quartil die Grenzen zwischen 25 % und 75 % der Daten anzeigt, während der Median den mittleren Wert der geordneten Datenreihe angibt. Ein großer Quartilabstand lässt also auf eine große Differenz/einen großen Abstand vom Median schließen.

d) Falsch. In der Regel stimmt die Aussage, aber nicht immer: Bei einer Datenmenge aus drei Daten ist er gleich.

e) Falsch. Richtig ist: Der Median ist der mittlere Wert einer geordneten Datenfolge.

f) Falsch. Auf Grund der Problematik der Bestimmung eines „mittleren Wertes" bei geradzahlig viele Werten ist der Median als ca. 50 %..." definiert.

g) Diese Aussage ist richtig.

Seite 158 | Aufgabe 16

a)

Augensumme	2	3	4	5	6	7	8	9	10	11	12
relative Häufigkeit	$\frac{1}{36}$	$\frac{2}{36}$	$\frac{3}{36}$	$\frac{4}{36}$	$\frac{5}{36}$	$\frac{6}{36}$	$\frac{5}{36}$	$\frac{4}{36}$	$\frac{3}{36}$	$\frac{2}{36}$	$\frac{1}{36}$

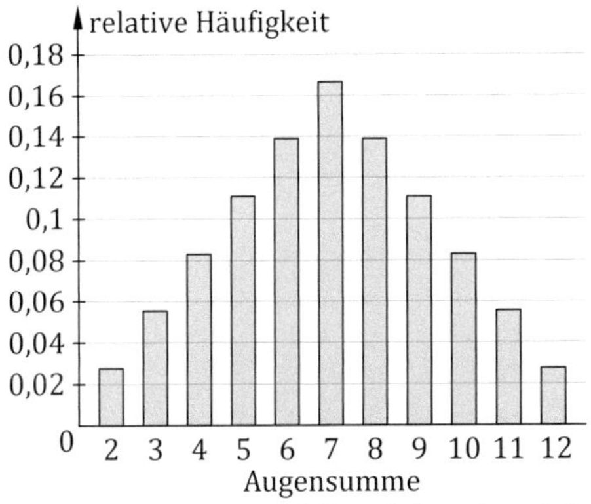

b) Beim Säulendiagramm fällt auf, dass die mittleren Werte viel häufiger auftreten als sehr kleine oder große Werte. Daraus lässt sich eine relativ kleine Standardabweichung herleiten. Aufgrund der Symmetrie der Verteilung ist das arithmetische Mittel gleich dem Median.

c) Das arithmetische Mittel beträgt 7, der Median ist 7 und die Standardabweichung beträgt 2,42.

d) Von den 36 möglichen Kombinationen führen 3 zum Gewinn von 1 Euro (die 6, die 7 oder die 8), deren Wahrscheinlichkeit $\frac{16}{36}$ beträgt. Die Verlustwahrscheinlichkeit beträgt $\frac{20}{36}$. Entsprechend sollte man sich nicht auf das Spiel einlassen.

Streifzug Boxplots

Seite 159 | Einstieg

Gruppe 1:
Arithmetisches Mittel: 8,20 €; Standardabweichung: 3,76 €; Varianz: 14,16 €^{2}.
Aus der Grafik kann entnommen werden:
Median: 7 €; unteres Quartil:5 €; oberes Quartil: 12 €; Spannweite: 11 €; kleinster Wert: 4 €; größter Wert: 15 €.
Gruppe 2:
Arithmetisches Mittel: 7,40 €; Standardabweichung: 1,85 €; Varianz: 3,44 €^{2}.
Aus der Grafik kann entnommen werden:
Median; 7 €; unteres Quartil:5,50 €; oberes Quartil: 9,50 €; Spannweite: 5 €; kleinster Wert: 5 €; größter Wert: 10 €.

Seite 159 | Aufgabe 1

a)

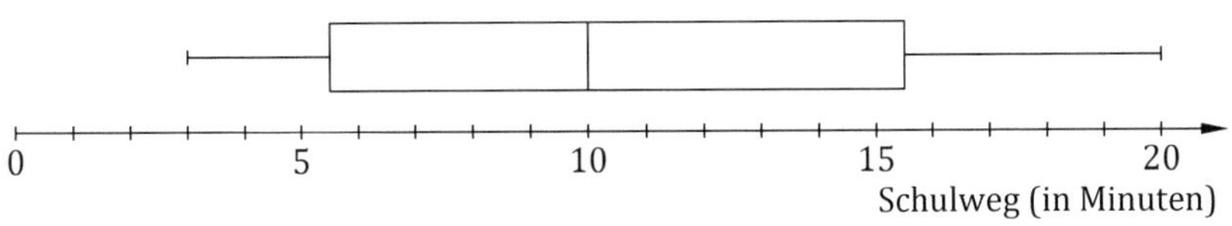

b) Individuelle Lösungen.

Seite 160 | Aufgabe 2

Dem Boxplot kann man entnehmen: kleinster Wert 8; unteres Quartil 11; Median 14; oberes Quartil 17; größter Wert 20. Kleinster Wert, größter Wert und Median aller Datenreihen entsprechen diesen Werten. Das obere Quartil der ersten und zweiten Reihe ist 17, das untere Quartil ist allerdings nur bei der ersten Reihe 11. Der Boxplot gehört also zur Datenreihe A.

Seite 160 | Aufgabe 3

a)

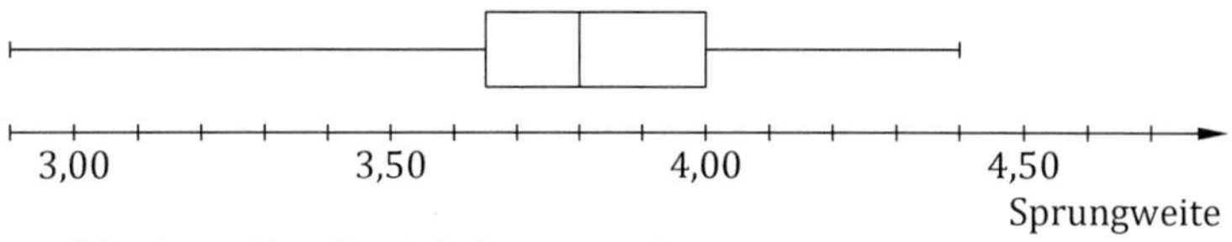

b) Ungefähr die Hälfte aller Schüler ist mindestens 3,80 m gesprungen. Ungefähr die Hälfte aller Schüler ist mindestens 3,65 m, aber höchstens 4,01 m gesprungen. Ungefähr 75 % aller Schüler sind mindestens 3,65 m gesprungen.

Seite 160 | Aufgabe 4

a) Maximum: 5000 €; Minimum: 1600 €; Median: 2400 €; unteres Quartil: 2000 €; oberes Quartil: 3000 €

b)

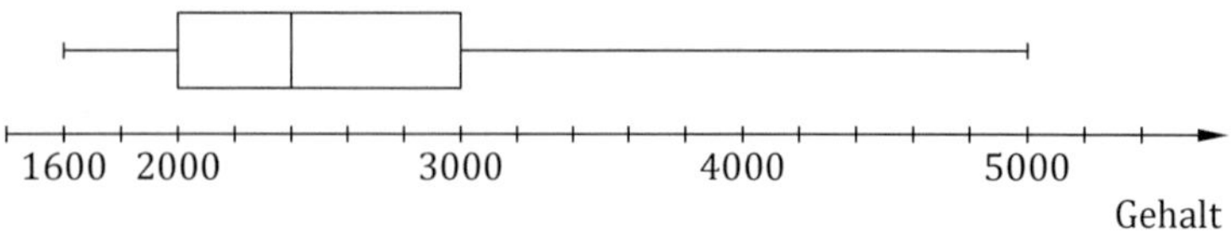

Seite 160 | Aufgabe 5

Linkes Ende der Antenne: Minimum, kleinster Wert der Datenreihe.
Linkes Ende der Box: unteres Quartil, Mitte der unteren Hälfte der Datenreihe.
Strich in der Mitte der Box: Median, mittlerer Wert der Datenreihe bei ungerader Anzahl von Daten, Mittelwert der beiden mittleren Werte bei gerader Anzahl.
Rechtes Ende der Box: oberes Quartil, Mitte der oberen Hälfte der Datenreihe.
Rechtes Ende der Antenne: Maximum, größter Wert der Datenreihe.

Seite 161 | Aufgabe 6

Jungen: Minimum: 0; unteres Quartil: 1; Median: 5; oberes Quartil: 8; Maximum: 18
Mädchen: Minimum: 4; unteres Quartil: 9; Median: 15; oberes Quartil: 25; Maximum: 30
Alle Kennwerte sind bei den Mädchen größer als bei den Jungen. Die Anzahl der Nachrichten der Mädchen liegt in einem größeren Bereich als die der Jungen. Die Mediane und Quartile sind sehr unterschiedlich bei den beiden Gruppen und die Box der Mädchen ist wesentlich breiter.

Seite 161 | Aufgabe 7

Das Lehrerkollegium ist insgesamt älter geworden: Das Maximum des oberen Boxplots liegt bei 50 Jahren, das des unteren bei 60 Jahren, hier ist also wahrscheinlich dasselbe Mitglied des Kollegiums noch immer der oder die Älteste. Auch das obere Quartil ist einfach um 10 Jahre nach oben gerückt. Der Median ist von 45 Jahre auf 54 Jahre gestiegen, das untere Quartil von 41 auf 50 Jahre, also jeweils um lediglich 9 Jahre. Das jüngste Mitglied des Kollegiums ist heute 42 Jahre alt, vor 10 Jahren 35 Jahre. Es sind also einige jüngere Lehrerinnen und Lehrer dazugekommen, allerdings nicht so viele, dass das Kollegium die Altersverteilung auch nur annähernd halten konnte.

Seite 161 | Aufgabe 8

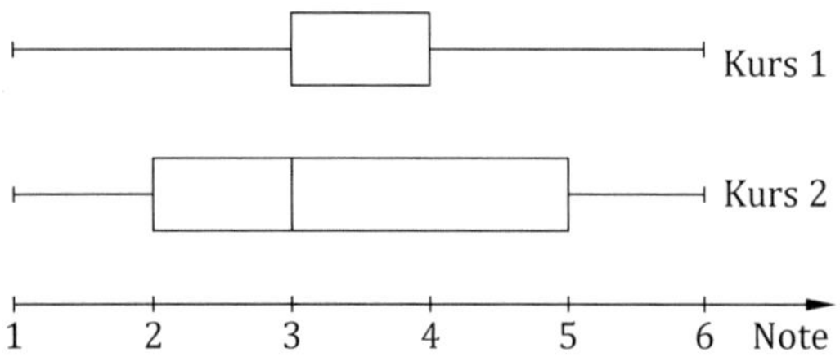

In beiden Kursen war die beste Note eine 1, die schlechteste eine 6. In Kurs 2 war die Bandbreite der Ergebnisse deutlich größer, in Kurs 1 haben über 50 % der Teilnehmer eine 3 oder 4 geschrieben.

Seite 161 | Aufgabe 9

a) Mindestens 50 % der Schüler haben eine Punktzahl zwischen 20 und 26, die Hälfte hat mindestens 23 Punkte. Mindestens ein Schüler hat die maximale Punktzahl von 30 Punkten erreicht, die geringste Punktzahl waren 10 Punkte.
b) Beispiel: 10, 17, 20, 21, 23, 23, 25, 26, 27 30

Seite 161 | Aufgabe 10

a)

b)

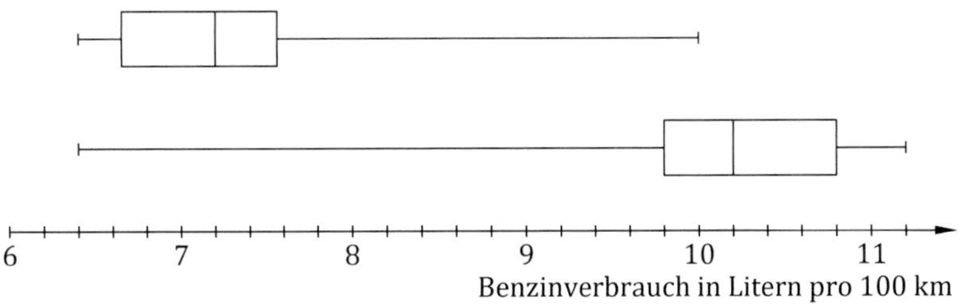

Das Auto brauchte im Urlaub deutlich mehr Benzin. Mögliche Ursachen könnten sein, dass mehr im Gebirge gefahren wurde, dass mehr in einer Großstadt gefahren wurde, in der der Verkehr sehr dicht war oder dass wegen Ortsunkenntnis öfter gehalten werden musste. Natürlich könnte am Auto auch zu Beginn des Urlaubs ein Defekt aufgetreten sein, der den höheren Spritverbrauch verursachte.

c) Ohne Kenntnis, welche Art von Urlaub gemacht wurde und was sonst passierte, kann man aus den Daten keine sinnvollen Schlüsse ziehen.

Seite 161 | Aufgabe 11

a) In beiden Klassen haben jeweils 30 Schüler an dem Test teilgenommen:
11a: $6 + 6 + 3 + 9 + 6 = 30$ 11b: $0 + 1 + 0 + 14 + 14 + 1 = 30$

b)

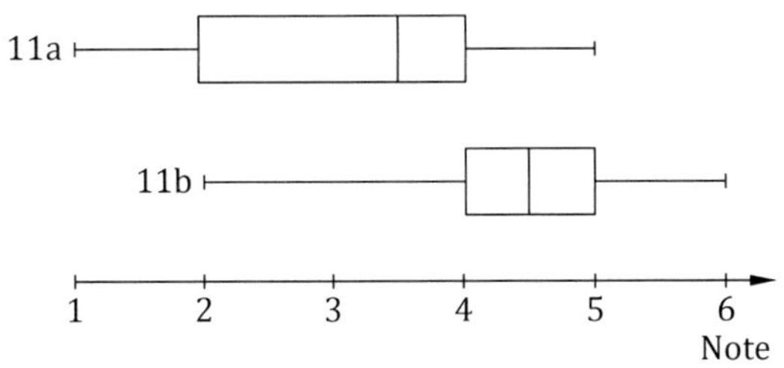

c)

Arithmetischer Mittelwert:	11a: 3,1	11b: 4,47
Median:	11a: 3,5	11b: 4,5
Standardabweichung:	11a: 1,46	11b: 0,72

Das Ergebnis der Klasse 11a ist in allen Kenngrößen besser. Die Ergebnisse der Klasse 11b liegen deutlich enger zusammen.

d) Die mittleren 50 Prozent sind leichter per Boxplot zu erkennen.

e) Der Boxplot ermöglicht es meistens, die grundlegende Datenverteilung schneller zu überblicken, es gehen aber Details verloren. Die genauen Daten können nur dem Säulendiagramm entnommen werden.

5.4 Vermischte Aufgaben

Seite 162 | Aufgabe 1

Beispiele für Begründungen:

a) Hier eignet sich das arithmetische Mittel am besten. Es liegen viele Daten vor und die Wahrscheinlichkeit für sprunghafte Temperaturänderungen ist meist nicht so groß.

b) Aufgrund der kleinen Stichprobengröße und der Tatsache, dass das Taschengeld sehr unterschiedlich ausfallen kann, eignet sich hier der Median besser.

Seite 162 | Aufgabe 2

Der Median bedeutet, dass 50 % der Bevölkerung ein Vermögen von 51 000 € oder mehr haben. Er gibt aber nicht an, wie viel größer diese Vermögen teilweise sind. Das sehr viel höhere arithmetische Mittel bedeutet, dass einige Vermögen sehr viel größer als 51 000 € sind.

Seite 162 | Aufgabe 3

Der erste Fehler liegt in der Formulierung. Es wäre zunächst nicht die Durchschnittstemperatur, sondern die durchschnittliche Höchsttemperatur der zehn Tage. Des Weiteren muss sie jeden Wert, auch wenn er mehrfach vorkommt, zur Berechnung des Durchschnitts heranziehen. Ansonsten stimmt die Gewichtung der Werte nicht mehr.

Richtig ist: $\frac{2\cdot 14\,°C+3\cdot 15\,°C+3\cdot 16\,°C+1\cdot 17\,°C+1\cdot 18\,°C}{10} = 15{,}6\,°C$

Seite 162 | Aufgabe 4

a)

Sandwiches:	relative Häufigkeit: 0,23	absolute Häufigkeit: 230
Salate:	relative Häufigkeit: 0,20	absolute Häufigkeit: 200
Suppen:	relative Häufigkeit: 0,18	absolute Häufigkeit: 180
Getränke:	relative Häufigkeit: 0,21	absolute Häufigkeit: 210
Desserts:	relative Häufigkeit: 0,18	absolute Häufigkeit: 180

b) 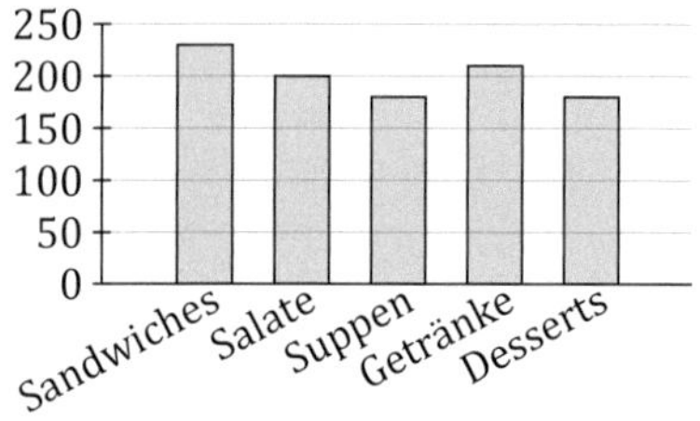

c) Ein Mittelwert müsste sich „pro Gericht" über mehrere Monate nur bezogen auf die Verkaufszahlen eben dieses Gerichtes beziehen. Keinesfalls können die Monatsdaten aller Gerichte „normal" zu einem gemeinsamen Datensalat verarbeitet werden, da so jede sinnvolle Aussage bzgl. der Fragestellung, der Beliebtheit eines Gerichts, verloren gehen würde.

Seite 162 | Aufgabe 5

a) Damit das arithmetische Mittel 5 ist, müssen alle Einträge 5 sein. Sobald eine 1 oder 3 dabei ist, ist es kleiner als 5. Das arithmetische Mittel kann nicht größer sein, als die Einträge in der Liste, weshalb 6 als arithmetisches Mittel hier nicht möglich ist.

b) Damit das arithmetische Mittel 3 ist, muss es genauso viele Einsen wie Fünfen geben. Es gibt genau 6 verschiedene solcher Listen, wenn man die Reihenfolge der Einträge ignoriert.

Seite 162 | Aufgabe 6

Eine Möglichkeit wäre es, den fünf Merkmalsausprägungen Werte von 0 bis 4 zuzuordnen, z. B. 0 für „nie" bis 4 für „sehr oft". Daraus errechnet man den Mittelwert und ordnet diesem wieder eine Merkmalsausprägung zu.

Seite 162 | Aufgabe 7

Der Mittelwert allein gibt keine Aussage darüber, wie die Noten verteilt sind. Es könnte sein, dass es dieses Mal sehr viel mehr sehr gute und sehr schlechte Ergebnisse gab oder umgekehrt. Um dies zu untersuchen, müsste die Standardabweichung berechnet werden.

Seite 163 | Aufgabe 8

Elenas Rechnung wäre nur richtig, wenn gleich viel Jungen und Mädchen teilgenommen hätten. Sie gewichtet bei der Rechnung nicht die Anzahl der Jungen und Mädchen. Richtig wäre: $\frac{20 \cdot 8{,}4 + 12 \cdot 7{,}0}{20+12} = 7{,}875$

Seite 163 | Aufgabe 9

Individuelle Lösungen.

Seite 163 | Aufgabe 10

a) 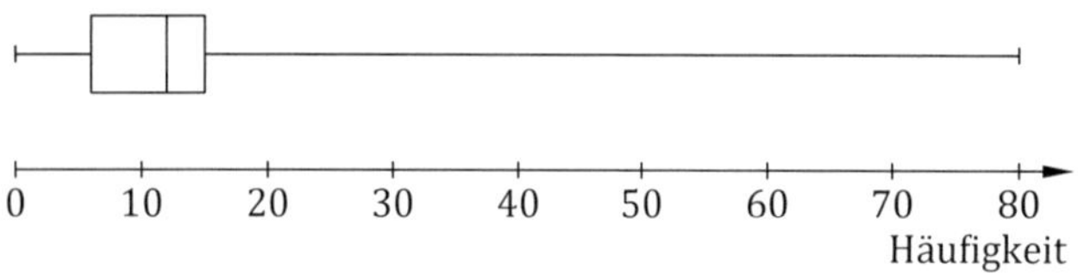

Die sehr lange Antenne bis zu 80 erweckt den Eindruck, dass eine größere Anzahl der Befragten sehr oft fliegt. Das ist etwas irreführend, da es nur einen solchen Vielflieger gibt, der nächsthöhere Wert sind 20 Flüge pro Jahr.

b) 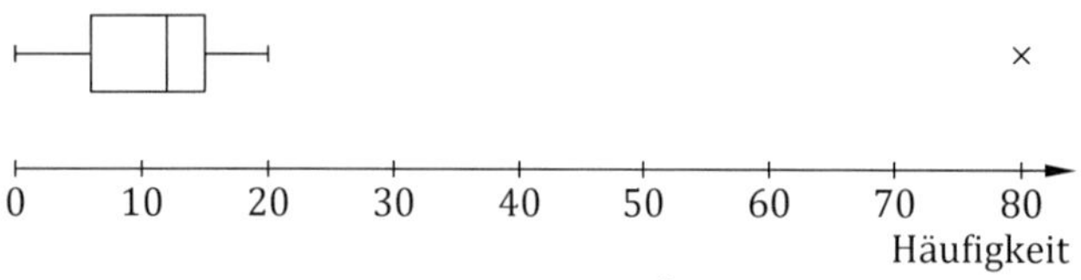

c) Die rechte Antenne wurde durch die Änderung des Maximalwertes wesentlich verkleinert. Der Boxplot gibt jetzt einen besseren Überblick über die Lage der Daten. Einzelne Punkte können als Ausreißer bezeichnet werden, wenn sie deutlich von der Box und von allen (oder den meisten) übrigen Daten entfernt sind.

d) Der Boxplot aus b) ist für diese Datenliste aussagekräftiger, da er den Ausreißer als solchen kennzeichnet und die anderen Werte dadurch in einen besseren Kontext stellt.

e) Meist ist die maximale Länge von Whiskern (Antennen) die 1,5-fache Länge des Innerquartilsabstands (Länge der Box). Liegen Werte außerhalb dessen, so kann man sie gesondert als Punkte einzeichnen. Zudem sollte untersucht werden, ob es sich hierbei vielleicht um einen systematischen oder anderweitigen Fehler bei der Untersuchung gehandelt haben könnte.

Seite 163 | Aufgabe 11

Gelbe Blüte: Die Spannweite beträgt jeweils 1800 €.

Arithmetisches Mittel bei Firma A (in €):

$0{,}04 \cdot 2200 + 0{,}14 \cdot 2600 + 0{,}18 \cdot 2900 + 0{,}24 \cdot 3100 + 0{,}21 \cdot 3400 + 0{,}16 \cdot 3600 + 0{,}03 \cdot 4000 = 3128$

Arithmetisches Mittel bei Firma B (in €):

$0{,}23 \cdot 2200 + 0{,}16 \cdot 2600 + 0{,}07 \cdot 2900 + 0{,}05 \cdot 3100 + 0{,}08 \cdot 3400 + 0{,}16 \cdot 3600 + 0{,}25 \cdot 4000 = 3128$

Blaue Blüte: In Firma A konzentrieren sich die Gehälter eher in der Mitte der Verteilung, in Firma B stärker an den Rändern. Die Standardabweichung (in €) macht dies deutlich.

Firma A:

$$s = \sqrt{\begin{array}{c}0{,}04 \cdot (2200 - 3128)^2 + 0{,}14 \cdot (2600 - 3128)^2 + 0{,}18 \cdot (2900 - 3128)^2 + 0{,}24 \cdot (3100 - 3128)^2 \\ +0{,}21 \cdot (3400 - 3128)^2 + 0{,}16 \cdot (3600 - 3128)^2 + 0{,}03 \cdot (4000 - 3128)^2\end{array}}$$

$= 396{,}25$

Firma B:

$$s = \sqrt{\begin{array}{c}0{,}23 \cdot (2200 - 3128)^2 + 0{,}16 \cdot (2600 - 3128)^2 + 0{,}07 \cdot (2900 - 3128)^2 + 0{,}05 \cdot (3100 - 3128)^2 \\ +0{,}08 \cdot (3400 - 3128)^2 + 0{,}16 \cdot (3600 - 3128)^2 + 0{,}25 \cdot (4000 - 3128)^2\end{array}}$$

$= 691{,}39$

Grüne Blüte:

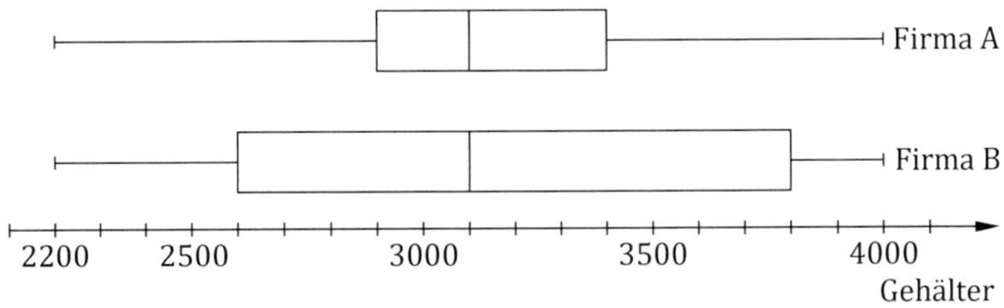

Die Breite der Box zeigt an, dass die Einkommen in Firma B breiter verteilt sind.

Rote Blüte: Als Berufseinsteiger, der mit niedrigem Gehalt anfängt, scheint Firma A günstiger zu sein. Ein höherer Anteil an mittleren Gehältern legt die Vermutung nahe, dass man in Firma A schneller in den Gehaltsstufen aufsteigt. Eventuell sagt die Gehaltsstruktur in Firma B aber auch aus, dass hier besonders viele Berufseinsteiger arbeiten, und/oder dass Hochqualifizierte in Firma B besser bezahlt werden. Ohne weitere Informationen ist eine Einschätzung schwierig.

Komplexe Aufgaben

1 Funktionsuntersuchung

Seite 168 | Aufgabe 1

a) $f'(x) = x^2 - 6x + 8; f''(x) = 2x - 6;\ f'(x) = 0$ gilt für $x_1 = 2$ und $x_2 = 4$.
$f''(x) = 2x - 6$

b) $d^2 = (x_H - x_T)^2 + (y_H - y_T)^2 = (2-4)^2 + \left(0 - \left(-\frac{4}{3}\right)\right)^2 = 5\frac{7}{9}; d \approx 2{,}4$

c) $f''(x) = 2x - 6; f''(x) = 0$ gilt für $x = 3$
$f'''(x) = 2 \neq 0$: Wendepunkt bei $W\left(3\middle|-\frac{4}{3}\right)$.

d) Die zweite Ableitung einer ganzrationalen Funktion dritten Gerades ist eine Gerade und hat somit genau eine Nullstellen.

e) Zeichnung siehe Aufgabenteil f)
Die Gerade zwischen den Extrempunkten hat die Gleichung: $y = -\frac{2}{3}x + \frac{4}{3}$
Die Wendetangente hat die Steigung $f'(3) = -1$, die Tangente die Gleichung $y = -x + \frac{4}{3}$
Die Geraden haben unterschiedliche Steigungen und stimmen daher nicht überein.

f) 1) Die Aussage ist falsch, da zwar die Ableitung hier Null ist, die Steigung aber nicht das Vorzeichen ändert. F hat bei $x = 2$ einen Sattelpunkt.
2) Die Aussage ist falsch. f ist hier negativ, sodass F im Intervall [4;5] monoton fallend ist.
3) Die Aussage ist richtig, da hier die Ableitung null ist.

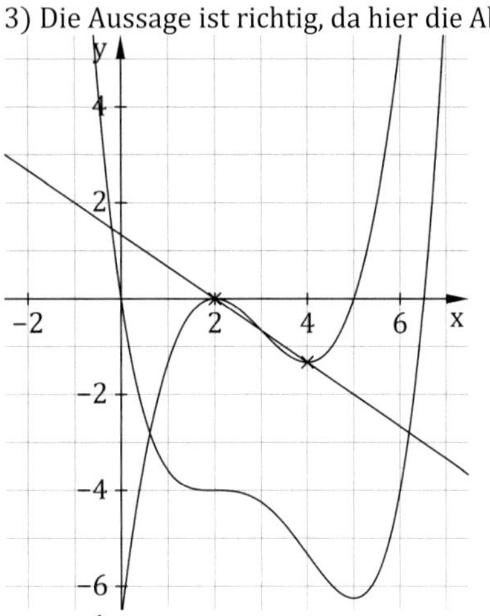

g) 1) $a = \frac{1}{3}$
2) Der Graph ist um den Faktor 3 gestaucht und an der x-Achse gespiegelt.

2 Wasserverbtauch als ganzrationale Funktion

Seite 168 | Aufgabe 2

a)

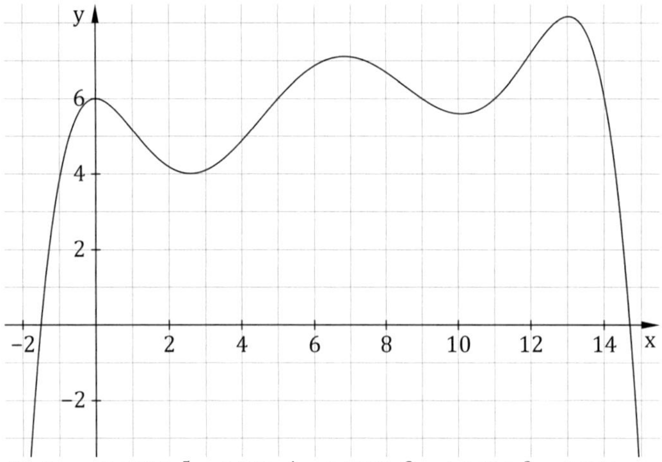

$f'(x) = -0{,}0012x^5 + 0{,}039x^4 - 0{,}4392x^3 + 1{,}9686x^2 - 2{,}772x$
$f''(x) = -0{,}006x^4 + 0{,}156x^3 - 1{,}3185x^2 + 3{,}9372x - 2{,}772$
Extrempunkte: $f'(x) = 0$ gilt für $x_1 = 0; x_2 \approx 2{,}6;\ x_3 \approx 6{,}8;\ x_4 \approx 10{,}1;\ x_5 \approx 13{,}1$
$f''(0) < 0$: $H_1(0|6)$; $f''(2{,}6) > 0$: $T_1(2{,}6|4)$; $f''(6{,}8) < 0$: $H_2(6{,}8|7{,}1)$;
$f''(10{,}1) > 0$: $T_2(10{,}1|7{,}1)$; $f''(13{,}1) < 0$: $H_3(13{,}1|8{,}2)$

Der Graph ist für $0 < x < 2{,}6$ monoton fallen, für $2{,}6 < x < 6{,}8$ monoton steigend, für $6{,}8 < x < 10{,}1$ monoton fallend und für $10{,}1 < x < 14$ monoton fallend.
Das Maximum bei $x = 0$ (Mitternacht) zeigt an, dass einige Personen jetzt noch ins Bett gehen und davor Wasser verbrauchen (Toilette, Zähneputzen etc.) Das wird mit fortschreitender Uhrzeit weniger, ab ca. halb drei dann wieder mehr, da nun die ersten wieder aufstehen. Ein breiteres Maximum ergibt sich zwischen ca. 6:00 und 8:00 Uhr, da hier sehr viele Menschen aufstehen und das Bad nutzen, ein etwas schmaleres Maximum zwischen 12:00 und 14:00 ist wohl darauf zurückzuführen, dass jetzt oft gekocht wird. Zu allen Zeiten gibt es allerdings einen Basisverbrauch an Wasser, der mindestens so groß ist wie die Veränderungen.

b) 600 m^3/h werden verbraucht um 0:00; 5:00; 9:00; 11:00 und 14:00.

3 Funktionsuntersuchung

Seite 169 | Aufgabe 3

a) $f(0) = 0$: Schnittpunkt mit der y-Achse bei $(0|0)$
$f(x) = \frac{1}{6}x^3 + \frac{1}{2}x^2 - \frac{3}{2}x = 0$ für $x_1 \approx -4{,}854; x_2 = 0;\ x_3 \approx 1{,}854$
Schnittpunkte mit der x-Achse bei $(0|-4{,}854)$; $(0|0)$ und $(0|1{,}854)$

b) $f'(x) = \frac{1}{2}x^2 + x - \frac{3}{2}; f''(x) = x + 1;\ f'(x) = 0$ für $x_1 = 1; x_2 = -3$.
$f''(1) = 2 > 0: T\left(1\middle|-\frac{5}{6}\right)$
$f''(-3) = -2 < 0: H\left(-3\middle|\frac{9}{2}\right)$

c) Gleichung durch $T\left(1\middle|-\frac{5}{6}\right)$ und $H\left(-3\middle|\frac{9}{2}\right)$: $e(x) = -\frac{4}{3}x + \frac{1}{2}$
$f'(x) = \frac{1}{2}x^2 + x - \frac{3}{2} = -\frac{4}{3}$ für $x_1 \approx -2{,}155;\ x_2 \approx 0{,}155$
In den Punkten $(-2{,}155|3{,}887)$ und $(0{,}155|-0{,}220)$ hat $f(x)$ die Steigung $-\frac{4}{3}$.

d) $f''(x) = 0$ für $x = -1; f'''(-1) = 1 \neq 0$.
Wendepunkt $W\left(-1\middle|1\frac{5}{6}\right)$; Wendetangente: $t(x) = -x + \frac{5}{6}$
Schnittpunkt von $t(x)$ und $e(x)$:
$-\frac{4}{3}x + \frac{1}{2} = -x + \frac{5}{6}$ gilt für $x = -1$; also ist der Schnittpunkt $S\left(-1\middle|1\frac{5}{6}\right)$

e) 1) $a = 0$
2) Für $a > 0$ wird der Graph von $f(x)$ nach oben verschoben, für $a < 0$ nach unten.

f) Die Nullstellen von f sind $(0|-4{,}854)$; $(0|0)$ und $(0|1{,}854)$.
Ist f die Ableitung von F, so muss F an den Nullstellen der Ableitung einen Extremwert haben. Dies ist nur bei Grafik ② der Fall.

4 Rutschbahn

Seite 169 | Aufgabe 4

a) Die Gerade ist die Tangente an $f(x)$ im Punkt $P(0{,}1|f(0{,}1)) = P(0{,}1|0{,}021)$.

b) $f'(x) = \frac{1}{3}x^2 + 4x; f'(0{,}1) = \frac{121}{300}; t(x) = \frac{121}{300}x - \frac{29}{1500}$

5 Funktionsuntersuchung

Seite 170 | Aufgabe 5

$f(x) = \frac{1}{4}x^3 - \frac{9}{4}x^2 + \frac{15}{4}x + \frac{13}{4};\ f'(x) = \frac{3}{4}x^2 - \frac{9}{2}x + \frac{15}{4};\ f''(x) = \frac{3}{2}x - \frac{9}{2}; f'''(x) = \frac{3}{2}$

a) $f(x) = \frac{1}{4}x^3 - \frac{9}{4}x^2 + \frac{15}{4}x + \frac{13}{4} = 0$ für $x_1 \approx -0{,}62; x_2 \approx 3{,}335;\ x_3 \approx 6{,}285$

b) $f'(x) = 0$ gilt für $x_1 = 1; x_2 = 5$
$f''(1) < 0: H(1|5); f''(5) > 0: T(5|-3)$

c) $f''(x) = \frac{3}{2}x - \frac{9}{2} = 0$ für $x = 3; f'''(3) = \frac{3}{2} \neq 0$; Wendepunkt $W(3|1)$
$f'(3) = -3; t(x) = -3x + 10$

d) 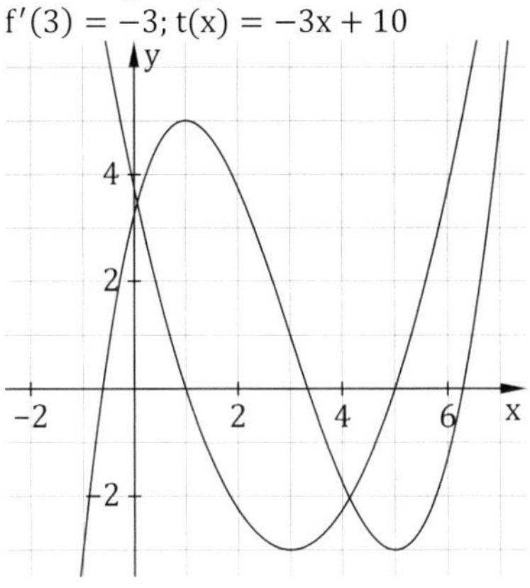

An den Extremstellen von f bei $x = 1$ und $x = 5$ hat die Ableitung f' eine Nullstelle.
An der Extremstelle von f' bei $x = 3$ hat f einen Wendepunkt.

e) 1) $A(1|5)$, $B(6|-1{,}25)$; Gerade durch A und B: $e(x) = -1{,}25x + 6{,}25$
Die Steigung beträgt also $-1{,}25$, die Aussage ist falsch.
2) $f'(x) = \frac{3}{4}x^2 - \frac{9}{2}x + \frac{15}{4} = -1$ gilt für $x_1 \approx 1{,}367$; $x_2 \approx 4{,}633$
In den Punkten $P(1{,}367|4{,}810)$ und $H(4{,}633|-2{,}810)$ hat der Graph die Steigung -1, die Aussage stimmt.

f) 1) Der Graph wurde um 1 nach unten und 2,5 nach rechts verschoben.
$f^*(x) = \frac{1}{4}(x + 2{,}5)^3 - \frac{9}{4}(x + 2{,}5)^2 + \frac{15}{4}(x + 2{,}5) + \frac{9}{4}$
2) Der Hochpunkt von f ist $H(1|5)$. Der Graph wird durch a gestaucht und durch b nach oben verschoben. Die x-Koordinate des Hochpunkts von f ändert sich dadurch für $a > 0$ nicht. Die y-Koordinate wird mit 0,5 malgenommen, dann werden 1,5 addiert, so ergibt sich $H(1|4)$.
3) Damit aus dem Hochpunkt $H(1|5)$ von f ein Tiefpunkt wird, muss $a < 0$ sein. Für $a = -1$ ist $b = 3$.

6 Merkregeln

Seite 170 | Aufgabe 6

Erste Regel: Richtig. Eine Verschiebung entlang der y-Achse bedeutet die Addition einer Konstante. Diese Konstante fällt bei der Ableitung weg.
Zweite Regel: Das ist nicht richtig. Bei Streckung von f um den Faktor a wird auch die Ableitungsfunktion um a gestreckt.
Dritte Regel: Richtig. Die beiden Funktionen können einzeln abgeleitet und dann addiert werden, da bei $f(x) = g(x) + h(x)$ gilt $f'(x) = g'(x) + h'(x)$.
Vierte Regel: Das ist falsch. Die Steigung ist doppelt so groß wie der Faktor vor dem x^2.

7 Besucherzahlen modellieren

Seite 171 | Aufgabe 7

a) $f(11) = 151{,}8$: Um 11 Uhr befinden sich etwa 152 Besucher im Bad.
b) 1) $f(19{,}75) = 117{,}02$: Um 19:45 befinden sich noch etwa 117 Besucher im Bad.
2) $f(t) = 0$ gilt für $t_1 = 0$; $t_2 \approx 9{,}756$; $t_3 \approx 20{,}244$. Nach dem Modell haben also um ca. 20:15 alle Besucher das Bad verlassen.
c) $f'(t) = -3{,}6t^2 + 72t - 237$; $f''(t) = -7{,}2t + 72$
$f'(t) = 0$ gilt für $x_1 \approx 15{,}845$; $x_2 \approx 4{,}155$
Sinnvoll, da in den Öffnungszeiten liegend, ist nur der Wert 15,845, also etwa 15:50.
$f''(15{,}845) < 0$: $H(15{,}845|509{,}309)$
Um 15:50 befinden sich die meisten Besucher im Bad, nämlich etwa 509.
d) $f(11) = 151{,}8$; $f(13) = 366{,}6$.
Die Besucherzahlen haben sich zwischen 11:00 und 13:00 um 215 erhöht, pro Stunde wurden also etwa 107 eingelassen.
e) 1) $f''(t) = -7{,}2t + 72 = 0$ gilt für $x = 10$.
Um 10:00 ist die Steigung der Funktion und damit der Andrang an den Kassen am größten.
2) $f'(10) = 123$. Um 10 Uhr beträgt der Andrang 123 Besucher pro Stunde, also 2 pro Minute. Eine Kasse reicht.
f) $g(x) = 1{,}1 \cdot f(x + 1)$

8 Umfrage bewerten

Seite 171 | Aufgabe 8

a) Zukunftsplanung notieren: 38 % von 200 = 76 Kreuze; 13,38 % aller Kreuze
Notizen machen: 29 % von 200 = 68 Kreuze; 11,97 % aller Kreuze
Merkzettel schreiben: 86 % von 200 = 172 Kreuze; 30,28 % aller Kreuze
Gedanken ordnen: 48 % von 200 = 96 Kreuze; 16,90 % aller Kreuze
Briefe schreiben: 39 % von 200 = 78 Kreuze; 13,73 % aller Kreuze
Einkaufsliste: 39 % von 200 = 78 Kreuze; 13,73 % aller Kreuze
insgesamt gab es 568 Kreuze
b) Da Mehrfachnennungen möglich waren, entfielen auf „Merkzettel schreiben" etwas ein Drittel aller Kreuze, auch wenn es von 86 % der Teilnehmer angekreuzt wurde.
c) Man muss zur Erstellung eines solchen Kreisdiagramms berechnen, wie viele einzelne Messergebnisse, hier Kreuze es gab und die Prozentzahlen von diesem Wert berechnen. Danach kann man die Winkel der Kreissegmente berechnen.

9 Wassertemperaturen

Seite 172 | Aufgabe 9

$t'(x) = -0{,}09x^2 + 0{,}58x + 1{,}1$; $t''(x) = -0{,}18x + 0{,}58$
a) $t(4) = 20{,}12$; $t(6) = 23{,}56$
Die Wassertemperatur beträgt im April durchschnittlich 20,12 °C, im Juni 23,56 °C.
b) $\frac{t(6)-t(4)}{6-4} = \frac{23.56-20{,}12}{2} = 1{,}72$; $t'(5) = 1{,}75$
Der Quotient gibt die durchschnittliche Änderung der Durchschnittstemperatur von April bis Juni an, die Ableitung die Änderung der Durchschnittstemperatur im Mai.

c) $t'(x) = 0$ gilt für $x_1 \approx 7{,}98$; $x_2 \approx -1{,}53$, der negative Wert ist im Sachzusammenhang nicht sinnvoll.
$t''(8) < 0$: $H(8|25)$
Die maximale Wassertemperatur tritt im August auf und beträgt etwa 25 °C.

d) Die Ränder des Funktionsgraphen stehen für die Monate Januar und Dezember, also den Winter. Dann ist es erfahrungsgemäß am kältesten.
$t(1) = 14{,}36$, $t(12) = 16{,}12$

e) $t''(x) = -0{,}18x + 0{,}58 = 0$ für $x = 3\frac{2}{9}$. $t'''(x) = -0{,}18 < 0$, also Hochpunkt.
$t'\left(3\frac{2}{9}\right) = 2{,}03$
Die Temperaturänderung ist in der zweiten Märzhälfte am größten und beträgt dann etwa 2 °C pro Monat.

f) 1) ①: Die Temperatur Mitte Januar beträgt 15 °C
⑥: Die Temperatur ist Mitte September minimal
⑦: Die Temperatur Anfang September beträgt 26,5 °C
⑨: Die Temperatur ist Anfang September maximal.
2) Die Temperatur kann nicht durch eine lineare Funktion modelliert werden, da sie nicht das ganze Jahr hindurch gleichmäßig steigt. Die von Leon angegebene Funktion hat auch keine Hoch- und Tiefpunkte, die die Minimal- und Maximaltemperatur beschreiben könnten.

10 Schokoladenproduktion

Seite 172 | Aufgabe 10

a)

Masse in Gramm	97	98	99	100	101	102	103
Relative Häufigkeit	0,01	0,03	0,21	0,48	0,19	0,07	0,01
Absolute Häufigkeit	2	6	42	96	38	14	2

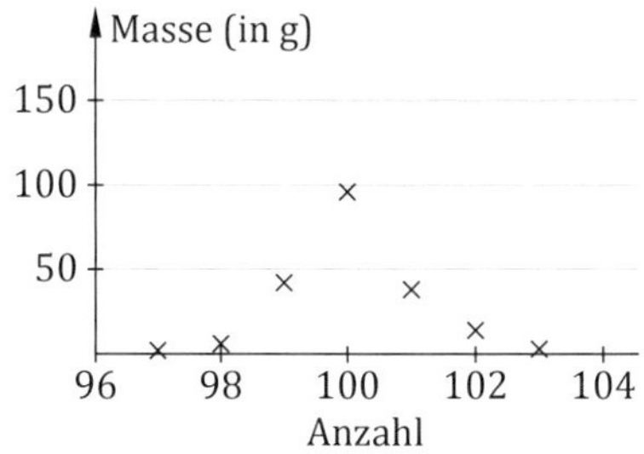

b) arithmetisches Mittel: 98,59 g; Standardabweichung:0,9899; Median: 100; Modalwert:100

c) Rundet man die Standardabweichung auf 1, so liegen 176 Tafeln höchstens die Standardabweichung von 100 g entfernt, das sind 88 %.